Beck-Rechtsberater

Vereine gründen und erfolgreich führen

dtv

Beck-Rechtsberater

Vereine gründen
und erfolgreich führen

Satzung · Versammlung
Haftung · Gemeinnützigkeit

Von Christof Wörle-Himmel
Rechtsanwalt und Steuerberater in Nürnberg

12., neu bearbeitete Auflage

des von Sieghart Ott (†) begründeten
und bis zur 10. Auflage fortgeführten Werkes

Deutscher Taschenbuch Verlag

Im Internet:

dtv.de

beck.de

Originalausgabe
Deutscher Taschenbuch Verlag GmbH & Co. KG,
Friedrichstraße 1a, 80801 München
© 2010. Redaktionelle Verantwortung: Verlag C.H. Beck oHG
Gesamtherstellung: Druckerei C.H. Beck, Nördlingen
(Adresse der Druckerei: Wilhelmstraße 9, 80801 München)
Umschlaggestaltung: Agentur 42 (Fuhr & Partner), Mainz,
unter Verwendung eines Fotos von panthermedia
ISBN 978-3-423-05231-3 (dtv)
ISBN 978-3-406-58722-1 (C.H. Beck)

9 783406 587221

Vorwort

Die erste Auflage dieses Ratgebers erschien 1985. Sie war bearbeitet von Sieghart Ott, der dieses Werk auch bis zur 10. Auflage betreute und immer wieder auf den neuesten Stand brachte. Seine Ausführungen sind nach wie vor Grundlage des Bandes, soweit nicht die Rechtsentwicklung Ergänzungen oder Änderungen notwendig machte. Zu nennen ist hier insbesondere das „Gesetz zur weiteren Stärkung des Bürgerschaftlichen Engagements" aus dem Jahr 2007, das vor allem eine Neufassung der gemeinnützigen Zwecke und eine Änderung des Spendenrechts brachte.

Die 2004 in Rede stehende Reform des Vereinsrechts soll zwar noch nicht aufgegeben worden sein, sie ist aber bisher nicht weiter verfolgt worden. Ein Gesetzesantrag des Landes Baden-Württemberg ist 2006 nicht weiter behandelt worden. Hingegen haben Bundestag und Bundesrat jüngst ein „Gesetz zur Erleichterung elektronischer Anmeldungen zum Vereinsregister und anderer vereinsrechtlicher Änderungen" sowie Haftungserleichterungen für Vereinsvorstände mit dem „Gesetz zur Begrenzung der Haftung von ehrenamtlich tätigen Vereinsvorständen" beschlossen.

Diese Vorhaben bringen jedoch, keine umwälzenden Änderungen mit sich, die nicht weitgehend in der Vergangenheit durch überlegte Satzungsregelungen bereits eingeführt wurden. Dennoch enthält dieser Band bereits einige Hinweise auf die Änderungen.

Für Anregungen, die es ermöglichen, diesen Band auch weiterhin einerseits inhaltlich aktuell zu halten und andererseits als ersten Zugriff bei Fragen des Vereinsrechts attraktiv zu gestalten, sind der Verlag und der Autor immer offen. Auch wenn sicher nicht immer eine persönliche Antwort möglich sein wird, so werden sie sorgfältig gelesen und bedacht.

Nürnberg, im Oktober 2009 *Christof Wörle-Himmel*

Inhaltsübersicht

Inhaltsverzeichnis

Abkürzungsverzeichnis

Hinweis: Das Bundesministerium der Justiz bietet im Internet unter der Adresse www.gesetze-im-internet.de die jeweils aktuellen Fassungen der geltenden Gesetze zur Einsicht und zum Download an.

Abs.	Absatz
AG	Aktiengesellschaft
AGB	Allgemeine Geschäftsbedingungen
AktG	Aktiengesetz
a. M.	anderer Meinung
AO	Abgabenordnung 1977
ArbGG	Arbeitsgerichtsgesetz
Art.	Artikel
Az.	Aktenzeichen
BAG	Bundesarbeitsgericht
BayObLGZ	Entscheidungen des Bayerischen Obersten Landesgerichts in Zivilsachen (Band und Seite)
BayVBl.	Bayerische Verwaltungsblätter (Zeitschrift, Jahrgang und Seite)
BB	Betriebs-Berater (Zeitschrift, Jahrgang und Seite)
Betrieb	Der Betrieb (Zeitschrift, Jahrgang und Seite)
BetrVG	Betriebsverfassungsgesetz
BFH	Bundesfinanzhof
BGB	Bürgerliches Gesetzbuch
BGBl.	Bundesgesetzblatt
BGH	Bundesgerichtshof
BGHZ	Entscheidungen des Bundesgerichtshofs in Zivilsachen (Band und Seite)
BMF	Bundesminister der Finanzen
BStBl.	Bundessteuerblatt (Jahrgang, Teil und Seite)
BVerfGE	Entscheidungen des Bundesverfassungsgerichts (Band und Seite)
DNotZ	Deutsche Notar-Zeitschrift (Jahrgang und Seite)
DtZ	Deutsch-deutsche Rechtszeitschrift (Jahrgang und Seite)

EBE	Eildienst: Bundesgerichtliche Entscheidungen (Zeitschrift, Jahrgang und Seite)
e. V.	eingetragener Verein
EG	Europäische Gemeinschaft
EGBGB	Einführungsgesetz zum BGB (enthält das deutsche Internationale Privatrecht und Überleitungsvorschriften für neue Gesetze)
ErbStG.................	Erbschaftsteuer- und Schenkungsteuergesetz
EStG	Einkommensteuergesetz
EU......................	Europäische Union
EU-Vertrag..........	Vertrag über die Europäische Union
f.	folgende
ff.	folgende
FamFG	Gesetz in Verfahren über Familiensachen und in den Angelegenheiten der freiwilligen Gerichtsbarkeit, in Kraft ab 1. 9. 2009
FGG	Gesetz über die Angelegenheiten der freiwilligen Gerichtsbarkeit
FGO	Finanzgerichtsordnung, außer Kraft ab 1. 9. 2009
FGPrax	Praxis der Freiwilligen Gerichtsbarkeit (Zeitschrift, Jahrgang und Seite)
Fn.	Fußnote
GBO	Grundbuchordnung
GbR	Gesellschaft bürgerlichen Rechts
GenG	Genossenschaftsgesetz
GG	Grundgesetz
GmbH	Gesellschaft mit beschränkter Haftung
GmbHG	Gesetz betreffend die Gesellschaften mit beschränkter Haftung
GrEStG...............	Grunderwerbsteuergesetz
GrStG	Grundsteuergesetz
HGB	Handelsgesetzbuch
InsO	Insolvenzordnung
JuMiG	Justizmitteilungsgesetz und Gesetz zur Änderung kostenrechtlicher Vorschriften und anderer Gesetze vom 18. 6. 1997, BGBl. I S. 1430

KG .... Kommanditgesellschaft
KO .... Konkursordnung
KostO .... Kostenordnung
KStG .... Körperschaftsteuergesetz

MarkenG .... Markengesetz
MDR .... Monatsschrift für Deutsches Recht (Zeitschrift, Jahrgang und Seite)

NJW .... Neue Juristische Wochenschrift (Zeitschrift, Jahrgang und Seite)
NJW-RR .... NJW-Rechtsprechungs-Report (Zeitschrift, Jahrgang und Seite)
Nr. .... Nummer
NVwZ-RR .... Neue Zeitschrift für Verwaltungsrecht-Rechtsprechungs-Report (Zeitschrift, Jahrgang und Seite)
NZA .... Neue Zeitschrift für Arbeitsrecht (Jahrgang und Seite)

OFD..................... Oberfinanzdirektion
OHG .... Offene Handelsgesellschaft
OLG .... Oberlandesgericht
OLG-Report .... Schnelldienst zur gesamten Zivilrechtsprechung einzelner OLGe (Jahrgang und Seite)
OLGZ .... Entscheidungen der Oberlandesgerichte in Zivilsachen (Band und Seite)
OWiG .... Gesetz über Ordnungswidrigkeiten

PartG .... Gesetz über die politischen Parteien (ParteienG)

Rdnr. .... Randnummer
Recht .... Das Recht (Zeitschrift, Jahrgang und Entscheidungsnummer)
Rechtspfleger ...... Der deutsche Rechtspfleger (Zeitschrift, Jahrgang und Seite)
RGZ .... Entscheidungen des Reichsgerichts in Zivilsachen (Band und Seite)
RPflG .... Rechtspflegergesetz
RVG .... Rechtsanwaltsvergütungsgesetz

S. .... Satz, Seite
SGG .... Sozialgerichtsgesetz

s. o. .... siehe oben

s. u. .... siehe unten

TVG .... Tarifvertragsgesetz

UKlaG .... Unterlassungsklagengesetz

UmwG .... Umwandlungsgesetz

UStG.................... Umsatzsteuergesetz

usw. .... und so weiter

UWG .... Gesetz gegen den unlauteren Wettbewerb

VA .... VA-Verwaltungsrecht für die Anwaltspraxis (Zeitschrift, Jahrgang und Seite)

VAG .... Gesetz über die Beaufsichtigung der privaten Versicherungsunternehmen und Bausparkassen (Versicherungsaufsichtsgesetz)

VereinsG .... Gesetz zur Regelung des öffentlichen Vereinsrechts (Vereinsgesetz)

VerglO .... Vergleichsordnung

VersammlG .... Gesetz über Versammlungen und Aufzüge (Versammlungsgesetz)

VGH .... Verwaltungsgerichtshof

vgl. .... vergleiche

VRV .... Vereinsregisterverordnung

VStG .... Vermögensteuergesetz

VV....................... Vergütungsverzeichnis

VwGO .... Verwaltungsgerichtsordnung

VwVfG .... Verwaltungsverfahrensgesetz

VZ .... Veranlagungszeitraum

WRV .... Weimarer Reichs-Verfassung

ZPO .... Zivilprozessordnung

Literaturverzeichnis

Das Verzeichnis enthält Hinweise auf weiterführende vereinsrechtliche und steuerrechtliche Literatur.

Buchna, Johannes, Gemeinnützigkeit im Steuerrecht, 9. Auflage 2007

Burhoff, Detlef, Vereinsrecht, 7. Auflage 2008

Geckle, Gerhard, Der Verein, Loseblattsammlung, erschienen 2001

Hardtwig, Wolfgang, Genossenschaft, Sekte, Verein in Deutschland. Vom Spätmittelalter bis zur Französischen Revolution, 1997

Katschinski, Ralf Joachim, Die Verschmelzung von Vereinen, 1999

Lutter, Marcus/Winter, Martin (Hrsg.), Umwandlungsgesetz, 4. Auflage 2008

Märkle, Rudi/Alber, Matthias, Der Verein im Zivil- und Steuerrecht, 12. Auflage 2008

Paschen, Joachim, Demokratische Vereine und preußischer Staat, 1977

Rebmann, Kurt/Säcker, Jürgen/Rixecker, Roland, Münchener Kommentar zum BGB, Band 1/1, 5. Auflage 2006

RGRK/Steffen (Reichsgerichtsräte-Kommentar), hrsg. von Mitgliedern des BGH, Band I, 12. Auflage 1982

Reichert, Bernhard, Handbuch des Vereins- und Verbandsrechts, 12. Auflage 2009

Sauer, Otto/Luger, Franz, Vereine und Steuern, 6. Auflage 2009

Sauter/Schweyer/Waldner, Der eingetragene Verein, 18. Auflage 2006 (mit einführenden Hinweisen zum Steuerrecht)

Schauhoff, Stephan, Handbuch der Gemeinnützigkeit, 2. Auflage 2005

Schleder, Herbert, Steuerrecht der Vereine, 9. Auflage 2009

Schmidt, Karsten, Gesellschaftsrecht, 4. Auflage 2002

Schmidt, Karsten, Verbandszweck und Rechtsfähigkeit im Vereinsrecht, 1984

Schmitt/Hörtnagl/Stratz, Umwandlungsgesetz, Umwandlungssteuergesetz, 5. Auflage 2008

Soergel, Theodor/Siebert, Wolfgang, Bürgerliches Gesetzbuch mit Einführungsgesetz und Nebengesetzen. Kommentar. Allgemeiner Teil 1 (§§ 1–103 BGB), 13. Auflage 2000

Staudinger, Kommentar zum Bürgerlichen Gesetzbuch, Allgemeiner Teil, 13. Auflage 1995

Stöber, Kurt, Handbuch zum Vereinsrecht, 9. Auflage 2004

Wallenhorst, Rolf/Halaczinsky, Raymond, Die Besteuerung gemeinnütziger Vereine, Stiftungen und der juristischen Personen des öffentlichen Rechts, 6. Auflage 2009

Wörle-Himmel, Christof, Vereinsrecht, 132 Tipps für die Vereinsarbeit, 2009

Einleitung

Demoskopischen Umfragen zufolge ist die weitaus überwiegende Mehrheit der volljährigen Bürger im Bundesgebiet (alte Bundesländer) Mitglied wenigstens eines Vereins. Mitgliedschaften in mehreren Vereinen sind keine Seltenheit. Das Interesse zur Organisierung in Vereinen zeigt zunehmende Tendenz. Das gilt nicht nur für Beitritte in bestehende Organisationen. Jährlich werden auch zahlreiche Vereine neu gegründet.

Die Ursachen für die Zunahme des Vereinswesens sind vielfältig. Wachsendes politisches (gerade auch regional- und umweltpolitisches) Engagement (z. B. in Bürgerinitiativen), der Wunsch nach gesellschaftlichen Kontakten in einer sich mehr und mehr in Kleingruppen isolierenden Gesellschaft (etwa in Freizeit-Clubs) mögen ebenso maßgebend sein wie die Wahrnehmung materieller Vorteile (beispielsweise durch Beitritt zu einer Buchgemeinschaft) und der beruflich gebotene Zusammenschluss in Berufsverbänden (etwa Gewerkschaften, Arbeitgeberverbände). Das Rechtsinstitut des Vereins ist so flexibel, dass es sich zur Erreichung der unterschiedlichsten Ziele eignet. Es kann (nach dem Prinzip der Gleichberechtigung und des freien Zugangs) egalitär oder (nach einem Ausleseprinzip) elitär strukturiert werden. Der Verein eignet sich zur Befriedigung rein geselliger, privater Bedürfnisse ebenso wie als Instrument öffentlicher Einflussnahme.

In Vereinsform konstituieren sich üblicherweise: Sport- und Turnvereinigungen, Gewerkschaften, Verbänden und sonstige berufsständische Vereinigungen, politische Parteien, religiöse und mildtätige Vereinigungen, gemeinnützige Einrichtungen (etwa zur Förderung von Kunst, Wissenschaft und Forschung, Bildung und Erziehung, Jugendpflege, Altenhilfe, Wohlfahrtswesen, Entwicklungshilfe, Umwelt-, Landschafts- und Denkmalschutz, Fremdenverkehr, Völkerverständigung, Tier- und Naturschutz, Feuerwehr), Bürgerinitiativen, gesellige Vereinigungen aller Art (Schützen- und Kegelvereine, Faschingsgesellschaft, Clubs zur Freizeitgestaltung),

Interessengemeinschaften (wie Gartenbau- und Kleintierzüchtervereine, Laienspielgruppen) sowie eine Vielzahl von Zusammenschlüssen zur Verfolgung sonstiger spezieller Zwecke. Vereine können als internationale Einrichtungen tätig sein oder sich auf örtliche Aktivitäten beschränken, sie können 10, 10.000 oder 10 Millionen Mitglieder haben. Für sie alle stellt das Vereinsrecht des Bürgerlichen Gesetzbuchs (BGB) eine geeignete, praktikable Rechtsform zur Verfügung, die vielfältigste Gestaltungsmöglichkeiten zulässt. Daneben gelten für Vereinigungen bestimmter Art Sondergesetze (z. B. das Parteiengesetz für die politischen Parteien).

Jeder dieser Vereine benötigt eine nach seinen individuellen Bedürfnissen ausgerichtete Organisation, die in einer Satzung, der Verfassung des Vereins, niedergelegt wird. Jedes Mitglied eines Vereins – auch wenn es vorwiegend passiv teilnimmt – sollte seine Rechte und Pflichten kennen, jeder Funktionsträger (etwa als Vorstandsmitglied, Delegierter, Revisor usw.) hat bestimmte Förmlichkeiten zu beachten und öffentlich-rechtliche Pflichten zu erfüllen (Anmeldungen zum Vereinsregister etwa oder die Abgabe von Steuererklärungen). Diese Veröffentlichung will dazu beitragen, im Einzelfall die geeignete Form des Zusammenschlusses, die zweckmäßige Gestaltung der Satzung zu finden und über Rechte und Pflichten der Vereinsmitglieder einschließlich der Funktionsträger zu unterrichten.

In Beispielen verwendete Personen- und Vereinsnamen sind erfunden. Etwaige Ähnlichkeiten mit existierenden (natürlichen oder juristischen) Personen sind zufällig.

I. Grundlagen des Vereinsrechts

Das Recht, sich freiwillig auf eine gewisse Dauer zur Verfolgung gemeinsamer Zwecke in einem vom Wechsel der Mitglieder unabhängigen, körperschaftlich organisierten privatrechtlichen Verein unter einem Gesamtnamen (Vereinsnamen) zusammenzuschließen, gehört zu den elementaren, individuellen und sozialen, vorstaatlichen Menschenrechten. Die Möglichkeit des Zusammenschlusses in Vereinen ist vielfältige Grundlage unseres sozialen Lebens. Sie ist auch die Grundlage jeden demokratischen Staates. Daher unterwarf der Polizeistaat des 18. und 19. Jahrhunderts das Assoziationsrecht – wie man damals sagte – weitgehenden Beschränkungen. Insbesondere „politische" und „geheime" Vereine waren verboten: als politisch aber sah man jegliche Forderung nach Reform der Verfassung oder Verwaltung des Staates an, später auch arbeits- und sozialpolitische Themen; als geheim galten alle nicht registrierten Vereine, zum Teil wurden sie auch der Pflicht ausdrücklicher landesherrlicher Bestätigung unterworfen. Bis zur zweiten Hälfte des 19. Jahrhunderts war das Konzessionssystem – die staatliche Verleihung des Korporationsrechts nach Ermessen der Verwaltung – allgemein herrschend, es wurde noch bei den Beratungen zum Entwurf des BGB ernsthaft diskutiert. So standen die Fragen der Staatsaufsicht, also öffentlich-rechtliche Grundentscheidungen, im Vordergrund der Beratungen über das privatrechtliche Vereinsrecht. Hieraus sind manche Ungereimtheiten der auch heute noch geltenden vereinsrechtlichen Vorschriften des BGB zu erklären, insbesondere mehr als hundert Jahre lang die rechtliche Benachteiligung des nicht eingetragenen Vereins und seiner Mitglieder in § 54 BGB, die von der Gründung solcher als nicht rechtsfähig angesehener Organisationen, die sich dadurch auch der staatlichen Kontrolle entzogen, abschrecken sollte.

Das NS-Regime beseitigte mit der Außerkraftsetzung der Grundrechte auch das Vereins- und Versammlungsrecht. Eine Vielzahl von Vereinen wurde aufgelöst, andere wurden „gleichgeschaltet".

Im Grundgesetz für die Bundesrepublik Deutschland wurde daher auch das Grundrecht der Vereinigungsfreiheit – wie alle übrigen Grundrechte – mit besonderem Schutz ausgestattet. Die allgemeine Grundrechtsgewährleistung der Vereinigungsfreiheit schützt jeden Verein, seine Gründer und Mitglieder, sie gilt für den Kegelklub ebenso wie für politische Zusammenschlüsse aller Art. Eine der rechtlich weitreichendsten Folgen dieses Grundrechts ist die weitgehende Beseitigung der Diskriminierung der nicht im Vereinsregister eingetragenen Vereine durch § 54 BGB, die heute entgegen dem Gesetzeswortlaut den Vereinsrechtsvorschriften des BGB unterstellt sind, soweit sie auf einen nicht eingetragenen Verein passen.

Der politischen Kontrolle der Eintragung eines Vereins, der den Erwerb der Rechtsfähigkeit anstrebte, dienten bis 31. 5. 1998 die Vorschriften der §§ 61 bis 63 BGB a. F. Danach durfte die Anmeldung zum Vereinsregister durch das Amtsgericht nur zugelassen werden, wenn die zuständige Verwaltungsbehörde nicht Einspruch erhob. Diese Bestimmungen wurden mit Wirkung vom 1. 6. 1998 aufgehoben.

Ein aktives Vereinswesen ist zwar noch nicht Gewähr aber jedenfalls Grundlage für eine demokratisch verfasste Gesellschaft, auch wenn eine Vielzahl von Vereinen sich mit scheinbar unpolitischen Gegenständen befassen mag. Denn der Verein und sein satzungsmäßiges Leben ist praktizierte Demokratie im Kleinen. Daher sollte auch jeder, der sich für Vereinsrecht interessiert, sich der Quellen des Vereinsrechts und dessen bewusst sein, dass es eines Jahrhunderte langen Ringens um die Vereinigungsfreiheit bedurfte. Die vorstehenden Hinweise können nur Stichworte sein, für weiterführende Literatur wird auf das Literaturverzeichnis verwiesen.

A. Verfassungsrechtliche Grundlagen

Das Grundgesetz garantiert in Art. 9 Abs. 1 die allgemeine Vereinigungsfreiheit (Vereinsfreiheit), die den Schranken des Art. 9 Abs. 2 GG unterliegt. In Art. 9 Abs. 3 GG wird das Koalitions-

recht (für Arbeitnehmer- und Arbeitgeberorganisationen) gewährleistet, Art. 21 GG garantiert das Recht der politischen Parteien.

1. Allgemeine Vereinigungsfreiheit

Nach Art. 9 Abs. 1 GG haben alle Deutschen das Recht, „Vereine und Gesellschaften zu bilden". Dieses Grundrecht gewährleistet den Bürgern die Freiheit, sich zu Vereinigungen des privaten
Rechts zusammenzuschließen, zu rechtsfähigen ebenso wie zu
nicht rechtsfähigen. Der von Art. 9 Abs. 1 GG verwendete Begriff
„Vereine und Gesellschaften" bezieht sich auf privatrechtliche
Vereinigungen aller Art, ohne Rücksicht auf die Rechtsform. Es
handelt sich um einen Sammelbegriff, der den BGB-Verein mit
umfasst, jedoch darüber hinaus auch weitere Zusammenschlüsse
schützt. Der verfassungsrechtliche Begriff der „Vereinigung" (und
die Legaldefinition in § 2 VereinsG) ist daher auf die Begriffsbe-
stimmung des BGB-Vereins (hierzu Seite 14 ff.) nicht ohne weiteres
übertragbar. Der Schutzzweck der allgemeinen Vereinigungsfreiheit (Art. 9 Abs. 1 GG) ist der der Persönlichkeitsverwirklichung
in Gruppenform. Ähnlich wie das Grundrecht der Versammlungsfreiheit (Art. 8 GG) ist das der allgemeinen Vereinigungsfreiheit
ein politisches (im allgemeinen Sinn des Wortes) und ein Kommu-
nikationsgrundrecht. Es gewährleistet – wie das Bundesverfassungsgericht festgestellt hat – „ein konstituierendes Prinzip der
demokratischen und rechtsstaatlichen Ordnung des Grundgesetzes: das Prinzip freier sozialer Gruppenbildung".[1] Die Vereinigungsfreiheit ist daher sowohl Abwehrrecht gegen den Staat als
auch soziales und privates Grundrecht auf Persönlichkeitsverwirklichung zusammen mit anderen, in der Gruppe, speziell auch im
Verein.

Art. 9 Abs. 1 GG gewährleistet das allgemeine Vereinigungsrecht
(im Gegensatz zur Koalitionsfreiheit) nur Deutschen. Nichtdeutsche (Ausländer und Staatenlose) können sich daher nicht auf
den Grundrechtsschutz berufen. Sie sind allerdings weitgehend
geschützt durch einfaches Recht: Das Vereinsgesetz statuiert die

---

[1]   BVerfGE 50, 290, 352 unter Hinweis auf BVerfGE 38, 281, 302 f.

Freiheit der Bildung von Vereinen allgemein und für jedermann, unterwirft allerdings Ausländervereine und ausländische Vereine weitergehenden Verbotsnormen als Art. 9 Abs. 2 GG für Deutsche zulässt. Ferner garantieren auch eine Reihe von internationalen Verträgen, denen die Bundesrepublik Deutschland beigetreten ist, auch Nichtdeutschen das Recht der Vereinsfreiheit (vgl. Seite 13 f.).

Träger des Grundrechts der Vereinigungsfreiheit sind sowohl die Bürger als auch die Vereine selbst. Art. 9 Abs. 1 GG verbürgt nicht nur dem einzelnen Staatsbürger das Recht zum Zusammenschluss in Vereinen und Gesellschaften, sondern gewährleistet auch diesen Vereinigungen, unbeschadet der Frage ihrer Rechtsfähigkeit, das Recht auf Entstehen und Bestehen.[2] Auch der nicht eingetragene Verein ist also insoweit Rechtsträger. Näheres hierzu vgl. Seite 71 ff.

Der Umfang des Grundrechtsschutzes der Vereinigungsfreiheit erstreckt sich vor allem auf die Gründung und den Bestand des Vereins, die Vereinstätigkeit als solche, die Vereinsautonomie, das Recht zur Mitgliederwerbung und den Namensschutz. Geschützt ist allerdings jeweils nur der Kernbereich. So umfasst der Schutz des Grundrechts sowohl für die Mitglieder als auch für die Vereinigung die Selbstbestimmung über die eigene Organisation, das Verfahren ihrer Willensbildung und die Führung ihrer Geschäfte, denn ohne solche Selbstbestimmung könnte von einem freien Vereinigungswesen keine Rede sein, wie das Bundesverfassungsgericht festgestellt hat. Andererseits ist Vereinen, die ja der kollektiven Grundrechtsausübung dienen, nicht mehr gestattet, als ihren Mitgliedern als natürlichen Personen nach der Verfassung erlaubt ist. Insbesondere kann das Grundrecht der Vereinigungsfreiheit einem gemeinsam verfolgten Zweck keinen weitergehenden Schutz vermitteln als einem individuell verfolgten. Der Grundrechtsschutz der Vereinigung bezieht sich also auf das Recht zur Vereinigung und alle die zur Gründung, zum Bestand und zur Funktion einer Vereinigung erforderlichen Aktivitäten.

---

[2] BVerfGE 13, 174, 175.

Art. 9 Abs. 1 GG gewährleistet auch das Recht der „negativen Vereinigungsfreiheit", also das Recht, einer privatrechtlichen Vereinigung fernzubleiben, ihr nicht zwangsweise angeschlossen zu werden (dagegen ist nach der Rechtsprechung des Bundesverfassungsgerichts Zwangsmitgliedschaft in öffentlich-rechtlichen Verbänden zulässig, soweit diese der Wahrnehmung legitimer öffentlicher Aufgaben dienen; andererseits darf der Staat nicht durch beliebige Errichtung öffentlich-rechtlicher Körperschaften das freie Verbandswesen unterlaufen und den freien Vereinigungen durch Pflichtmitgliedschaften in parallelen öffentlich-rechtlichen Verbänden die Lebensmöglichkeit nehmen).

Die Vereinigungsfreiheit ist nicht schrankenlos gewährleistet. Nach Art. 9 Abs. 2 GG sind Vereinigungen, deren Zweck oder deren Tätigkeit den Strafgesetzen zuwiderlaufen oder die sich gegen die verfassungsmäßige Ordnung oder gegen den Gedanken der Völkerverständigung richten, verboten. Die Aufzählung der Verbotsgründe ist abschließend. Umstritten ist, ob das Verbot bei Vorliegen der genannten Gründe zwingend aus der Verfassung folgt und die Verbotsverfügung nach § 3 Abs. 1 VereinsG nur ein feststellender Verwaltungsakt ist, oder ob er konstitutiv wirkt und Art. 9 Abs. 2 GG lediglich die Rechtsgrundlage für die Verbotsverfügung darstellt. In der Rechtsprechung und in der Rechtsliteratur hat sich die letztgenannte Ansicht durchgesetzt, wonach die Verbotsverfügung rechtsgestaltend wirkt, wenngleich die Stellungnahme des Bundesverfassungsgerichts nicht eindeutig ist. Es sieht in seinem Beschluss vom 15. 6. 1989 in Art. 9 Abs. 2 GG ein „Instrument des präventiven Verfassungsschutzes" und einen Ausdruck des Bekenntnisses des Grundgesetzes zu einer „streitbaren Demokratie" und sieht infolgedessen in § 3 VereinsG ein adäquates Mittel zur Ausgestaltung des Vereinsverbotes.

Stimmt man dem zu, so muss es auch zulässig, ja geboten sein, anstelle eines Vereinsverbotes als „milderes Mittel" ein Tätigkeitsverbot auszusprechen, wenn dieses genügt, die vom Verein ausgehenden Gefahren zu bannen. Dieses Tätigkeitsverbot kann sich auf bestimmte Handlungen beziehen oder auf bestimmte Personen, sich also gegen bestimmte Vereins- oder Organmitglieder richten. Diese Rechtsgrundsätze wurden auch zum Versammlungsverbot

nach § 15 VersG entwickelt, bei dem man ebenfalls davon ausgeht, dass das mildere Mittel der Auflage ergriffen werden müsse,
wenn dadurch die Auflösung der Versammlung vermieden werden
könne. Der Unterschied ist natürlich, dass Art. 9 Abs. 2 GG ein
Verbot statuiert, Art. 8 Abs. 2 GG eine Eingriffsermächtigung,
doch lässt sich auch Art. 9 Abs. 2 GG zwanglos so interpretieren.[3]
Für politische Parteien gilt nicht Art. 9 Abs. 2 sondern ausschließlich Art. 21 Abs. 2 GG als Spezialnorm.[4]

2. Koalitionsfreiheit

Besonderen Grundrechtsschutz genießt das Koalitionsrecht.
Nach Art. 9 Abs. 3 GG ist das Recht, zur Wahrung und Förderung der Arbeits- und Wirtschaftsbedingungen Vereinigungen zu
bilden, für jedermann und für alle Berufe gewährleistet. Das Koalitionsrecht steht also auch Nichtdeutschen als Grundrecht zu. Ab-
reden, die dieses Recht einschränken oder zu behindern suchen,
sind nichtig, hierauf gerichtete Maßnahmen rechtswidrig. In Art. 9
Abs. 3 S. 3 GG näher bezeichnete Maßnahmen im Fall des „inneren Notstands" und im Verteidigungsfall dürfen sich nicht gegen
Arbeitskämpfe richten, die zur Wahrung und Förderung der Ar-
beits- und Wirtschaftsbedingungen von Vereinigungen geführt werden, die durch die Koalitionsfreiheit geschützt werden.

Gegenüber der Vereinigungsfreiheit des Art. 9 Abs. 1 GG ist
die Koalitionsfreiheit des Art. 9 Abs. 3 GG ein eigenständiges
Grundrecht. Es schützt insbesondere die Tätigkeit der Gewerkschaften und Arbeitgebervereinigungen. Koalitionen sind jedoch
nur solche Vereinigungen, die unabhängig und gegnerfrei (Grundsatz der Koalitionsreinheit) sind. Das Erfordernis der Gegner-
freiheit ist jedoch nicht formalistisch zu verstehen, materielle Un-
abhängigkeitsgarantie genügt. Es schadet deshalb nicht, wenn einer
Gewerkschaft Mitglieder angehören, die nicht oder nicht mehr Ar-

---

[3] Vgl. BVerfGE 80, 244, 253 f., Hartmut Bauer in: Dreier, Rdnr. 49 sowie Höfling in:
Sachs, Rdnrn. 38 ff. je zu Art. 9 GG; a.M. Jürgen Seifert, Vereinigungsfreiheit,
S. 157 und (im Ergebnis) Füßlein, Grundrechte II, S. 439 sowie Vorauflagen
dieses Buches.

[4] Vgl. BVerwG, NJW 1993, 3213.

beitnehmer oder die der Gegenseite zuzurechnen sind. Gleiches gilt für Unternehmerverbände. Wesentlich ist, dass die Koalition sich nach ihrer eigenen mitgliedschaftlichen Struktur so zusammensetzt, dass sie von ihre Unabhängigkeit gefährdenden Einflüssen der Gegenseite frei bleibt. Art. 9 Abs. 3 GG will nach Sinn und Zweck solche frei gebildeten Vereinigungen schützen, die nach ihrer Gesamtstruktur unabhängig genug sind, um die Interessen ihrer Mitglieder auf arbeits- und sozialrechtlichem Gebiet wirksam und nachhaltig zu vertreten. Eine Sonderstellung können jedoch Vereinigungen einnehmen, deren Mitglieder von der tariflichen Lohngestaltung durch andere verfassungsrechtliche Bestimmungen ausgeschlossen sind, wie dies für Beamte gilt.

Art. 9 Abs. 3 GG sichert sowohl den Mitgliedern einer Koalition das Recht, an der verfassungsrechtlich geschützten Tätigkeit ihrer Koalition teilzunehmen, er schützt auch die Koalition als solche (wie aus dem Bekenntnis des Grundgesetzes zum sozialen Rechtsstaat folgt). Die Koalitionsfreiheit, die im Element des „Sich-Vereinigens" die gleiche Bedeutung hat wie die allgemeine Vereinigungsfreiheit, schützt die Koalitionstätigkeit im Außenverhältnis wie auch im Innenbereich: sie schützt auch die Selbstbestimmung der Koalition über ihre eigene Organisation, das Verfahren ihrer Willensbildung und die Führung ihrer Geschäfte. Zur ebenfalls geschützten Verteidigung der inneren Ordnung einer Koalition gehört auch die Abgrenzung gegenüber gegnerischen Organisationen, auch durch Ausschluss eines Mitglieds.[5] Eine fachberufliche Organisation des Verbandes ist für die Anerkennung als Koalition nicht erforderlich.

Umstritten ist, ob der Verbotstatbestand des Art. 9 Abs. 2 GG auch für die von der Koalitionsfreiheit begünstigten Vereinigungen gilt. Die Frage wird überwiegend bejaht. Versteht man – wie hier – Art. 9 Abs. 2 GG als zusätzlichen Garanten der Freiheitsverbürgung, bestehen jedenfalls keine Bedenken, Art. 9 Abs. 2 GG auch auf Koalitionen anzuwenden.

---

[5] BVerfG (Kammer), NJW 1993, 1972 = NZA 1993, 655.

3. Politische Parteien

Traditionellerweise sind politische Parteien in Deutschland als nicht in das Vereinsregister eingetragene Vereine, nur selten als eingetragene Vereine organisiert. Der historische Grund hierfür ist, dass auch nach Inkrafttreten des BGB am 1. 1. 1900 die Rechtsfähigkeit nur durch Eintragung in das Vereinsregister erlangt werden konnte. Der damit verbundenen mittelbaren Staatsaufsicht wollten sich insbesondere die oppositionellen Parteien entziehen. Sie wählten daher die Rechtsform des nicht eingetragenen Vereins, deren Flexibilität sich offenbar auch trotz mancher damit verbundener Imponderabilien – so mussten bisher für den Vermögenserwerb juristische Hilfskonstruktionen wie Treuhandeigentum benutzt werden, was sich als Folge des BGH-Urteils vom 29. 1. 2001[6] jedoch ändern kann – bewährt hat. So sind auch die großen politischen Parteien der Bundesrepublik Deutschland nicht eingetragene Vereine: die Bundesparteien CDU, FDP, SPD, ferner die meisten ihrer Untergliederungen; eingetragene Vereine hingegen sind beispielsweise die CSU, sowie einige Landesverbände der CDU und FDP.

Das Parteiengesetz trägt dieser Tatsache Rechnung, indem es in § 2 den Begriff der Partei so fasst, dass er auch für den privatrechtlichen Verein passt. In § 37 ParteienG wird ausdrücklich die Unanwendbarkeit von § 54 S. 2 BGB (persönliche Haftung des handelnden Vereinsmitglieds gegenüber Dritten) bestimmt, um die Unabhängigkeit der politischen Parteien zu gewährleisten.

Im Übrigen unterliegen auch die politischen Parteien den – weitgehend dispositiven und daher durch Satzungsrecht verdrängbaren – Vorschriften des BGB über das Vereinsrecht, soweit nicht Art. 21 GG und die strengeren und zwingenden Vorschriften des Parteiengesetzes vorgehen.

Nach Art. 21 Abs. 1 GG wirken die politischen Parteien bei der politischen Willensbildung des Volkes mit, ist ihre Gründung frei

---

[6] NJW 2001, 1056 = BGHZ 146, 341 (grundsätzlich) bestätigt durch BGH, NJW 2002, 1207 zur BGB-Gesellschaft, dessen Argumentation jedoch in gleicher Weise für den nicht eingetragenen Verein gilt (K. Schmidt, NJW 2001, 993 ff., 1002 f.).

und muss ihre innere Ordnung demokratischen Grundsätzen entsprechen. Über die Herkunft ihrer Mittel müssen sie öffentlich Rechenschaft geben. In Art. 21 Abs. 2 GG ist bestimmt, dass Parteien, die nach ihren Zielen oder nach dem Verhalten ihrer Anhänger darauf ausgehen, die freiheitliche demokratische Grundordnung zu beeinträchtigen oder zu beseitigen oder den Bestand der Bundesrepublik Deutschland zu gefährden, verfassungswidrig sind. Über die Frage der Verfassungswidrigkeit entscheidet das Bundesverfassungsgericht („Parteienprivileg").

Die politischen Parteien unterliegen daher – auch als privatrechtliche Vereine – nicht dem Schutz des Art. 9 Abs. 1 GG, sondern ausschließlich dem stärkeren Schutz des Art. 21 GG.

Streit besteht darüber, ob zu den politischen Parteien im Sinne dieser Verfassungsvorschrift auch die Wählervereinigungen („Rathausparteien") zählen. Die herrschende Meinung in Rechtsprechung und Rechtslehre verneint dies. Auch das Bundesverfassungsgericht hat ihnen den Schutz des Art. 21 GG abgesprochen. Die Gründe hierfür überzeugen nicht. Ob diese Meinung im Hinblick auf die zunehmende Bedeutung der Wählervereinigungen bei Kommunalwahlen aufrechterhalten werden kann, mag dahinstehen. Soweit diese Wählervereinigungen nicht den Schutz des Art. 21 GG genießen, sind sie selbstverständlich nach Art. 9 Abs. 1 GG geschützt.

Fraktionen sind (wohl auch nach dem Urteil des BGH vom 29. 1. 2001, Fn. 7) weiterhin nicht rechtsfähige, nicht wirtschaftliche Vereine, für deren Verbindlichkeiten nur sie selbst, nicht ihre Mitglieder persönlich haften.[7]

4. Versammlungsfreiheit

Als weiteres für den Verein bedeutsames Grundrecht kommt der Schutz der Versammlungsfreiheit nach Art. 8 GG in Betracht. Danach haben alle Deutschen das Recht, sich ohne Anmeldung oder Erlaubnis friedlich und ohne Waffen zu versammeln. Für Versamm-

---

[7] OLG Schleswig, NVwZ-RR 1996, 103; vgl. auch OLG Stuttgart, NJW-RR 2004, 619.

lungen unter freiem Himmel kann dieses Recht durch Gesetz oder auf Grund eines Gesetzes beschränkt werden (das ist geschehen durch das Versammlungsgesetz und die Bannmeilengesetze).

Für den BGB-Verein typisch ist, dass ein Teil des Vereinslebens in Versammlungen abläuft, seien es Mitgliederversammlungen, Delegiertenversammlungen oder öffentliche Veranstaltungen.

Das Grundrecht der Versammlungsfreiheit nach Art. 8 GG gilt für alle Versammlungen, sowohl für öffentliche wie auch für nicht-öffentliche (geschlossene). Das Versammlungsgesetz jedoch gilt nur für öffentliche Versammlungen; einzige Ausnahme ist § 3 VersammlG, der verbietet, öffentlich oder in einer Versammlung (also auch einer geschlossenen) Uniformen, Uniformteile, oder gleichartige Kleidungsstücke als Ausdruck einer gemeinsamen politischen Gesinnung zu tragen. Von diesem Uniformverbot kann Jugendverbänden, die sich vorwiegend der Jugendpflege widmen, für ihre Mitglieder eine Ausnahmegenehmigung erteilt werden.

Auch Mitgliederversammlungen von Vereinen sind nicht selten öffentlich, indem Gästen der Zutritt gestattet wird. Häufig werden auch generell für die Öffentlichkeit bestimmte Veranstaltungen abgehalten. Soweit es sich hier um Versammlungen im Sinn des Versammlungsgesetzes handelt, sind dessen Bestimmungen zu beachten.

Eine Versammlung im Sinn des Versammlungsgesetzes liegt vor bei der Zusammenkunft einer zahlenmäßig nicht bestimmten Mehrheit von Menschen an einem gemeinsamen Ort zu dem gemeinsamen Zweck, bestimmte Angelegenheiten gemeinsam zu erörtern, zu beraten oder kundzugeben. Rein kulturelle Veranstaltungen zählen also nicht hierzu.

Beispiele:

- Ein Orchesterverein veranstaltet ein Konzert mit Werken von Bach, Händel und Schubert. Die Laienspielgruppe „Bunter Hund e. V." führt im Theatersaal des Kulturzentrums von A. Bert Brechts Stück „Der kaukasische Kreidekreis" auf, 300 Zuschauer besuchen die Aufführung. In beiden Fällen liegt keine Versammlung im Sinn des Versammlungsgesetzes vor, weil Musiker bzw. Schauspieler und Besucher nicht zu dem gemeinsamen Zweck der Kundgabe einer bestimmten Meinung zusammengekommen sind.

- Findet am Ende des Brecht-Stücks jedoch eine Diskussion zwischen dem Regisseur, den Schauspielern und dem Publikum über die Rolle der Justiz in der Gesellschaft statt, kann diese anschließende Diskussion Versammlung sein, wenn sie nicht nur abstrakt die Parabel Bert Brechts behandelt, sondern konkrete Aussagen, etwa in Anknüpfung an einen konkreten Fall, zum Ziel und Gegenstand hat.
- Hat die Orchestervereinigung zu einem „Friedenskonzert" eingeladen mit entsprechendem musikalischem Programm und Kundgebungscharakter, liegt eine Versammlung im Sinn des Versammlungsgesetzes vor, selbst wenn keine Ansprache gehalten wird, keine Diskussion stattfindet.

Wird eine Versammlung unter freiem Himmel oder ein Aufzug durchgeführt, ist insbesondere die Anmeldepflicht des § 14 VersammlG zu beachten, wonach ein Veranstalter, der beabsichtigt, eine öffentliche Versammlung unter freiem Himmel oder einen Aufzug zu veranstalten, dies spätestens 48 Stunden vor der Bekanntgabe der zuständigen Behörde unter Angabe des Gegenstandes der Versammlung oder des Aufzuges anzumelden hat. Auch der Leiter einer solchen Veranstaltung sollte sich, da auch er im Falle der Unterlassung strafrechtlich zur Verantwortung gezogen werden kann, vergewissern, ob die Anmeldung erfolgt ist.

5. Exkurs: Garantien der Vereinigungsfreiheit in internationalen Verträgen

Die Vereinigungsfreiheit wird auch in einigen internationalen Verträgen, denen die Bundesrepublik Deutschland beigetreten ist, garantiert. Diese Garantien sind insbesondere für Nichtdeutsche von Bedeutung. Zwar gelten die Bestimmungen ebenfalls nur als einfaches Bundesrecht, doch können sie – anders als § 1 Abs. 1 VereinsG – nicht ohne weiteres aufgehoben, oder zum Nachteil der Betroffenen abgeändert werden. Deutsche hingegen sind durch Art. 79 Abs. 3 GG gegen eine Verschlechterung des Grundrechtsschutzes der Vereinigungsfreiheit weitgehend geschützt, weil danach eine Änderung des Grundgesetzes unzulässig ist, durch welche die in den Art. 1 und 20 GG niedergelegten Grundsätzen berührt werden. Eine Einschränkung der vom Grundgesetz garantierten Vereinigungsfreiheit aber würde das in Art. 20 Abs. 1 GG niedergelegte Prinzip der Demokratie im Kern treffen.

In Art. 11 Abs. 1 der Europäischen Konvention zum Schutze der Menschenrechte und Grundfreiheiten ist „allen Menschen" (mit Vorbehalten) das Recht garantiert, sich frei mit anderen zusammenzuschließen, einschließlich des Rechts, zum Schutze ihrer Interessen Gewerkschaften zu bilden und diesen beizutreten. Fast wörtlich gleich lautet Art. 22 Abs. 1 des Internationalen Pakts der bürgerlichen und politischen Rechte vom 19. 12. 1966, für die Bundesrepublik Deutschland in Kraft getreten am 23. 3. 1976. Art. 13 der Erklärung der Grundrechte und Grundfreiheiten des Europäischen Parlaments vom 12. 4. 1989 statuiert das unbeschränkte Recht zur Gründung von Vereinen, Gewerkschaften und politischen Parteien.

Schließlich ist noch auf Art. 58 Abs. 2 des Vertrags zur Gründung der Europäischen Gemeinschaft (EG-Vertrag), nunmehr Art. 48 Abs. 2 EU-Vertrag in der Fassung von Amsterdam, hinzuweisen, wo bestimmt ist, dass als Gesellschaften, deren Niederlassungsrecht liberalisiert werden soll, auch alle „sonstigen juristischen Personen des öffentlichen und privaten Rechts mit Ausnahme derjenigen, die keinen Erwerbszweck verfolgen" gelten. Die Entwicklungen im Zusammenhang mit Kapitalgesellschaften – insbesondere der englischen Limited – sind daher auf einen nicht wirtschaftlichen Verein nur insoweit übertragbar, als er für seinen nicht wirtschaftlichen Zweck Mittel durch wirtschaftliche Aktivitäten erzielt und damit zumindest mittelbar einem Erwerbszweck dient.

B. Bürgerlich-rechtliche Grundlagen

1. Begriff des Vereins nach BGB

Im BGB wird der Begriff des Vereins nicht definiert, sondern als bekannt vorausgesetzt. Im Anschluss an gemeinrechtliche Vorstellungen wird der Verein im Sinn des BGB definiert als

freiwilliger, auf eine gewisse Dauer angelegter, körperschaftlich organisierter und vom Wechsel seiner Mitglieder unabhängiger Zusammenschluss
mehrerer Personen unter einem Gesamtnamen (Vereinsnamen) zur Verfolgung gemeinsamer Zwecke.

So hat das Reichsgericht in einer Entscheidung vom 2. 2. 1905
den Verein angesehen als „eine dauernde Verbindung einer
größeren Anzahl von Personen zur Erreichung eines ihnen gemeinsamen Zwecks …, die sich eine die wesentlichen Merkmale
korporativer Organisation enthaltende Gestaltung gegeben hat,
einen Gesamtnamen führt, und bei welcher ein Wechsel in dem
Mitgliederbestande, und zwar nicht vermöge besonderen Aus-
nahmerechts, sondern naturgemäß, infolge des Wesens der Vereinigung, stattfindet".[8] In einer Entscheidung von 1934 heißt es,
ein Verein sei „eine auf die Dauer berechnete Verbindung einer
größeren Anzahl von Personen zur Erreichung eines gemeinsamen
Zwecks, die nach ihrer Satzung körperschaftlich organisiert ist,
einen Gesamtnamen führt und auf einen wechselnden Mitgliederbestand angelegt ist".[9]

Die Rechtsfähigkeit hingegen ist kein typisches Vereinsmerkmal,
weshalb auch der nicht eingetragene Verein, wenn er nach seiner
Satzung körperschaftlich organisiert ist und die übrigen genannten
Merkmale aufweist, Verein im Sinn des BGB ist, allerdings keine
juristische Person.

Zivilrechtlich unbrauchbar ist die Legaldefinition des Vereins in
§ 2 Abs. 1 VereinsG, die nach bürgerlich-rechtlich nicht relevan-
ten Kriterien des öffentlichen Rechts dazu dient, die Verbotsnorm
des Art. 9 Abs. 2 GG gegenüber Vereinigungen jeglicher Art (nicht
nur Vereinen im Sinn des BGB) durchzusetzen.

Für den **Begriff** des Vereins unerheblich ist ferner, ob der Zweck
des Vereins auf einen wirtschaftlichen Geschäftsbetrieb gerichtet
ist, oder ob er sonst einen wirtschaftlichen Zweck verfolgt. Das ist
dem Verein grundsätzlich nicht verwehrt. Es ist jedoch eine Frage
der **Zulässigkeit** des Vereinszwecks bzw. der tatsächlichen Betätigung des Vereins in der gewählten Vereinsform. Das BGB unter-

---

[8] RGZ 60, 94.
[9] RGZ 143, 212.

scheidet in §§ 21, 22 den Verein, dessen Zweck nicht auf einen wirtschaftlichen Geschäftsbetrieb gerichtet ist („Idealverein"). Er erlangt die Rechtsfähigkeit durch Eintragung in das Vereinsregister; er kann auch als nicht eingetragener Verein existieren und unter den Voraussetzungen des BGH-Urteils vom 29. 1. 2001 (Fn. 6) eingeschränkte Rechtsfähigkeit erlangen. Ein Verein dagegen, dessen Zweck auf einen wirtschaftlichen Geschäftsbetrieb gerichtet ist, erlangt die Rechtsfähigkeit durch staatliche Verleihung („wirtschaftlicher Verein"), soweit er die Rechtsfähigkeit nicht kraft besonderer bundesgesetzlicher Rechtsvorschriften erhält. Solche besonderen bundesgesetzlichen Vorschriften im Sinn von § 22 BGB sind insbesondere: das Aktiengesetz, das GmbH-Gesetz, das Gesetz betreffend die Erwerbs- und Wirtschaftsgenossenschaften sowie das Versicherungsaufsichtsgesetz (für die Versicherungsvereine auf Gegenseitigkeit), nicht dagegen die Europäische wirtschaftliche Interessenvereinigung (EWIV), die nach deutschem Recht weitgehend dem Recht der offenen Handelsgesellschaft (OHG) untersteht. Zu den wirtschaftlichen Vereinen, die ihre Rechtsfähigkeit durch staatliche Verleihung erlangen, vgl. nachstehend S. 17f. und S. 60.

Aber auch dem Idealverein ist die wirtschaftliche Tätigkeit nicht schlechthin verwehrt. Sie darf nur nicht Hauptzweck sein. Über das Nebenzweckprivileg kann auch dem Idealverein eine nicht unbedeutende wirtschaftliche Betätigung gestattet sein. Hierzu, sowie zur Abgrenzung zwischen Idealverein und wirtschaftlichem Verein – die im konkreten Einzelfall schwierig sein kann und in der Rechtsprechung auch nicht immer konsequent durchgeführt wird – vgl. nachstehend S. 60.

Für **Kleingärtnervereine** und die Rechtsverhältnisse zu ihren Mitgliedern ist das Bundeskleingartengesetz[10] zu beachten, das privat- und öffentlich-rechtliche Vorschriften enthält, die zum Teil zwingend sind.

---

[10] Vom 28. 2. 1983, BGBl. I S. 210 mit Änderungen. Erläuterungen in den BGB-Kommentaren vor §§ 581 BGB.

2. Abgrenzung des BGB-Vereins zu anderen Vereinigungsformen

Der Verein des BGB ist einerseits abgegrenzt von den wirtschaftlichen Vereinen besonderen Rechts (der Aktiengesellschaft, der GmbH, der Genossenschaft und dem Versicherungsverein auf Gegenseitigkeit); er unterscheidet sich typologisch mit diesen ferner von den Gesellschaften (des bürgerlichen Rechts, der OHG, der KG und der stillen Gesellschaft), ferner von den Stiftungen und Anstalten des öffentlichen und privaten Rechts und den sonstigen öffentlich-rechtlichen Körperschaften. Unabhängig von diesen rechtssystematischen Unterschieden gibt es jedoch einige Gemeinsamkeiten: Grundprinzipien und Formalien, die auf vor allem im Vereinsrecht ausgebildete Regeln zurückgehen, wie Minderheitenschutz, Grundsätze des Ablaufs von Mitgliedsversammlungen, Behandlungen von dort eingebrachten Anträgen usw.

Es kann in diesem Zusammenhang keine Typologie des Gesellschaftsrechts (zu dem im allgemeinen Sinn auch das Vereinsrecht gezählt wird) entwickelt werden. Die Entscheidung, welche Rechtsform im konkreten Fall des Zusammenschlusses mehrerer Personen zur Erreichung eines bestimmten Zwecks die zweckmäßigste ist, erfordert jedoch auch die Prüfung der übrigen von der Rechtsordnung zur Verfügung gestellten Vereinigungsformen. Sie werden daher kurz mit ihren wesentlichen Unterschieden zum Verein des BGB vorgestellt.

a) Die wirtschaftlichen Vereine kraft Sonderrechts

Hierunter zählen vor allem die Aktiengesellschaft, die GmbH, die Genossenschaft und der Versicherungsverein auf Gegenseitigkeit. Sie sind – wie der eingetragene Verein des BGB – juristische Personen des Privatrechts, also Organisationen, denen Rechtsfähigkeit verliehen ist, die wie natürliche Personen Subjekt von Rechtsbeziehungen, Rechten und Verbindlichkeiten sein können. Sie sind – im Unterschied zum Idealverein des BGB – vor allem „Kapitalvereine",[11] so die Aktiengesellschaft, die GmbH (beson-

---

[11] Flume, Allgemeiner Teil des Bürgerlichen Rechts I 2, S. 100.

ders ausgeprägt bei der „kapitalistisch" verfassten) und je nach rechtlicher Ausgestaltung auch die Genossenschaft. Der Unterschied zum Personenverein – auch zum wirtschaftlichen Verein des BGB – ist vor allem der Einfluss der kapitalistischen Beteiligung: sie entscheidet beim Stimmrecht, bei Verteilung von Gewinn und Verlust. Man muss sich allerdings stets vor Augen halten, dass hier nur „prinzipielle" Unterschiede dargestellt werden können und die weitgehende Vertragsfreiheit unserer Rechtsordnung die Entstehung zahlreicher Mischgebilde zulässt. Auch ein BGB-Verein mit wirtschaftlicher Betätigung (also nicht nur der wirtschaftliche Verein des BGB, sondern auch der Idealverein mit einem bedeutenden wirtschaftlichen Nebenzweck) kann, etwa durch Ausstattung von Mitgliedern mit Sonderrechten, bis zu einem gewissen Grad „kapitalistisch" strukturiert werden. Ein Zwitter in diesem Sinn ist auch die GmbH, die vom persönlichen Einfluss der (meist wenigen) Gesellschafter her stark personenbezogen und individuell geprägt ist, gleichwohl aber durch Satzungsgestaltung „kapitalistisch" geprägt werden kann. Eine Zwischenstellung anderer Art nimmt die (in der Praxis seltene) Kommanditgesellschaft auf Aktien ein, die körperschaftliche und personalgesellschaftliche Elemente kumuliert.

Die Aktiengesellschaft ist personenunabhängig und als Publikumsgesellschaft mit nur wenig dispositivem Recht konzipiert (doch gibt es in der Praxis wirtschaftlich bedeutende Aktiengesellschaften, deren Anteile sich in der Hand einer oder weniger Personen befinden). Der Nennbetrag der Aktien, die ein Aktionär hält, ist maßgebend für die Bemessung der Mitgliedschaftsrechte, während beim Verein des BGB grundsätzlich – mit Ausnahme von Sonderrechten und außerordentlichen Mitgliedschaften – jedes Vereinsmitglied gleiche Mitgliedschaftsrechte hat.

Die eingetragene Genossenschaft weist eine körperschaftliche Struktur mit personellen Elementen auf. Im Zusammenhang mit der Einführung einer europäischen Genossenschaft sind nunmehr die gesetzlichen Vorgaben auch für die deutsche Genossenschaft durch den Gesetzgeber überarbeitet. Ebenso wie der Verein des BGB hat auch die eingetragene Genossenschaft keine geschlossene Mitgliederzahl; im Unterschied zum BGB-Verein können Mitglieder des Vorstands und Aufsichtsrats jedoch nur Genossen sein. Im Übrigen war bisher die Tätigkeit der Genossenschaften beschränkt; sie durften nur der Förderung des Erwerbes oder der Wirtschaft ihrer Mitglieder mittels gemeinschaftlichen Geschäftsbetriebes dienen. Im Rahmen der Genossenschaftsreform wird die Rechtsform der Genossenschaft auch für soziale und kulturelle Zwecke geöffnet. Zugleich wird die Zahl der notwendigen Gründungsmitglieder von sieben auf drei herabgesetzt. Bei kleineren Genossenschaften ist ein Aufsichtrat nicht mehr zwingend. Auch Kapitalbeschaffung und –erhaltung sind wesentlich erleichtert. Die Genossenschaft wird sich damit möglicherweise als neue alternative Rechtsform gegenüber dem Verein herausbilden.

Der Versicherungsverein auf Gegenseitigkeit schließlich ist nach der Legaldefinition in § 15 VAG ein rechtsfähiger Verein, „der die Versicherung seiner Mitglieder nach dem Grundsatz der Gegenseitigkeit betreibt". Die Mitglieder sind zugleich die Versicherten, doch kann die Satzung auch die Versicherung von Nichtmitgliedern zulassen.

b) Personengesellschaften

Vom Verein des BGB (unabhängig davon, ob er rechtsfähig ist) und den wirtschaftlichen Vereinen kraft Sonderrechts zu unterscheiden sind die Personengesellschaften des bürgerlichen und Handelsrechts: die Gesellschaft nach §§ 705 ff. BGB, die offene Handelsgesellschaft, die Kommanditgesellschaft und die stille Gesellschaft.

Sie unterscheiden sich nach neuerer Rechtsprechung des BGH (Fn. 6) von den Vereinen allerdings nicht mehr entscheidend dadurch, dass ihre Existenz „im Prinzip" abhängig vom ursprünglichen Mitgliederbestand ist, weil auch für den Fall des Ausscheidens eines Gesellschafters das Recht zur Fortsetzung der Gesellschaft unter den – mindestens zwei – verbleibenden Gesellschaftern vertraglich vereinbart werden kann und in der Regel auch vereinbart wird, für die Vertretung nach außen in der Regel alle persönlich haftenden Gesellschafter zuständig sind (wenn auch die Geschäftsführung und Vertretung vertraglich geregelt werden kann). Allerdings sind die Gesellschafter der Personenge-

sellschaften am Gesellschaftsvermögen („Gesamthandvermögen")
anteilig beteiligt (während das Vermögen der juristischen Personen
in deren Eigentum übergeht). Das gilt im Übrigen auch für den
nicht eingetragenen Verein, obwohl dieser keine juristische Person
ist. Auch er kann Vermögen bilden (S. 72 ff.). Das ausscheidende
Mitglied hat keinen (anteiligen) Anspruch hierauf oder gegen die
verbleibenden Mitglieder.[12]

Personengesellschaften eignen sich nur für einen zahlenmäßig
begrenzten Gesellschafterkreis; ausgenommen hiervon ist die
Kommanditgesellschaft, die insbesondere bei Familiengesellschaf-
ten und bei den Publikums-Kommanditgesellschaften (wie den
„Abschreibungsgesellschaften") eine große Zahl von Komman-
ditisten haben können. Eine Sonderstellung nimmt hier – wie
überhaupt – die stille Gesellschaft ein; auch an ihr können sich
unbegrenzt viele „Stille" beteiligen, ohne dass Komplikationen be-
fürchtet werden müssen (sie sind in der Regel nur Darlehensgeber
mit Beteiligung am Gewinn und Verlust, oder nur am Gewinn, regelmäßig ohne nennenswerte Mitwirkungsrechte und treten nach
außen nicht in Erscheinung). Der Verein des BGB, sowie die wirtschaftlichen Vereine kraft Sonderrechts sind (mit Ausnahme der
GmbH) hingegen auf eine unbegrenzte Mitgliederzahl angelegt,
der Verein des BGB kann aber auch für geringe Mitgliederzahlen
sinnvoll und geeignet sein.

c) Öffentlich-rechtliche Körperschaften

Sie sind zahlreich und können unterschiedlichste Organisations-
strukturen haben. Auch ihre Entstehung kann unterschiedlich sein.
Die Bundesrepublik, die Bundesstaaten, die Gemeinden sind ebenso Körperschaften des öffentlichen Rechts wie die sozialen Ver-
sicherungsträger, einige Kirchen und Religionsgesellschaften, sowie
zahlreiche Verbände. Es gäbe keinen Sinn, für sie einen gemeinsamen Begriff zu entwickeln. Im Zusammenhang mit dem privaten
Vereinsrecht interessieren nur zwei Aspekte.

Körperschaften des öffentlichen Rechts können mitgliedschaft-
lich verfasst sein und – insbesondere im Falle berufsständischer

---

[12] AG Grevenbroich, NJW-RR 2001, 967.

Zusammenschlüsse – der äußeren Form und Organisation nach Vereinen des BGB recht nahe kommen, so etwa die Rechtsanwaltskammern, die Notarkammern, die Handwerkskammern. Sie haben als Organe die Vollversammlung und den aus deren Mitte gewählten ehrenamtlichen mehrgliedrigen Vorstand. Die Kammerversammlung fasst im Rahmen der den Kammern gesetzlich zugewiesenen Aufgaben Beschlüsse, über die zuvor eine Aussprache geführt werden kann. Für die Einberufung und den Ablauf dieser Versammlungen, die dort geführten Debatten, die Beschlussfassung und die Wahlen gelten die im Recht des BGB-Vereins entwickelten Grundsätze entsprechend, soweit nicht gesetzliche Sondervorschriften bestehen, die aber in der Regel ebenfalls vereinsrechtliche Prinzipien aufgreifen.

Mit den öffentlich-rechtlichen Körperschaften dürfen nicht privatrechtliche Vereine verwechselt werden, denen die Erfüllung öffentlicher Aufgaben übertragen ist. Sie werden dadurch nicht zu öffentlich-rechtlichen Vereinigungen. Auch wenn diese Vereine sich im Rahmen der Erfüllung ihrer öffentlichen Aufgaben wirtschaftlich betätigen, sind sie nicht den wirtschaftlichen Vereinen zuzurechnen. Sie sind – in der verwaltungsrechtlichen Terminologie – „Beliehene", sie sind damit der staatlichen Organisation nicht ein- sondern ihr nur angegliedert. Es ist Sache des öffentlichen Auftraggebers, erforderlichenfalls dafür zu sorgen, dass die innere Ordnung des beliehenen Vereins den ihm übertragenen Aufgaben entsprechend geregelt wird.

Beispiele für beliehene privatrechtliche Vereine: Technische Überwachungsvereine, Lohnsteuerhilfevereine, Verwertungsgesellschaften nach dem Gesetz über die Wahrnehmung von Urheberrechten und verwandten Schutzrechten (beide bedürfen staatlicher Anerkennung; die Verwertungsgesellschaften können jedoch auch als Handelsgesellschaften betrieben werden oder Vereine nach § 22 BGB sein).

d) Stiftungen und Anstalten des privaten Rechts

Die rechtsfähige Stiftung des privaten Rechts ist in §§ 80 bis 88 BGB gesondert geregelt. Sie ist juristische Person, die durch das Stiftungsgeschäft und die staatliche Genehmigung entsteht. Sie ist ein zweckgerichtet gewidmeter Vermögensinbegriff und nicht verbandsmäßig organisiert und unterscheidet sich so grundsätzlich vom Verein.

Anstalten des privaten Rechts gibt es als Rechtsbegriff und damit als besondere Person oder Organisation des Privatrechts nicht, sie existieren aber der Sache nach. Als Anstalt bezeichnet man einen Bestand von Mitteln, sächlichen wie persönlichen, die in der Hand eines Trägers einem besonderen Zweck dauernd zu dienen bestimmt sind, so beispielsweise die freien Privatschulen oder die freien Sparkassen. Sie werden von juristischen Personen des Privatrechts (Privatschulen auch solchen des öffentlichen Rechts) getragen, Träger kann also auch ein rechtsfähiger Verein sein.

3. Gestaltungsmöglichkeiten des Vereins nach BGB

Die §§ 21 ff. BGB, die das Vereinsrecht regeln, enthalten nur wenige zwingende Vorschriften. Danach und nach der hierzu vorliegenden Rechtsprechung **muss** die Vereinssatzung Bestimmungen enthalten:

- über den Namen des Vereins,
- seinen Sitz,
- seinen Zweck,
- und beim eingetragenen Verein, dass er in das Vereinsregister eingetragen werden soll;

ferner:

- über die Form des Eintritts und Austritts der Mitglieder,
- darüber, ob und welche Beiträge von den Mitgliedern zu leisten sind und wer sie festsetzt,
- über die Zusammensetzung des Vorstandes,
- über die Voraussetzungen, unter denen die Mitgliederversammlung zu berufen ist,
- über die Form der Einberufung der Mitgliederversammlung und
- über die Beurkundung der Versammlungsbeschlüsse.

Dieser Mindestinhalt der Satzung bezieht sich also fast ausschließlich auf Formalien, nicht auf materielles Recht. Gefordert wird nur, **dass** bestimmte Materien geregelt werden, nicht, **wie** sie zu regeln sind. Unabdingbar sind damit lediglich:

- die Existenz von Mitgliedern (es gibt keinen Ein-Mann-Verein),
- Name, Sitz und Rechtsform des Vereins,
- ein (erlaubter) Vereinszweck, sowie
- als Vereinsorgane ein Vorstand als gesetzlicher Vertreter des Vereins und (zumindest im Prinzip) eine Mitgliederversammlung.

Die praktisch äußerst bedeutsame Frage der Kompetenzverteilung zwischen Vorstand und Mitgliederversammlung ist hingegen dispositivem Satzungsrecht überlassen. Ein Verein kann daher entweder basisdemokratisch, repräsentativ-demokratisch oder aber fast diktatorisch organisiert werden, zwischen diesen drei Modellen liegt ein schier unbegrenztes Spektrum der Möglichkeiten. Da der Verein des BGB ferner jeden gesetzlich zulässigen Zweck verfolgen darf (und lediglich der Idealverein von einem auf einen wirtschaftlichen Geschäftsbetrieb ausgerichteten Zweck ausgeschlossen ist, nicht aber von der Verfolgung eines wirtschaftlichen Nebenzwecks), ist diese Rechtsform in der Praxis vielseitig verwendbar. Der Verein des BGB eignet sich für Zusammenschlüsse unterschiedlichster Art und Mitgliederzahl, beschränkt lediglich in wirtschaftlicher Betätigung. Die Praktikabilität der Vereinsform wird noch durch die Möglichkeit, sich auch in einem nicht eingetragenen Verein vereinsmäßig zu organisieren, erhöht. Die mangelnde Eintragung ins Vereinsregister erleichtert Vereinen, die ihre Organe in kurzfristigem Turnus neu bestimmen wollen, die vereinsinterne Organisation. Die mangelnde oder beschränkte Rechtsfähigkeit (hierzu S. 72 ff.) kann auch hilfreich sein, wenn zwar der Wille der Gründungsmitglieder, sich auf längere Dauer zu organisieren, vorhanden ist, der Zusammenschluss aber doch experimentelle Züge trägt: sei es, dass man sich nicht sicher ist, ob er auf Dauer hält, oder ob der verfolgte Zweck längere Beschäftigung lohnt. Auch sonst kann es zahlreiche ehrenwerte Gründe geben, weshalb eine Vereinigung sich auch nicht der Kontrolle durch das Registergericht unterwerfen will.

In § 26 Abs. 1 BGB ist zwingend vorgeschrieben, dass der Verein einen Vorstand haben muss. Dagegen ist die Bestimmung in § 27 Abs. 1 BGB, wonach die Bestellung des Vorstandes durch Beschluss der Mitgliederversammlung erfolgt, dispositiv. Die Sat-

zung kann die Bestellung des Vorstands auch einem anderen Vereinsorgan, etwa einem Aufsichtsrat, übertragen oder dem Vorstand
selbst das Recht der Ergänzung einräumen (Zuwahl, Kooptation).
Auch sonst können die Rechte der Mitgliederversammlung durch
die Satzung so ausgehöhlt werden (§ 40 BGB), dass nach der Gründungsversammlung weitere Mitgliederversammlungen (und sie er-
setzende Delegiertenversammlungen) überflüssig werden. Praktisch
unabdingbar ist lediglich die Einberufung der Mitgliederversammlung nach § 37 BGB auf Verlangen der im Gesetz oder in der Satzung bestimmten Minderheit der Mitglieder (Minderheitenschutz),
denn selbst die Auflösung des Vereins (§ 41 BGB) kann durch ein-
stimmige schriftliche Zustimmung sämtlicher Mitglieder erklärt
werden (§ 32 Abs. 2 BGB), ein Verfahren, das bei einem Verein
mit geringer Mitgliederzahl durchaus praktikabel sein kann.

Das Prinzip der Vertragsfreiheit gestattet es auch, neben den
gesetzlich vorgeschriebenen Organen weitere Gremien zu schaffen, wie: einen Aufsichtsrat (ihm kann sogar die Wahl des Vorstands übertragen werden), Beiräte, Wahlprüfungs- und Revisions-
gremien, Abteilungen für Öffentlichkeitsarbeit, Arbeitskreise usw.
Ein Verein kann ferner selbstständige und unselbstständige Untergliederungen bilden, oder sich als Dachverband selbstständiger Vereine oder anderer juristischer Personen, oder von Handelsgesellschaften konstituieren. Die Satzung kann bestimmen, dass im
Vorstand bestimmte Gruppen von Vereinsmitgliedern, oder bestimmte Untergliederungen, durch einen Repräsentanten vertreten
sind, einem Mitglied können ferner Sonderrechte eingeräumt
werden, die nicht ohne dessen Zustimmung beeinträchtigt werden
dürfen (§ 35 BGB). Auch einer Gruppe nicht von vornherein bestimmter einzelner Mitglieder können Sonderrechte eingeräumt
werden.

4. Die Wahl der zweckmäßigen Vereinsform

Unter „Vereinsform" wird hier nicht nur die Rechtsform, sondern auch der Inhalt der Satzung verstanden. Wie gezeigt wurde,
bietet die Rechtsform des BGB-Vereins vielfältige Möglichkeiten

der rechtlichen Gestaltung. Entsprechend vielseitig verwendbar ist sie in der Praxis. Die Satzung ermöglicht eine „maßgeschneiderte" Passform für den jeweiligen Zweck des Vereins. Auf ihre Formulierung sollte stets größte Sorgfalt verwendet werden. Sie ist die „Verfassung" des Vereins, sein „Grundgesetz". In ihr werden die Rechtsbeziehungen zwischen dem Verein und seinen Mitgliedern, deren Rechte und Pflichten, sowie die der Vereinsorgane festgelegt. Eine Vereinssatzung sollte – wie eine Staatsverfassung, das Grundgesetz für die Bundesrepublik Deutschland ist hierfür leider kein gutes Beispiel – so wenig wie möglich geändert werden. Satzungsänderungen bedürfen zudem in der Regel einer qualifizierten Mehrheit. Zwar ist § 33 Abs. 1 BGB dispositiv (§ 40 BGB), es empfiehlt sich jedoch stets, eine Satzung vor allzu häufiger Änderung dadurch zu schützen, dass man diese an eine qualifizierte Mehrheit bindet.

Die Struktur der Satzung und damit des Vereins wird in erster Linie durch dessen Zweck bestimmt. Ein berufsständischer überregionaler Interessenverband (soweit er als Idealverein zulässig ist) bedarf einer grundsätzlich anders strukturierten Satzung als ein Fischereiverein und dessen Satzung wird – auch den Grundzügen nach – nicht für einen Theaterverein passen. Selten wird es daher ausreichen, eine Mustersatzung aus einem der zahlreichen Formularbücher zu übernehmen (sie können allenfalls dem Fachmann wertvolle Anregungen geben). Gelegentlich wird man die Satzung eines gleichartigen Vereins übernehmen können (etwa die eines Kleingartenvereins durch einen anderen), doch selbst in sachlich und fachlich gleichgelagerten Fällen ist es möglich, dass unterschiedliche Interessen auftreten. Auch sollte jeder Verein – sei es in der Satzung oder in einem gesonderten Statut, das dann in der Satzung rechtlich verankert sein muss – ein Instrumentarium der Konfliktlösung besitzen. Auch es muss der besonderen Struktur des Vereins angepasst sein.

Vereinsgründer, die sich mit einer „Konfektionssatzung", die im Zweifel nicht passt, nicht zufrieden geben wollen, sondern eine konkret auf ihren Verein zugeschnittene Satzung schaffen wollen, sollten sich in jedem Fall von einem auf dem Vereins- und Gesellschaftsrecht bewanderten Rechtsanwalt beraten lassen. Die Suche nach der geeigneten und zweckmäßigen Vereinsform kann im Übrigen nach folgendem Schema erfolgen:

Als erstes ist zu prüfen, ob der angestrebte Zweck in der Form eines Idealvereins verfolgt werden kann. Das ist nicht der Fall, wenn der Zweck des Vereins auf einen wirtschaftlichen Geschäftsbetrieb gerichtet ist.

Beispiel: Inhaber und Pächter von Taxikonzessionen gründen einen Verein zur persönlichen und wirtschaftlichen Förderung ihrer beruflich tätigen Mitglieder, und zwar insbesondere durch Einrichtung und Unterhaltung einer Geschäftsstelle mit Telefonanschluss, durch die Annahme und Vermittlung von Aufträgen für Taxifahrten und durch Einrichtung, Unterhalt und Betrieb einer Funkanlage zur Sprechverbindung mit den im Einsatz befindlichen Taxifahrzeugen der Mitglieder. Der BGH[13] hat in dieser Tätigkeit einen ausgegliederten Teil der Gewerbebetriebe der Mitglieder und damit Verfolgung eines wirtschaftlichen Geschäftsbetriebs gesehen.

Es bietet sich an, stattdessen eine eingetragene Genossenschaft zu gründen. Ferner kann geprüft werden, ob eine staatliche Verleihung der Rechtsfähigkeit nach § 22 BGB zu erlangen ist. Derartige Konzessionen werden jedoch nur ausnahmsweise erteilt, wenn die Benutzung einer anderen Rechtsform unzumutbar ist. Ist auch mit einer staatlichen Verleihung nicht zu rechnen, muss für den beabsichtigten Zusammenschluss eine der Rechtsformen des Handelsrechts (oder im Ausnahmefall die der BGB-Gesellschaft) gewählt werden.

Liegt ein Grenzfall vor, lässt sich also anhand der Rechtsprechung und der Kommentarliteratur nicht mit Sicherheit entscheiden, ob das Registergericht eine beabsichtigte wirtschaftliche Betätigung als erlaubten Nebenzweck, oder als dem Idealverein untersagte Verfolgung eines wirtschaftlichen Geschäftsbetriebs ansehen werde, kann entweder versucht werden, eine Vorklärung beim zuständigen Registergericht herbeizuführen, oder aber auf die Gründung eines nicht eingetragenen Vereins ausgewichen werden. Auch ihm ist zwar die wirtschaftliche Betätigung untersagt. Betreibt er

---

[13] BGHZ 45, 395, 397.

dennoch ein Handelsgewerbe unter dem Vereinsnamen, ist er offene Handelsgesellschaft[14] mit der Folge der persönlichen Haftung aller Mitglieder für die Verbindlichkeiten (§ 128 HGB). Dieser Ausweg ist also nur gangbar, wenn ein entsprechendes Risiko abgesichert wird, sei es, dass Verbindlichkeiten gegenüber Dritten zumindest nicht vertraglich begründet, oder durch Beiträge der Mitglieder vorfinanziert werden, oder in sonstiger Weise.

Auch wenn an der Eigenschaft als Idealverein keine Zweifel begründet sind, ist als nächstes die Frage zu entscheiden, ob der Verein in das Vereinsregister eingetragen werden oder als nicht eingetragener Verein bestehen soll. Erstrebt der Verein die Anerkennung als gemeinnützig, ist deshalb die Eintragung in das Vereinsregister nicht erforderlich. Es können zahlreiche Gründe für und gegen die Eintragung in das Vereinsregister sprechen. Für die Erlangung einer beschränkten Rechtsfähigkeit ist die Eintragung in das Vereinsregister seit dem Urteil des BGH vom 29. 1. 2001 (Fn. 6 und S. 72 ff.) nicht mehr erforderlich, wohl aber für die Erlangung des Status einer juristischen Person des Privatrechts.

Politische Vereine verzichten vielfach auf den Erwerb der Rechtsfähigkeit, sei es aus historischen Gründen, oder auch deshalb, weil sie aus grundsätzlichen Erwägungen jede Form einer Kontrolle ablehnen.

Auch sonst kann es Gründe geben, einen Verein nicht in das Vereinsregister eintragen zu lassen: wenn ein häufiger Wechsel der Vorstandsmitglieder beabsichtigt ist (nach § 67 Abs. 1 BGB beim e. V. anmeldepflichtig), Unsicherheit des Bestandes der Vereinigung, geringe Zahl der Gründungsmitglieder (mindestens sieben beim e. V., § 56 BGB) oder nur der Wunsch nach größerer Flexibilität, möglichst geringer Organisation usw.

Von besonderer Bedeutung kann die Frage der Rechtsfähigkeit bei der Schaffung von Untergliederungen eines Vereins sein (Orts-, Kreis-, Landesverbänden). Solche Untergliederungen sind lediglich unselbstständige Verwaltungseinheiten, Außenstellen des Gesamtvereins, wenn sie keine körperschaftliche Vollstruktur besitzen.

---

[14] BGHZ 22, 240, 245.

Eine körperschaftliche Teilstruktur (Ortsvorstand, Mitgliederversammlung, freie Verfügung über einen Teil des Beitragsaufkommens) lässt die Untergliederung noch nicht zum selbstständigen Verein werden. Hauptkriterien der Unterscheidung: Die unselbstständige Untergliederung entscheidet nicht selbst über ihre Entstehung und ihr Ende, dem Gesamtverein steht ihr gegenüber die Satzungsgewalt zu, die Untergliederung verfügt nicht über einen eigenen – nicht vom Gesamtverein abgeleiteten – Namen.[15] Werden Untergliederungen als eigene Vereine in das Vereinsregister eingetragen, sind sie selbstständige Zweigvereine, die satzungsmäßig als Teil der Organisation des Gesamtvereins in diesen eingebunden werden müssen. Sie haben jedoch ein beschränktes Autonomierecht, insbesondere bilden sie ihre Organe selbst. Auch der nicht selbstständige Zweigverein ist in der vertikalen Gliederung des Gesamtvereins beschränkt rechtsfähig, doch kommt ihm geringeres Gewicht zu als einem eingetragenen Zweigverein. In beiden Fällen sollte die Art und der Umfang der Selbstständigkeit bzw. Abhängigkeit in den Satzungen des Gesamt- und des Zweigvereins möglichst eindeutig geregelt sein, die Satzungen sollten aufeinander abgestimmt sein und die Änderung der Satzung des Zweigvereins sollte an die Zustimmung des Gesamtvereins gebunden werden.

Auch nicht eingetragene Vereine können Vereinsmitglieder, auch Gründungsmitglieder eines eingetragenen Vereins sein. Es können folglich auch mehrere nicht eingetragene Vereine einen Dachverband in Form eines eingetragenen Vereins gründen.

Wichtigster Punkt jeder Vereinssatzung ist die Bestimmung der Vereinsorgane und die Verteilung der Kompetenzen zwischen ihnen. Das Gesetz stellt in § 32 Abs. 1 S. 1 BGB hierzu eine Regel auf, die jedoch schon in sich den Grundsatz der Abweichung enthält. Danach werden die Angelegenheiten des Vereins „durch Beschlussfassung in einer Versammlung der Mitglieder geordnet", soweit sie nicht „von dem Vorstand oder einem anderen Vereinsorgane zu besorgen sind". Zwingend wird dem Vorstand in § 26

---

[15] Vgl. OLG Hamburg, Recht 1908 Nr. 2452.

Abs. 1 S. 2 BGB die Aufgabe der gesetzlichen Vertretung des Vereins (auch des nicht eingetragenen) zugewiesen. Doch kann der Umfang seiner Vertretungsmacht beim eingetragenen Verein durch Satzung mit Wirkung gegen Dritte beschränkt werden, nicht dagegen beim nicht eingetragenen Verein. Dieser kann eine Haftungsbeschränkung nur durch eine individualvertragliche Vereinbarung mit seinem Vertragspartner herbeiführen.[16]

Die der Mitgliederversammlung vom Gesetz zugewiesenen Aufgaben sind dagegen grundsätzliche alle dispositiv (praktisch auch der Auflösungsbeschluss nach § 41 BGB insofern, als er einstimmig auch schriftlich gefasst werden kann, doch darf die Satzung die Mitgliederversammlung für diesen Fall nicht ausschließen; die Bestimmung des Anfalls des Vereinsvermögens nach § 45 Abs. 2 S. 2 BGB kann dagegen in der Satzung erfolgen und erübrigt so einen Beschluss der Mitgliederversammlung).

Zwingend ist die Mitgliederversammlung im Fall des § 37 BGB einzuberufen, also auf Verlangen von 10% der Vereinsmitglieder oder einer anderen (zulässigerweise auch größeren) in der Satzung bestimmten Minderheit. Damit steckt das BGB die äußersten Grenzen der Dispositionsmöglichkeit ab: der Vorstand ist für den Verein unentbehrlich, die Mitgliederversammlung darf zumindest nicht völlig ausgeschlossen werden. Zusätzliche Vereinsorgane sind zulässig (§ 32 Abs. 1 S. 1 BGB), auch die Bestellung „besonderer Vertreter" (§ 30 BGB). Für politische Parteien enthält das Parteiengesetz Sondervorschriften. (Einzelheiten oben Seite 10 f.).

Die wohl weitaus überwiegende Mehrzahl der Vereine ist nach dem gesetzlichen Regelvorbild organisiert: mit einer Mitgliederversammlung als „oberstem Willensbildungsorgan" und einem von ihr turnusmäßig gewählten Vorstand, der oft mehrgliedrig ist (und auch sein sollte, damit der Verein im Falle der Verhinderung des Vorsitzenden nicht handlungsunfähig wird). Verbreitet ist auch die Schaffung weiterer Vereinsorgane in der Satzung.

Beispiele: Revisoren zur Überwachung der Finanztätigkeit; „Schiedsgerichte", die jedoch häufig nicht die Voraussetzungen der §§ 1025 ff.

---

[16] BGHZ 142, 315 = NJW 1999, 3483 (für die GbR).

ZPO erfüllen und dann nur vereinsinterne Schlichtungsorgane sind. Einzelheiten: Seite 94 f. („Organe zur Konfliktlösung").

Es kann jedoch sinnvoll sein, von diesem Modell – das wegen seiner demokratischen Struktur und der weitgehenden Beteiligungsmöglichkeit der Vereinsmitglieder an der Vereinsführung und der Vereinspolitik grundsätzlich zu empfehlen ist – abzuweichen. Mitgliederstarke Vereine sollten die Mitgliederversammlung durch eine Delegiertenversammlung (Vertreterversammlung) ersetzen (repräsentativ-demokratisches Modell). Das muss in der Satzung geschehen, ein Übergang von der Vollversammlung zur Delegiertenversammlung kann erforderlichenfalls durch Satzungsänderung herbeigeführt werden, die durch Eintragung in das Vereinsregister wirksam wird (§ 71 BGB). Die Satzung muss auch die Zusammensetzung der Delegiertenversammlung regeln. Dagegen ist es nicht erforderlich, mit der Einführung einer Delegiertenversammlung auch eine Untergliederung des Vereins vorzunehmen. Die Satzung kann die schriftliche Wahl der Delegierten vorsehen, so dass diese nicht durch Mitgliederversammlungen von Zweigvereinen gewählt werden müssen, auch nicht, wenn solche Untergliederungen bestehen. Es empfiehlt sich jedoch in der Regel, für mitgliederstarke Vereine auch Untergliederungen zu schaffen (Ortsverbände, Landesverbände), um den Mitgliedern – insbesondere wenn sie regional stark gestreut sind – die aktive persönliche Teilnahme am Vereinsleben zu ermöglichen. Natürlich gibt es aber auch Fälle, in denen der Vereinszweck eine aktive persönliche Beteiligung der Mitglieder nicht erfordert. Dann wird meist auch die Notwendigkeit von Mitglieder- und Delegiertenversammlungen fehlen.

In Fällen dieser Art kann die Satzung vorsehen, dass zahlreiche oder alle Rechte der Mitgliederversammlung (ausgenommen derjenigen in §§ 37 und 45 Abs. 2 S. 2 BGB) auf den Vorstand übertragen werden, insbesondere auch das Recht zur Neubestellung von Vorstandsmitgliedern selbst. Denn § 27 Abs. 1 BGB, der die Bestellung des Vorstands der Mitgliederversammlung zuweist, ist dispositiv (§ 40 BGB). Die Satzung kann daher bestimmen, dass beim Ausscheiden von Vorstandsmitgliedern deren Nachfolger von den verbliebenen Vorstandsmitgliedern durch Zuwahl (Kooptation) berufen werden. Das kann sich empfehlen bei Vereinen mit wenigen, weit von einander entfernt wohnenden Mitgliedern, deren Kommunikation aber auf andere Weise sichergestellt ist.

Beispiele:

- Eine Gruppe von Wissenschaftlern unterschiedlicher Disziplinen gründet eine „Max-Horkheimer-Gesellschaft e. V.", um die sozialwissenschaftlichen Untersuchungen dieses Philosophen weiterzuführen. Zu diesem Zweck soll vierteljährlich eine „Neue Zeitschrift für Sozialforschung" herausgegeben werden. Die zwanzig in Berlin, München, Köln, Hannover und im Ausland wohnenden Mitglieder des Vereins treffen sich ohnehin häufig anlässlich von Kongressen und bei ähnlichen Gelegenheiten, sie stehen in ständigem schriftlichen und telefonischen Kontakt, so dass Mitgliederversammlungen entbehrlich und wegen der vielfältigen zeitlichen Beanspruchung der Mitglieder auch unopportun sind.

- Ein Verein „Blauer Stern e. V." hat sich zum Ziel gesetzt, Inhaftierte ohne Angehörige zu betreuen. Einige Vereinsmitglieder betätigen sich in diesem Sinn ehrenamtlich, andere können nur durch Mitgliederbeiträge und Spenden den Vereinszweck verfolgen. Sie werden durch ein jährliches Rundschreiben über die Aktivitäten des Vereins unterrichtet. Auch hier kann eine Mitgliederversammlung und eine turnusmäßige Vorstandswahl unnötig sein, die Entscheidung wird in diesen Fällen weitgehend vom Interesse und der Persönlichkeit der Vereinsmitglieder abhängen.

Aber auch für einen Verein mit zahlreichen Mitgliedern kann sich eine Übertragung der Aufgaben der Mitgliederversammlung – soweit zulässig – auf den Vorstand empfehlen, so, wenn die Mehrzahl der Mitglieder im Wesentlichen passiv die Vereinsleistungen in Anspruch nehmen will.

Beispiel: Eine Buchgemeinschaft, rechtsfähiger Verein kraft staatlicher Verleihung, mit dem Ziel, vergriffene oder sonst schwer zugängliche Werke als Reprints neu erscheinen zu lassen und sie, sowie sonstige Bücher zu tragbaren Preisen den Mitgliedern anzubieten, muss sich ein einer Handelsgesellschaft entsprechendes Instrumentarium schaffen. Es wäre wenig sinnvoll, eine Mitgliederversammlung über das Verlagsprogramm oder die Zusammensetzung des Vorstands entscheiden zu lassen. Es wird daher nur der erste Vorstand von der Mitgliederversammlung (dem kleinen Kreis unter sich einiger Gründungsmitglieder) gewählt, ausscheidende Vorstandsmitglieder werden in Zukunft durch Kooptation zugewählt.

Das Vereinsrecht des BGB lässt es sogar zu, das Grundmuster des Vereins mit Mitgliederversammlung, die den Vorstand wählt, umzukehren: ein sich selbst ergänzender Vorstand kann sich auch seine Mitglieder wählen. Dem Grunde nach findet eine Auswahl der Mitglieder in allen Fällen statt, in denen die Mitgliedschaft nicht durch einseitige Erklärung des Beitrittswilligen erfolgt, sondern der Annahme durch den Verein bedarf: eine Vorsichtsmaßnahme, die stets zu empfehlen ist, um unliebsame Unterwanderungen zu vermeiden. In Vereinen mit großer Mitgliederzahl wird dieses Aufnahmeverfahren allerdings meist zur Formalität und dient in der Praxis nur noch dazu, erklärte und bekannte Vereinsgegner fernzuhalten. Vereine mit kleiner Mitgliederzahl werden dagegen darauf bedacht sein, Beitrittsinteressenten nach sachlichen, fachlichen Kriterien auszuwählen. Ist die Begrenzung der Mitgliederzahl mit einer Entmachtung der Mitgliederversammlung verbunden, kann der Kreis der Mitglieder zum Honoratiorengremium und der Vorstand zum allein tätigen Mitgliederkreis werden.

Beispiel: Ein Verein zur Ausbildungsförderung Begabter bestimmt in seiner Satzung, Mitglied könne nur werden, wer sich um die Ausbildung und Förderung von Begabten bereits verdient gemacht hat, oder von dem ein entsprechendes Engagement erwartet werden kann. Über die Aufnahme von Mitgliedern entscheidet ein Kuratorium, das sich aus von den Trägern des Vereins delegierten Vertretern und zugewählten Mitgliedern zusammensetzt und das auch den Vorstand wählt. Diesem und dem Kuratorium sind sämtliche wesentliche Aufgaben des Vereins übertragen, die Mitgliederversammlung wirkt nach der Satzung nur bei Satzungsänderungen und der Auflösung des Vereins mit, ist dabei jedoch auf die Übereinstimmung mit dem Kuratorium angewiesen.[17]

---

[17] Vereinfacht nach der Satzung des „Studienstiftung des deutschen Volkes e. V." in der Fassung vom 9. 1. 1959.

Die Möglichkeiten der Einflussnahme Dritter auf die Verwaltung und die Politik eines Vereins – vgl. das letzte Beispiel – sind ebenfalls vielfältig und können über die Bestimmung der Zusammensetzung des Vorstands institutionalisiert werden. So kann in der Vereinssatzung festgelegt werden, dass – auch in Fällen, in denen die Mitgliederversammlung ihre übrigen Rechte behält – die Bestimmung des Vorstands durch ein anderes satzungsmäßiges Organ erfolgt, etwa durch einen Aufsichtsrat, einen Verwaltungsrat oder – wie im vorhergehenden Beispiel – durch ein „Kuratorium". Die Bestimmung des Vorstands kann durch die Satzung sogar auf einen außen stehenden Dritten übertragen werden.

Beispiele:

- So ist es zulässig, dass die Satzung einer betrieblichen Unterstützungskasse in Vereinsform die Bestimmung des Vorstands dem Arbeitgeber überträgt.[18]
- Die Satzung eines religiösen oder weltanschaulichen Vereins kann bestimmen, dass der Vorstand durch ein Gremium oder einen Funktionär der Kirche, Religionsgesellschaft oder Weltanschauungsgemeinschaft bestimmt wird, der er sich zurechnet bzw. deren Interessen er vertritt.

Völlige Fremdbestimmung des Vorstands eines Vereins ist allerdings selten, in der Regel auch nicht sachgerecht und führt zu einer meist unangemessenen Einschränkung der Vereinsautonomie. Sie kann auch zu einer erheblichen Störung des Verhältnisses zwischen Mitgliedschaft und Vorstandschaft führen, insbesondere, wenn die Vereinsmitglieder natürliche Personen sind. Anders ist das bei Dach- und Interessenverbänden, die von juristischen Personen des öffentlichen und privaten Rechts getragen werden, wobei die Trägerschaft nicht notwendig auch eine finanzielle sein muss, wenn das auch die Regel sein wird. In diesen Fällen erfolgt die Einflussnahme auf Verwaltung und Politik des Vereins jedoch in der Regel nicht direkt durch Bestimmung des Vorstands, sondern durch Delegation von Vertretern in das Gremium, das den Vorstand wählt, so, wenn jede der Trägervereinigungen eine bestimmte Anzahl von Vertretern in die Mitgliederversammlung zu

---

[18] BAG, BB 1965, 1028.

entsenden berechtigt ist (bei Vereinigungen gleicher Bedeutung paritätisch, andernfalls anteilig nach Größe oder Gewicht der entsendenden Vereinigung). Auch kann die Satzung „geborene" Vorstandsmitglieder vorsehen; das ist dann zu empfehlen, wenn eines der Mitglieder dem Verein – meist kostenlos – ein Recht überlässt (ein Namensrecht, ein Titelrecht für eine Veröffentlichung, ein sonstiges gewerbliches Schutzrecht zur Ausbeute) oder wenn der Verein in einem gewissen Abhängigkeitsverhältnis zu einem anderen Verein steht, also in all den Fällen, in denen ein Dritter ein berechtigtes Interesse daran hat, die Geschicke des Vereins weiter mitzubestimmen.

Beispiele:

- Aus dem Mitgliederkreis des A-Vereins wird ein neuer Verein „Bildungswerk des A-Vereins" gegründet, der für seine Veranstaltungen öffentliche Gelder in Anspruch nehmen kann, die dem Mutter-Verein nach dessen Zweck nicht zustehen. Da er die Verwendung seines Namens zur Verfügung stellt und der Tochterverein in der Regel auch im Interessenbereich der „Mutter" tätig sein wird, ist es sachgerecht, wenn der A-Verein in den Vorstand des Tochtervereins „Bildungswerk" einen oder zwei Vertreter entsendet. Die Satzung des Tochter-Vereins kann so gestaltet werden, dass diese „geborenen" Vorstandsmitglieder eine Sperr-Minorität für besonders wichtige Vereinsbeschlüsse (etwa die Zweckänderung) erhalten.

- Die Vereine A, B und C beschließen, zur Verfolgung eines bestimmten gemeinsamen Zwecks den Verein D zu gründen und finanziell nach einem bestimmten Schlüssel auszustatten. Da für die Gründung eines rechtsfähigen Vereins mindestens sieben Personen erforderlich sind, werden nicht die Vereine A, B und C selbst, sondern jeweils mehrere Repräsentanten davon die Vereinsgründung vornehmen und (gegebenenfalls neben den Vereinen selbst) Mitglieder werden. Die Satzung kann vorsehen, dass der dreiköpfige Vorstand jeweils paritätisch von einem Mitglied des A-, B- und C-Vereins gebildet werden muss, die jedoch von der Mitgliederversammlung gewählt werden. Sinnvoller wird es sein, nicht die Vorstandssitze zu verteilen, sondern das Stimmrecht in der Mitgliederversammlung, sofern der Verein nur wenige Mitglieder und damit eine überschaubare Größenordnung hat. Ist noch nicht sicher, ob nicht weitere Vereine als Träger hinzu kommen, oder sich einer der Trägervereine wieder zurückziehen wird, kann eine entsprechende Regelung auch außerhalb der Satzung in einem Beschluss niedergelegt werden, dessen Abänderung von einem einstimmigen Beschluss oder einem mit qualifizierter Mehrheit abhängig gemacht wird.

- Unzulässig ist allerdings eine Satzungsbestimmung, nach der ein außen stehender Dritter den Verein gegen dessen Willen auflösen kann.[19]

Einflusssphären lassen sich aber auch dadurch schaffen bzw. gegenseitig abgrenzen, dass man verschiedene Kategorien von Mitgliedern schafft. Das ist trotz des Prinzips der Gleichbehandlung aller Vereinsmitglieder zulässig, wenn die unterschiedliche Rechtsstellung verschiedener Gruppen von Mitgliedern nach sachlichen Gesichtspunkten vorgenommen wird. So kann ein Verein:

- ordentliche Mitglieder,
- außerordentliche Mitglieder,
- fördernde Mitglieder und
- Ehrenmitglieder haben.

Letztere sind in der Regel (doch ist das nur eine verbreitete Konvention und nicht zwingend) voll stimmberechtigt und nur von Beitragspflichten befreit. Will man Ehrenmitglieder vom Stimmrecht ausschließen, bringt man sie besser in einem „Beirat" oder einem ähnlich genannten Gremium unter, dessen Angehörige keine Mitgliedschaftsrechte haben. Fördernde Mitglieder können volles oder beschränktes Stimmrecht haben, sie können auch vom Stimmrecht ausgeschlossen sein, das der sonstigen außerordentlichen Mitglieder kann beschränkt sein. Stimmrechtsbeschränkungen für nicht ordentliche Mitglieder können aus Rechtsgründen geboten sein, so wenn der Verein Tarifvertragspartei ist für Gruppen von Mitgliedern, die nicht Arbeitnehmer- bzw. Arbeitgeberqualität haben in Fragen des Arbeits-, Tarif- und Streikrechts. In jedem Fall sollte sich aus der Satzung der sachliche Grund für die Bildung unterschiedlicher Mitgliedergruppen entnehmen lassen. Ferner sollte die Satzung in diesem Fall festlegen, ob die unterschiedlichen Gruppen von Vereinsmitgliedern gleiches Stimmrecht haben oder welche Gruppe vom Stimmrecht ausgeschlossen oder im Stimmrecht beschränkt ist.

---

[19] OLG Stuttgart, OLGZ 1986, 257.

Beispiele:

- Eine Gewerkschaft (als nicht eingetragener Verein organisiert) bestimmt in ihrer Satzung, dass Studenten, die sich auf die Berufe vorbereiten, deren Interessen die Gewerkschaft vertritt, als außerordentliche Mitglieder aufgenommen werden können. Sie haben in Mitgliederversammlungen in Fragen des Arbeits-, (gegebenenfalls: des Beamten-), Tarif- und Streikrechts kein Stimmrecht. Grund hierfür ist, dass Studenten weder Arbeitnehmer noch arbeitnehmerähnliche Personen nach § 12 a TVG sind.

- Zulässig wäre es auch, die Zahl der Studentenvertreter in der Delegiertenversammlung und den sonstigen Gremien zu beschränken, umso eine Majorisierung durch eine Mitgliedergruppe, die nicht Tarifvertragspartei sein kann, zu vermeiden (wichtig für die erforderliche „Reinheit der Repräsentanz").

- Ein Verein, der die Interessen eines bestimmten Berufsstands vertritt, legt in seiner Satzung fest: „Ehrenmitglieder, die nicht ordentliche Mitglieder sein könnten, sind nicht Mitglieder im Sinne dieser Satzung." Damit wird ermöglicht, dass auch Berufsangehörige zu Ehrenmitgliedern ernannt werden können, die Nichtberufsangehörigen jedoch vom direkten Einfluss auf das Verbandsgeschehen ausgeschlossen werden. Rechtlich sinnvoller wäre es allerdings, für einen solchen Fall ein besonderes Gremium, etwa einen „Ehrenrat" zu bilden, doch hängt man oft aus traditionellen Gründen an der Bezeichnung „Ehrenmitglied".

Wo ein sachlicher Grund für einen Stimmrechtsausschluss nicht vorliegt, wird man insbesondere fördernden Mitgliedern das Stimmrecht nicht verwehren können, vor allem den bedeutenden Förderern, in der Regel also Wirtschaftsunternehmen. Sie werden mitbestimmen wollen, wofür ihre Fördergelder verwendet werden. Dann stellt sich das Problem anders: die Abhängigkeit des Vereins von den Geldgebern möglichst gering zu halten. Das lässt sich dadurch erreichen, dass man ihnen nur *eine* Stimme wie jedem anderen Mitglied gibt und für eine ausgewogene Zusammensetzung der Entscheidungsgremien sorgt.

Beispiel: Ein Verein zur Förderung der Wissenschaft unterscheidet in seiner Satzung
- wissenschaftliche Mitglieder (auf Grund ihrer Persönlichkeit),

- Mitglieder auf Grund Amts (z. B. Leiter bestimmter Forschungsein-richtungen),
- Ehrenmitglieder (einschließlich der Förderer),

gewährt jedem Mitglied gleiches Stimmrecht, verteilt die Entscheidungs-kompetenzen auf mehrere Gremien und mischt deren Zusammenset-zung so, dass die Geldgeber nicht einseitig die Forschungsprojekte bestimmen können, aber auch über eine Sperrminorität gegen ihnen völlig zuwiderlaufende Projekte verfügen. Im übrigen wird sich ein System der Balance ohnehin dadurch einstellen, dass Fördermittel aus-bleiben oder Wissenschaftler sich verweigern werden, wenn beide Gruppen keinen Konsens finden. Einer möglichen Korrumpierbarkeit der übrigen Mitglieder durch die Förderer kann man weitgehend vorbeugen, indem man die Förderung der Projekte von Vereinsmitgliedern oder von Mitgliedern der Beschlussgremien ausschließt, oder aber von der Zu-stimmung eines unabhängigen (auch außerhalb des Vereins stehenden) Organs abhängig macht.

Nach den gleichen Prinzipien kann auch unter den Mitgliedern eines Sportvereins, eines Theatervereins oder eines sonstigen Ver-eins differenziert werden, wobei die Mitgliederzahl, der Vereins-zweck oder sonstige besondere Interessen berücksichtigt werden können.

Beispiele:
- Die Satzung des Theatervereins „Thespiskarren" in Altstadt unter-scheidet
- aktive Mitglieder,
- fördernde Mitglieder,
- Ehrenmitglieder.

Jedes Vereinsmitglied hat gleiches Stimmrecht, künstlerische Fragen (Programm, Regie) sind jedoch ausschließlich dem Bühnenausschuss vorbehalten, der nur (oder mehrheitlich) von aktiven Mitgliedern zu be-setzen ist.
- Die Satzung des Sportvereins „TSV Burgdorf" kennt
- ordentliche Mitglieder (die sich aktiv betätigen),
- außerordentliche Mitglieder (Förderer mit erhöhtem Mitgliedsbeitrag),
- Ehrenmitglieder.

Alle Mitglieder haben gleiches Stimmrecht. Da bei einem Sportverein die ordentlichen Mitglieder überwiegen werden, wird es einer Stimm-rechtsbeschränkung für die außerordentlichen Mitglieder nicht bedür-fen; erforderlichenfalls können bestimmte Fragen des Leistungssports, auf die man keinen Einfluss von außen wünscht, einem besonderen nur von ordentlichen Mitgliedern besetzten Organ übertragen werden.

Im Übrigen können Sponsoren natürlich ihnen genehme Projekte durch zweckgebundene Spenden fördern, die der Verein jedoch – wenn er sie als Zumutung empfindet – zurückweisen kann. Einfluss auf den Verein ist auch über Sonderrechte von Mitgliedern möglich, von denen unten [20] noch die Rede sein wird. Sie müssen in der Satzung verankert sein und können ohne Zustimmung des Berechtigten nicht beeinträchtigt werden. Ihre Verleihung ist daher gründlich zu bedenken. Vor ihrer Einräumung muss gewarnt werden, wenn sie zur Majorisierung des Vereins führen können.

Beispiele: Der Fabrikant F, Inhaber einer Porzellanfabrik (oder: der Großhändler für Sportartikel G; oder: der Historiker H, der eine bestimmte Geschichtstheorie verficht) gründet einen Förderkreis (F: „Kunst und Porzellan e. V.", G: „Du und der Sport e. V.", H: „Volk und Raum e. V."), in dessen Satzung der Gründer als Vorsitzender auf Lebenszeit bestellt ist. Zweck: Förderung von künstlerischen (sportlichen, wissenschaftlichen) Leistungen, über die ein vom Vorsitzenden bestellter Beirat befindet. So organisierte Vereine werden lediglich Instrumente der Selbstbestätigung des Gründers werden, PR-Funktion haben.

Eine nicht zu unterschätzende Möglichkeit der Einflussnahme auf Politik und Verwaltung eines Vereins ist natürlich die Möglichkeit, sich in der Satzung das Recht vorzubehalten, die Aufnahme eines Mitglieds ohne Angabe von Gründen abzulehnen. Das ist nicht zulässig bei politischen Parteien, Gewerkschaften, Monopolvereinen (also oft berufsständischen Organisationen). Ein Verein mit geringer Mitgliederzahl kann auf diese Weise aber nicht genehme weitere Mitglieder abwehren.

Der Vollständigkeit halber ist noch darauf hinzuweisen, dass ein Verein mit überschaubarer Mitgliederzahl auch einen Vorstand bilden kann, der alle Vereinsmitglieder umfasst (basisdemokratisches Modell). Das kann im Einzelfall durchaus zweckmäßig sein. Für Beschlüsse, die das Gesetz und die Satzung einem bestimmten Vereinsorgan zwingend zuweisen (Vorstandswahl, Satzungsände-

---

[20] Siehe auch unten S. 120 f.

rung, Beschluss über die Auflösung usw.) muss dann in der Einladung und im Protokoll festgestellt werden, ob das Gremium als Mitgliederversammlung oder als Vorstand tagt. Wird diese Organisationsform gewählt, empfiehlt es sich jedoch, zumindest einen „geschäftsführenden Vorstand" zu bestellen, damit der Verein handlungsfähig bleibt; dieser kann weitgehend an Weisungen der Mitgliederversammlung oder Beschlüsse des Gesamtvorstandes gebunden werden, so dass die mit der Organisationsform beabsichtigte Gleichberechtigung aller Mitglieder gewahrt bleibt.

Wesentlich eingeschränkt ist die Gestaltungsfreiheit der Vereinsorganisation bei politischen Parteien nach den Vorschriften des Parteiengesetzes.

II. Privates Vereinsrecht

Die Rechtsbeziehungen zwischen den Vereinsmitgliedern untereinander und zwischen diesen und dem Verein (als Körperschaft)
sind in den §§ 21 bis 54 BGB und – da viele dieser Vorschriften
dispositiv sind und die Privatautonomie die Setzung weiterer
Rechts gestattet – vor allem in der Vereinssatzung[21] geregelt. Ferner gelten die allgemeinen Vorschriften des bürgerlichen Rechts,
insbesondere die Vorschriften über die Rechtsgeschäfte (§§ 104 bis
185 BGB), denn die Errichtung eines Vereins erfolgt – auch wenn
er nach § 22 BGB seine Rechtsfähigkeit durch staatliche Verleihung erhält – durch privatrechtlichen Vertrag, ebenso der Beitritt zu einem bereits bestehenden Verein (Aufnahmevertrag).

Die §§ 21 bis 53 BGB gelten (trotz der entgegenstehenden Verweisung in § 54 S. 1 BGB auf die Vorschriften über die Gesellschaft, die als obsolet angesehen wird) auch für den nicht eingetragenen Verein, soweit nicht dessen beschränkte Rechtsfähigkeit
entgegensteht (hierzu unten S. 71 ff.); auch verbleibt es bei der in
§ 54 S. 2 BGB besonders geregelten Haftung. In der folgenden
Darstellung der Rechtslage wird auf Abweichungen, die nur für
den eingetragenen oder nur für den nicht eingetragenen Verein
gelten, besonders hingewiesen. Ferner wird auf abweichendes
Recht für die politischen Parteien verwiesen. Wo solche Hinweise
fehlen, gelten die Ausführungen für den eingetragenen und den
nicht eingetragenen Verein, sowie für politische Parteien in gleicher Weise, wobei allerdings stets auch Sonderbestimmungen in
der jeweiligen Vereinssatzung zu beachten sind.

Für den eingetragenen Verein bzw. den, dessen Eintragung
beabsichtigt ist, enthalten die §§ 55 bis 79 BGB zusätzliche Vorschriften, die durch Verfahrensvorschriften in anderen Rechtsnormen ergänzt werden, insbesondere im Gesetz über das Verfahren in Familiensachen und in den Angelegenheiten der freiwilligen
Gerichtsbarkeit (FamFG), das seit dem 1. 9. 2009 an die Stelle des
FGG trat, und in der Vereinsregisterverordnung (VRV).

---

[21] Siehe oben S. 22 ff. und nachstehend S. 7 ff.

A. Die Gründung des Vereins

Gesetzliche Vorschriften über die Gründung des Vereins fehlen. Sie kann in drei Stufen erfolgen: von der Vorgründungsgesellschaft über den Vorverein zum rechtsfähigen Verein. Sie kann sich beim nicht eingetragenen Verein jedoch auch in einem einzigen Gründungsakt erschöpfen.

1. Die Vorgründungsgesellschaft

Sie ist nicht notwendig, kann aber sowohl dem eingetragenen, wie dem nicht eingetragenen Verein vorausgehen. Sie ist von den Vorverhandlungen einerseits und vom Vorverein andererseits zu unterscheiden.

Eine Vereinsgründung erfolgt in aller Regel nicht spontan, sondern nach vorheriger Absprache zwischen den Interessenten. Das können unverbindliche Vorbesprechungen sein, in denen die Idee eines Zusammenschlusses zur Erreichung eines gemeinsamen Zieles erörtert wird, vielleicht noch ohne konkrete Vorstellungen über die zu wählende Rechtsform. Dann handelt es sich um bloße Vertragsverhandlungen, deren Ergebnis noch offen ist, die jedoch – wie alle Vertragsverhandlungen – bereits Haftungsfolgen auslösen können. Zwar verpflichten sie nicht zum Vertragsabschluss, doch entstehen bereits im Stadium der Vorverhandlungen erhöhte Aufklärungs-, Sorgfalts-, Schutz- und Loyalitätspflichten, deren schuldhafte Verletzung zum Schadensersatz verpflichten kann (§ 241 Abs. 2 BGB), auch wenn es schließlich nicht zum Vertragsabschluss (der Vereinsgründung) kommt („Verschulden bei Vertragsverhandlungen", „Verschulden bei Vertragsabschluss", „culpa in contrahendo"), §§ 275 Abs. 4, 280 ff., 311 Abs. 2 und 3 BGB.

Beispiel: Der Gärtnereibesitzer G propagiert die Gründung eines „Kleingartenvereins Flussaue", wobei er den Eindruck erweckt, er könne über das betreffende Grundstück verfügen. Er bestärkt den Interessenten A in seiner Absicht, einen Rechtsanwalt mit der Ausarbeitung einer Satzung und der Prüfung der Frage zu beauftragen, ob der Verein als gemeinnützig anerkannt werden könne. Tatsächlich hatte die Stadt, in deren Eigentum das Grundstück „Flussaue" steht, G gegenüber bereits abgelehnt, es zu dem gewünschten Zweck zur Verfügung zu stellen. Es findet sich auch kein anderes geeignetes Ersatzgrundstück, so dass es nicht zur Gründung des Vereins kommt. G haftet A gegenüber wegen „Verschulden bei Vertragsverhandlungen" für die von diesem gemachten Aufwendungen (Anwaltskosten).

Für Einzelheiten zu dieser Problematik muss auf die Darstellungen des Allgemeinen Schuldrechts und die Kommentare zum BGB verwiesen werden.

Von den unverbindlichen Vorgesprächen zu unterscheiden ist die rechtsverbindliche Absprache, einen Verein zu einem näher bestimmten gemeinschaftlichen Zweck zu gründen: die Vorgründungsgesellschaft. Sie ist eine Gesellschaft des bürgerlichen Rechts nach §§ 705 ff. BGB. Die Interessenten – die nicht mit den späteren Vereinsmitgliedern identisch sein müssen – verpflichten sich gegenseitig rechtsverbindlich, die Erreichung eines Zwecks (in der Regel: des späteren Vereinszwecks) in der durch den Vertrag bestimmten Weise (die Gründung des X-Vereins) zu fördern. Die Errichtung einer Vorgründungsgesellschaft ist insbesondere erforderlich, wenn aus tatsächlichen oder rechtlichen Gründen mit der Vereinsgründung selbst noch nicht begonnen werden kann, jedoch bereits Rechtshandlungen erforderlich sind.

Beispiel: Einige Kunsthändler werben für die Gründung eines Vereins „Freunde des Stadtmuseums", dessen Mitglieder Mittel zum Erwerb von Exponaten, die aus dem laufenden Etat nicht aufgebracht werden können, zur Verfügung stellen sollen. Es bietet sich auch gerade eine günstige Gelegenheit, für die Sammlung wichtige Stücke zu erwerben. Es müssen jedoch Mäzene als Vereinsmitglieder gefunden, Verhandlungen mit der Museumsleitung geführt, eine Satzung entworfen werden usw. Die Initiatoren schließen deshalb eine Vorgründungsgesellschaft mit dem Zweck, die angebotenen Sammelstücke für das Museum zu sichern und den beabsichtigten Verein zu gründen.

Die Rechte und Pflichten der Gesellschafter sollten in einem schriftlichen Gesellschaftsvertrag festgehalten werden, im Übrigen ergeben sie sich aus §§ 705 ff. BGB. Falls im Gesellschaftsvertrag nichts anderes bestimmt ist, ist das Kündigungsrecht nach § 723 Abs. 1 S. 1 BGB auf Fälle des wichtigen Grundes beschränkt.

Scheidet ein Gesellschafter aus, sei es durch Kündigung oder durch Tod, wird die Gesellschaft aufgelöst, wenn nicht die Fortsetzung im Vertrag vereinbart oder nachträglich beschlossen wird. Die Vorgründungsgesellschaft endet, wenn der vereinbarte Zweck erreicht, also der (Vor-)Verein gegründet oder dessen Errichtung unmöglich geworden ist oder die Gesellschafter die Auflösung beschließen. Da die Vorgründungsgesellschaft mit dem späteren Verein nicht identisch ist, muss Vermögen, das die Vorgründungsgesellschaft erworben hat, auf den Verein nach dessen Gründung übertragen werden.

2. Vorverein

Einem Verein, der nach dem Willen der Gründer in das Vereinsregister eingetragen werden soll, geht notwendigerweise ein Vorverein voraus, dessen einziger Zweck sich darin erschöpfen kann, die unbeschränkte Rechtsfähigkeit (durch Eintragung ins Vereinsregister oder durch Verleihung) zu erlangen. Beim Verein, der nicht in das Vereinsregister eingetragen werden soll, gibt es in der Regel keinen Vorverein, weil mit seiner Gründung der Gründungsakt abgeschlossen ist. Doch kann auch ihm ein Vorverein vorausgehen, zumal die Rechtsprechung nun auch dem nicht eingetragenen Verein beschränkte Rechtsfähigkeit zuerkannt hat (Fn. 6 und Text hierzu). Auch kann ein ursprünglich als nicht eingetragen geplanter Verein durch Satzungsänderung die Umwandlung in einen eingetragenen Verein beschließen. Er kann dann insoweit zum „Vorverein" werden.

Ein Verein erlangt die unbeschränkte Rechtsfähigkeit entweder durch Eintragung in das Vereinsregister (Idealverein, § 21 BGB) oder durch staatliche Verleihung (wirtschaftlicher Verein, § 22 BGB). Voraussetzung ist in beiden Fällen, dass der Verein sich bereits konstituiert hat: nach § 59 Abs. 2 BGB sind der Anmeldung zum Vereinsregister Abschriften der Satzung und der Urkunden über die Bestellung des Vorstandes beizufügen; auch staatliche Konzessionierung setzt begrifflich ein bereits handlungsfähiges Rechtsgebilde (und damit Satzung und Vorstand) voraus, da eine generelle Verleihung der Rechtsfähigkeit an künftig entstehende

Vereine einer bestimmten Art allgemein für unzulässig gehalten wird. Auch die in § 22 S. 1 BGB erwähnten Vereine, die die Rechtsfähigkeit durch besondere gesetzliche Vorschriften erlangen (neben den Versicherungsvereinen auf Gegenseitigkeit, die nach § 15 VAG durch Zulassung zum Geschäftsbetrieb rechtsfähig werden, die Aktiengesellschaften, die Gesellschaften mit beschränkter Haftung und Genossenschaften) benötigen für die Zeit zwischen dem Abschluss des Gesellschaftsvertrags und der Registereintragung eine handlungsfähige Rechtsform. Es besteht heute weitgehend Einigkeit darüber, dass es sich hierbei um **Rechtsgemeinschaften eigener Art** handelt, die nicht den Rechtsvorschriften der BGB-Gesellschaft oder des nicht eingetragenen Vereins unterstehen, sondern weitgehend dem der angestrebten rechtsfähigen Organisation.

Dieser Grundsatz gilt entsprechend auch für den Vorverein. Er ist zwar wegen der noch nicht erfolgten Eintragung ins Vereinsregister oder mangels staatlicher Verleihung noch nicht unbeschränkt rechtsfähig, er ist jedoch nach älterer Terminologie „ein im Entstehen begriffener rechtsfähiger Verein" und muss nach dem Urteil des BGH vom 29. 1. 2001 jetzt als beschränkt rechtsfähiger Verein angesehen werden (Fn. 6). Er wird durch die Eintragung in das Vereinsregister oder staatliche Verleihung ohne weiteres zum unbeschränkt rechtsfähigen Verein, ist mit diesem daher identisch, jedenfalls sofern keine organisatorischen Veränderungen in der Zwischenzeit stattfinden. Der Verein besteht nach Eintragung in das Vereinsregister oder staatlicher Verleihung als rechtsfähiger fort, alle bis zur Erlangung der vollen Rechtsfähigkeit begründeten Rechte und Pflichten gehen auf die neu entstandene juristische Person über. Es findet keine Rechtsnachfolge statt und bedarf keiner Vermögensübertragung vom nicht eingetragenen Vorverein auf den nun eingetragenen Verein.[22]

Der Vorverein handelt durch seine in der Satzung bestimmten Organe, insbesondere also die Mitgliederversammlung und den Vorstand. Er kann Vermögen erwerben, das dem Vereinszweck

---

[22] BGHZ 17, 385, 387.

gewidmetes Sondervermögen wird und das allen Mitgliedern zur gesamten Hand zusteht. Da der Vorverein als Konsequenz aus dem BGH-Urteil vom 29. 1. 2001 (Fn. 6) nun beschränkt rechtsfähig ist, muss es auch zulässig sein, bereits den Vorverein im Grundbuch einzutragen obwohl die Gerichte dies bislang noch nicht zugestanden haben. Die von der Rechtsprechung zur „werdenden" Genossenschaft und GmbH entwickelten Grundsätze sind für den Vorverein entsprechend anzuwenden. Der BGH hat in diesem Zusammenhang entschieden, dass die Vor-GmbH bereits im Grundbuch eingetragen werden könne, denn sie unterstehe einem Sonderrecht und es sei hierfür auch ein praktisches Bedürfnis gegeben: die Vor-GmbH müsse in der Lage sein, bereits Grundvermögen zu erwerben; werde ihr die Eintragung im Grundbuch verweigert, sei es erforderlich, sämtliche Gründungsgesellschafter als Mitglieder einer bürgerlich-rechtlichen Gesellschaft im Grundbuch einzutragen und nach Erlangung der Rechtsfähigkeit durch Eintragung im Handelsregister das Eigentum durch gesonderte Auflassung auf die nunmehr bestehende GmbH zu übertragen.[23] Die gleichen Erwägungen gelten auch für den Vorverein entsprechend. In seinem Fall ist das praktische Bedürfnis sogar noch wesentlich stärker. Die GmbH hat in der Regel nur wenige Gesellschafter (und Gründungsmitglieder). Neben der Ein-Mann-Gründung sind zwei oder drei (Gründungs-)-Gesellschafter die Regel, eine größere Gesellschafterzahl ist die Ausnahme. Der Verein hingegen, der die unbeschränkte Rechtsfähigkeit durch Eintragung in das Vereinsregister erlangen will, muss mindestens sieben Gründungsmitglieder haben (§ 56 BGB). Eine größere Zahl von Gründungsmitgliedern (auch mehr als 100) ist nicht selten. Auch das Bedürfnis des Grunderwerbs vor Eintragung des Vereins in das Vereinsregister ist nicht außergewöhnlich, möglicherweise sogar Voraussetzung für die Vereinsgründung. Da der nicht eingetragene Verein nun als beschränkt rechtsfähig gilt, sollte seiner Grundbuchfähigkeit nichts mehr entgegen stehen.

---

[23] BGHZ 45, 338, 348 f.

Beispiele: Erwerb eines geeigneten Grundstücks, das einem Sportverein als Spielfeld dienen kann; Erwerb eines bebauten Grundstücks, das die Voraussetzung für die Tätigkeit eines neu zu gründenden Vereins mit caritativer, wissenschaftlicher oder sonstiger gemeinnütziger Zielsetzung ist.

In allen diesen Fällen lassen sich zwar auch andere bürgerlichrechtliche Möglichkeiten finden, dem Verein dieses Grundstück zu sichern; in vielen Fällen wird jedoch der Zwischenerwerb durch eine weitere Person und eine erneute Auflassung an den Verein erforderlich sein, verbunden mit Kosten und Steuerpflicht. Außerdem gilt das auch für den Grundstückserwerb einer „werdenden" GmbH. Hat der BGH die Eintragung einer Vor-GmbH in das Grundbuch zugelassen, muss folglich auch die Eintragung eines Vorvereins zulässig sein.

Der **Grundsatz der Identität** zwischen dem beschränkt rechtsfähigen Vorverein und dem durch Eintragung in das Vereinsregister unbeschränkt rechtsfähig gewordenen Verein entwickelt seine Bedeutung insbesondere:

- in der Kontinuität der körperschaftlichen Organisation,
- in der Form des Vermögensübergangs und
- im Umfang der Haftung für Verbindlichkeiten, die der Vorverein vor Erlangung der unbeschränkten Rechtsfähigkeit bereits eingegangen ist.

Die Kontinuität der körperschaftlichen Organisation zeigt sich darin, dass die vom Vorverein beschlossene Satzung die des eingetragenen Vereins bleibt, der Vorverein auch bereits namensfähig ist mit der Folge, dass er sich nach Eintragung auf die Priorität der Namensführung berufen kann,[24] die von der Mitgliederversammlung des Vorvereins gewählten Organe (Vorstand, Beirat, Aufsichtsrat usw.) die des eingetragenen Vereins bleiben. Auf die Identität des Vermögens wurde bereits hingewiesen: es bedarf keines Übertragungsakts, das vom Vorverein erworbene Sondervermögen geht mit der Eintragung in das Vereinsregister auf den nun unbeschränkt rechtsfähigen Verein über.

---

[24] BGH, WM 1993, 175 (zur Vor-GmbH).

Rechtlich differenzierter ist die Haftungsfrage zu beurteilen, doch zeigt die Rechtsprechung auch hier Tendenzen zur Anerkennung der Kontinuität und Identität zwischen Vorverein und Verein.

Bisher war für die Frage der Haftung für Verbindlichkeiten, die der Vorverein vor Erlangung der Rechtsfähigkeit eingegangen war, zu unterscheiden zwischen den Idealvereinen des § 21 BGB und den wirtschaftlichen Vereinen nach § 22 BGB. Für den **Idealverein nach § 21 BGB** galt auch bisher schon, dass wegen des Grundsatzes der Identität für die vom Vorverein begründeten Verbindlichkeiten der eingetragene Verein weiter haftet, ohne dass es einer Genehmigung oder eines sonstigen Beschlusses bedarf. Erforderlich ist lediglich, dass der Vorstand im Rahmen seiner Vertretungsmacht gehandelt hat. Daneben bleibt allerdings die persönliche Haftung desjenigen, der für den nicht eingetragenen Vorverein gehandelt hat (§ 54 S. 2 BGB) bestehen.

Beispiel: Der satzungsmäßig gewählte Vorsitzende des X-Vereins hat noch vor der Eintragung ins Vereinsregister für den Verein einen Druckauftrag für ein Veranstaltungsprogramm des Vereins erteilt, einen Mietvertrag über Räume zur Errichtung eines Vereinsbüros, einen Kaufvertrag über Möbel zur Ausstattung dieser Geschäftsstelle abgeschlossen und infolge mangelhafter Verkehrssicherung des Zugangs zu diesem Vereinslokal einen Unfall verursacht, weil ein Besucher über einen unsachgemäß ausgelegten Teppich gestolpert ist und sich verletzte, weshalb er Schadensersatz geltend macht.

Für alle diese vertraglichen und deliktischen Ansprüche, die im Rahmen der satzungsmäßigen Tätigkeit des Vereinsvorsitzenden entstanden sind, haftet der eingetragene Verein nach Erlangung der unbeschränkten Rechtsfähigkeit (also für die Zahlung der Druckkosten, die Miete, den Kaufpreis für die Möbel und den Schadensersatzanspruch aus dem Unfall), daneben aber auch der Vorsitzende persönlich, der für den Vorverein tätig geworden ist.

Genehmigt aber der eingetragene Verein die vor der Registereintragung vorgenommenen Rechtsgeschäfte, so kann im Einzelfall insoweit die Haftung der Handelnden entfallen.

Da der Idealverein des § 21 BGB – im Gegensatz zu den wirtschaftlich tätigen Handelsgesellschaften – kein Haftungskapital zur

Sicherung der Gläubiger bilden muss, ging man auch bisher schon davon aus, dass für den Vorverein eines Idealvereins nicht das „Vorbelastungsverbot" gilt, das bei den auf einen wirtschaftlichen Geschäftsbetrieb gerichteten juristischen Personen deren Gläubigern zumindest das Haftungskapital erhalten sollte. Die Gläubiger eines Idealvereins nach § 21 BGB sind insoweit keinesfalls schutzwürdig gegenüber Gläubigern des Vorvereins, weil sie nicht mit dem Vorhandensein von Kapital rechnen können. Anders war das nach früherer Auffassung bei den auf einen wirtschaftlichen Geschäftsbetrieb gerichteten **Vereinen nach § 22 BGB**. Sie hafteten nach bisher herrschender Meinung im Interesse der Gläubiger des rechtsfähigen Vereins nicht für alle Verbindlichkeiten des Vorvereins, sondern nur für solche, die für die Entstehung der juristischen Person wirtschaftlich notwendig waren.

In einer Grundsatzentscheidung vom 9. 3. 1981[25] hat der BGH der bisher vertretenen Annahme eines „Vorbelastungsverbots" bei der Gründung einer GmbH eine Absage erteilt. Danach gehen Rechte und Pflichten aus Geschäften, die der ordnungsgemäß bestellte Geschäftsführer mit Ermächtigung aller Gesellschafter im Namen der Gesellschaft vor deren Eintragung ins Handelsregister abschließt, voll und „nahtlos" auf die GmbH über, gleichgültig, ob die Eingehung der Verbindlichkeiten wirtschaftlich notwendig war. Die damals vom BGH postulierte Differenzhaftung (zwischen dem Stammkapital und dem Wert des Gesellschaftsvermögens im Zeitpunkt der Eintragung) hat ,der BGH allerdings in einem neuerlichen Grundsatzurteil vom 27. 1. 1997 wieder aufgegeben und ausgeführt, die Gesellschafter einer Vor-GmbH hafteten für die Verbindlichkeiten dieser Gesellschaft unbeschränkt. Es bestehe eine einheitliche Gründerhaftung, die sich in eine bis zur Eintragung der Gesellschaft in das Handelsregister andauernden Verlustdeckungshaftung und eine Vorbelastungshaftung aufspalte, jedoch auf den gleichen, der jeweiligen Gründungsphase angepassten Anspruchsvoraussetzung

---

25 BGH, NJW 1981, 1373, 1375 = BGHZ 80, 129 ff.

basiert. ‚Sie sei eine interne Haftung der Gesellschafter mit anteiliger Haftung.[26]

In einem weiteren Urteil vom 9. 3. 1998 entschied der BGH: Da beim Abschluss eines Kaufvertrages die GmbH, in deren Namen gehandelt wurde, noch nicht gegründet war, sei die GmbH als Vertragspartner falsch bezeichnet worden. In einem solchen Fall werde der wahre Rechtsträger, also der Handelnde, aus dem betriebsbezogenen Geschäft berechtigt und verpflichtet. Er hafte unbeschränkt für die Kaufpreisschuld. Nach erfolgter Gründung der GmbH gehen die Rechte und Verbindlichkeiten aus dem Kaufvertrag **nicht automatisch** auf die Vorgesellschaft und mit der Eintragung im Handelsregister auf die GmbH über.[27]

Diese für die GmbH entwickelten Grundsätze dürften nun auch für den wirtschaftlichen Verein nach § 22 BGB gelten, zumal nach herrschender Meinung bei einem nicht eingetragenem Verein, der wirtschaftliche Zwecke im Sinn des § 22 BGB verfolgt, neben dem Vereinsvermögen auch alle Mitglieder persönlich haften, so dass die Gründungsmitglieder des nicht eingetragenen auf einen wirtschaftlichen Zweck gerichteten Vereins haftungsmäßig den Gründungsmitgliedern einer GmbH gleichstehen. Beim Vor-Verein gibt es nach § 54 S. 2 BGB allerdings nur eine Außenhaftung. Auch haften mehrere Handelnde gesamtschuldnerisch, nicht anteilig. Daneben haftet der Verein nach § 31 BGB.

3. Der Gründungsakt

Von der Vorgründungsgesellschaft unterscheidet sich der Vorverein insbesondere dadurch, dass er nicht gesellschaftsrechtlich,

---

[26] BGH, NJW 1997, 1507, 1508 (unter teilweiser Aufgabe von BGHZ 80, 129, 144 = NJW 1981, 1373 und gänzlicher Aufgabe von BGHZ 91, 148 152 = NJW 1984, 2164 und BGHZ 65, 378 383 = NJW 1976, 419) mit krit. Anm. von Altmeppen, NJW 1997, 1509 f. – die Frage, ob Außenhaftung (so: BAG, NJW 1997, 3165 und BSG, NZA 1996, 1001) oder Innenhaftung anzunehmen ist, hat der BGH im letztgenannten Sinn entschieden (NJW 2002, 824).

[27] BGH, NJW 1998, 1645 unter Hinweis auf BGHZ 91, 148, 151 = NJW 1984, 2164.

sondern bereits körperschaftlich organisiert ist. Mit seiner Errichtung vollzieht sich der eigentliche Gründungsakt, mit dessen Abschluss der Verein existent geworden ist: sei es, dass er nach dem Willen seiner Gründer nicht eingetragen bleiben sollte, oder auch, wenn nach dem Scheitern der Erlangung der vollen Rechtsfähigkeit (Beispiel: die Eintragung ins Vereinsregister wird rechtskräftig abgelehnt, eine staatliche Verleihung ist nicht zu erreichen) die Mitglieder beschließen, dass der Verein als nicht eingetragener fortbestehen soll. Für den Verein, der nach dem Willen der Gründer die unbeschränkte Rechtsfähigkeit durch Eintragung in das Vereinsregister oder staatliche Verleihung erlangen soll, stellt der Gründungsakt sowie die Aufnahme der ‚der Satzung entsprechenden Tätigkeit den Beginn des Vorvereins dar.

Der Gründungsakt ist ein von den Gründern geschlossener privatrechtlicher Vertrag, also die Einigung der Beteiligten über die Gründung des Vereins und die „Feststellung der Satzung", die künftig für die Vereinsgründer wie auch für später beitretende Mitglieder rechtsverbindlich gelten soll. Der Gründungsvertrag ist daher ein Vertrag besonderer Art (Organisationsvertrag), denn die Satzung löst sich mit der Entstehung des Vereins völlig von der Person der Gründer und „erlangt ein unabhängiges rechtliches Eigenleben, wird zur körperschaftlichen Verfassung des Vereins und objektiviert fortan das rechtliche Wollen des Vereins als der Zusammenfassung seiner Mitglieder."[28]

Zur Vereinsgründung genügen zwei Personen. Da § 59 Abs. 3 BGB jedoch als Voraussetzung der Eintragung ins Vereinsregister bestimmt, dass die Satzung von mindestens sieben Mitgliedern unterzeichnet sein soll, empfiehlt es sich, mit der Vereinsgründung zuzuwarten, bis sieben Gründungsmitglieder gefunden sind, wenn die Eintragung ins Vereinsregister angestrebt wird. Auch Art. 140 GG i. V. m. Art. 137 WRV dispensiert nicht von der gesetzlichen Mindestzahl von sieben Mitgliedern, weil die Freiheit der Religionsgesellschaften, ihre Angelegenheiten selbstständig zu ordnen

---

[28] BGHZ 47, 172, 179 f. Die rechtsdogmatische Einordnung dieses Vorgangs ist im Einzelnen umstritten, zum Theorienstreit muss auf die Rechtsliteratur, insbesondere die Großkommentare zum BGB verwiesen werden.

und zu verwalten, nur „innerhalb der Schranken des für alle geltenden Gesetzes" garantiert wird.[29] Der nicht eingetragene Verein kann jedoch ohne weiteres von zwei Personen gegründet werden. Allerdings wird in der Rechtsliteratur gelegentlich die Meinung vertreten, „Zwergvereine" mit sehr geringer Mitgliederzahl seien als BGB-Gesellschaften einzuordnen, nicht als Vereine. Das ist jedoch sicherlich falsch, weil der Wille der Gründer maßgebend ist; allerdings ist auch der nicht eingetragene Verein definitionsgemäß und seinem Wesen nach eine von der Person und dem Wechsel der Mitglieder unabhängige Personenvereinigung, so dass zumindest der Beitritt weiterer Mitglieder möglich und tatsächlich vorgesehen sein muss.

Da die Gründungsvereinbarung privatrechtlicher Vertrag ist, müssen die Gründer geschäftsfähig sein oder durch ihre gesetzlichen Vertreter rechtswirksam vertreten werden (zum Problem von **Minderjährigen** als Gründern siehe nachstehend S. 54). Wer unter Betreuung steht und beschränkt geschäftsfähig ist, benötigt daher ggf. die Einwilligung seines Betreuers (§ 1903 BGB). Auch juristische Personen, insbesondere auch andere rechtsfähige Vereine, können Gründer und Mitglieder eines Vereins sein, ebenso offene Handelsgesellschaften und Kommanditgesellschaften. War einer der Gründer nicht geschäftsfähig und nicht rechtswirksam vertreten, so ist der Gründungsakt dennoch wirksam, wenn nur die erforderliche Mindestzahl von Gründern geschäftsfähig war, weil auch der nicht eingetragene Verein (folglich auch der Vorverein) vom Bestand seiner Mitglieder unabhängig ist. Auch die Anfechtung der Willenserklärung eines Gründungsmitglieds nach §§ 119, 123 BGB (wegen Irrtums, arglistiger Täuschung oder Drohung) hat nach heute wohl herrschender Ansicht nur die Wirkung eines Austritts aus dem Verein, ohne dessen Bestand zu beeinträchtigen.

Die Gründung des Vereins ist grundsätzlich formfrei. Will der Verein jedoch die unbeschränkte Rechtsfähigkeit durch Eintragung im Vereinsregister erlangen, müssen nach § 59 Abs. 2 BGB

---

[29] Verfehlt daher OLG Hamm, FGPrax 1997, 156 (im entschiedenen Fall hätte sich eine Hilfskonstruktion finden lassen).

Abschriften der Satzung sowie der Urkunden über die Bestellung des Vorstands vorgelegt werden. Ferner bestimmen §§ 57, 58 BGB Mindesterfordernisse der Satzung, so dass aus diesen Gründen ihre schriftliche Niederlegung erforderlich ist. Auch für den nicht eingetragenen Verein ist eine schriftliche Satzung aus praktischen Gründen erforderlich, denn sie verkörpert den Inhalt der Vereinsverfassung, dokumentiert die körperschaftliche Organisation.

Dem Gründungsakt, der „Feststellung der Vereinssatzung" geht also – in der Regel in den Vorverhandlungen – die Ausarbeitung des Satzungsentwurfs voraus.

Hinweis: Es empfiehlt sich, vor dem Abschluss des Gründungsvertrags den Satzungsentwurf dem Rechtspfleger des Registergerichts vorzulegen, denn er kennt die neueste Rechtsprechung; möglicherweise hat das übergeordnete Oberlandesgericht gerade eine noch nicht veröffentlichte Grundsatzentscheidung über Formalien der Satzung gefällt, die berücksichtigt werden muss. Das lässt sich heute in der Regel auch durch eine Internet-Recherche feststellen.

Wird die Anerkennung des Vereins als gemeinnützig angestrebt, empfiehlt es sich ferner, den Satzungsentwurf auch dem zuständigen Finanzamt für Körperschaften zur Durchsicht vorzulegen. Die Berücksichtigung von Hinweisen auf zu beachtende Formalien kann eine Wiederholung des Gründungsakts zur Abänderung der Satzung vermeiden helfen.

Ferner sollte zusätzlich – weil die Auskünfte des Rechtspflegers und des Finanzamts unverbindlich sind, sich die Rechtslage auch zwischen Auskunft und Vorlage der endgültigen Satzung ändern kann – im Gründungsprotokoll der Vorstand oder der Vorsitzende ermächtigt werden, Änderungen und Ergänzungen der Gründungssatzung vorzunehmen, von denen das Registergericht die Eintragung in das Vereinsregister oder das Finanzamt für Körperschaften die Anerkennung als gemeinnützig abhängig macht, soweit diese Abänderungen sich nicht beziehen auf die Bestimmungen über den Zweck des Vereins, über bei Wahlen und Beschlüssen notwendige Mehrheiten und über den Anfall des Vereinsvermögens bei Auflösung.

Die Satzung wird in der Regel in der Gründungsversammlung beschlossen. Sie kann jedoch – etwa weil die Vereinsgründer weit voneinander entfernt wohnen – auch im schriftlichen Verfahren errichtet werden.

Mit der Feststellung der Satzung, der Wahl der Vereinsorgane und der Aufnahme der satzungsmäßigen Tätigkeit ist der Verein errichtet.

4. Minderjährige als Vereinsgründer

Da die Vereinsgründung – wie auch der Beitritt zu einem bestehenden Verein – ein bürgerlich-rechtliches Rechtsgeschäft darstellt, muss ein minderjähriger Vereinsgründer durch seine gesetzlichen Vertreter rechtswirksam vertreten werden. Ist er beschränkt geschäftsfähig (hat er also das 7., jedoch noch nicht das 18. Lebensjahr vollendet, §§ 106, 2 BGB), kann er jedoch ein Rechtsgeschäft gültig ohne gesetzliche Vertretung abschließen, wenn er dadurch lediglich einen rechtlichen Vorteil erlangt. Gleiches gilt, wenn das Rechtsgeschäft keine vermögensrechtlichen Belange des Minderjährigen berührt (§ 107 BGB). Ferner ist ein von einem Minderjährigen ohne Zustimmung des gesetzlichen Vertreters geschlossener Vertrag rechtswirksam, wenn der Minderjährige die vertragsmäßige Leistung mit Mitteln bewirkt, die ihm zu diesem Zweck oder zur freien Verfügung von dem Vertreter oder mit dessen Zustimmung von einem Dritten überlassen worden sind (Taschengeld, § 110 BGB).

Die rechtsgültige Mitwirkung eines Minderjährigen bei der Gründung eines Vereins ohne Einwilligung seiner gesetzlichen Vertreter ist in der Praxis weitaus häufiger, als in der zivilrechtlichen Literatur meist angenommen wird. Das gilt insbesondere für die Gründung nicht eingetragener Vereine, kann aber auch – da die Kosten der Eintragung in das Vereinsregister gering gehalten werden können und ein sonstiger finanzieller Gründungsaufwand nicht erforderlich sein muss – auch für die Gründung eingetragener Vereine gelten, insbesondere wenn es sich um typische oder ausschließliche Jugendvereine handelt.

Beispiel: Schülervereinigungen mit politischen, religiösen, weltanschaulichen, sportlichen, humanitären Zwecken; Vereine zur Herausgabe einer Schülerzeitung (wenn sie nicht Schulveranstaltung ist; dies ist in den Bundesländern unterschiedlich geregelt) oder einer jugendeigenen Zeitschrift.

Zu beachten ist hierbei insbesondere auch im Rahmen des „Taschengeldparagraphen" (§ 110 BGB) die Grundrechtsmündigkeit Minderjähriger hinsichtlich des Grundrechts aus Art. 9 Abs. 1 GG (Vereinigungsfreiheit). Soweit der Minderjährige bereits grundrechtsmündig ist, entscheidet er selbst über seine Betätigung als Gründer oder Mitglied eines Vereins, wenn die Beteiligung entweder vermögensrechtlich irrelevant ist (analog § 107 BGB) oder er Mittel (insbesondere also Vereinsbeiträge) aus seinem Taschengeld aufbringen kann.

Problematisch ist die Frage, mit welchem Alter die Grundrechtsmündigkeit eintritt. Man wird hier auf die Art des jeweiligen Vereins abstellen müssen: für Vereine im Rahmen des schulischen Bereichs wird ein Minderjähriger früher grundrechtsmündig sein als für ein parteipolitisches Engagement. Für religiöse und weltanschauliche Vereine gibt das Gesetz über die religiöse Kindererziehung vom 15. 7. 1921 Anhaltspunkte. Nach § 5 dieses Gesetzes steht einem Minderjährigen nach Vollendung des 14. Lebensjahres die Entscheidung darüber allein zu, zu welchem religiösen Bekenntnis er sich halten will; nach Vollendung des 12. Lebensjahres kann er nicht gegen seinen Willen in einem anderen Bekenntnis als bisher erzogen werden. Es wird daher davon auszugehen sein, dass Minderjährige wenigstens ab Vollendung des 12. Lebensjahres in religiöser und weltanschaulicher Hinsicht grundrechtsmündig sind und sich ohne Einwilligung der gesetzlichen Vertreter an einem religiösen oder weltanschaulichen Verein beteiligen können. Allerdings ist diese Grundrechtsmündigkeit des Minderjährigen beschränkt durch das Recht und die Pflicht der Eltern zur Pflege und Erziehung der Kinder (Art. 6 Abs. 2 GG), so dass die Eltern trotz grundsätzlicher Grundrechtsmündigkeit des Minderjährigen diesem doch rechtswirksam die Teilnahme an einem Verein untersagen können, bei der eine gesundheitliche oder sittliche Gefährdung zu befürchten ist, etwa die

Mitwirkung bei der Gründung oder den Beitritt zu obskuren Jugendsekten.

Die Abgrenzung hat im Einzelfall und jeweils nach dem Zweck des Vereins zu erfolgen. So ist in der Regel davon auszugehen, dass in der Ermächtigung des Minderjährigen durch die gesetzlichen Vertreter zum Eintritt in ein Dienst- oder Arbeitsverhältnis auch die Zustimmung zum Beitritt in eine Gewerkschaft oder sonstige Arbeitnehmerorganisation und zur Teilnahme an der Gründung derartiger Vereinigungen liegt. Denn § 113 Abs. 1 BGB bestimmt, dass in diesen Fällen der Minderjährige für solche Rechtsgeschäfte unbeschränkt geschäftsfähig ist, welche die Eingehung oder Aufhebung eines Dienst- oder Arbeitsverhältnisses der gestatteten Art oder die Erfüllung der sich aus einem solchen Verhältnis ergebenden Verpflichtungen betreffen. Zwar können die gesetzlichen Vertreter ihre Ermächtigung widerrufen oder einschränken, eine nur auf die Ablehnung des Gewerkschaftsbeitritts bezogene Einschränkung ist jedoch regelmäßig rechtsunwirksam. Für den selteneren Fall des Beitritts eines minderjährigen Arbeitgebers, der nach § 112 BGB von den gesetzlichen Vertretern zum selbstständigen Betrieb eines Erwerbsgeschäfts ermächtigt wurde, gilt das Gleiche. Was für den Beitritt Minderjähriger zu Arbeitnehmer- und Arbeitgeberorganisationen gilt, gilt in gleicher Weise für die Mitwirkung bei der Gründung solcher Vereinigungen.

B. Die Rechtsfähigkeit

Das Gesetz unterscheidet zwischen rechtsfähigen und nicht rechtsfähigen Vereinen. Es wurde bereits darauf hingewiesen, dass die Rechtsfähigkeit kein typisches Vereinsmerkmal ist.

Der Begriff der Rechtsfähigkeit und seine rechtliche Bedeutung wurden im 18. Jahrhundert (Christian Wolff) entwickelt. Er wird in der Regel als Fähigkeit einer Person bezeichnet, Träger von Rechten und Pflichten zu sein. Nach § 1 BGB beginnt die Rechtsfähigkeit des Menschen mit der Vollendung der Geburt (obwohl auch das gezeugte aber noch nicht geborene Kind („nasciturus") zumindest schon Anwartschaftsrechte haben kann und dem strafrechtlichen

Schutz unterliegt). Rechtsfähigkeit kommt auch den juristischen Personen zu. Sie sind – nach heute ganz herrschender Meinung – eine zweckgebundene Organisation, der die Rechtsordnung Rechtsfähigkeit verliehen hat, wobei sich die Rechtsverhältnisse einer juristischen Person nach dem Recht des Staates richten, in dem sie ihren Sitz hat.[30]

Das Grundsatzurteil des BGH vom 29. 1. 2001 (Fn. 6) beschäftigt sich nicht direkt mit der Rechtsfähigkeit von Vereinen sondern mit der Rechtsfähigkeit der Außen-GbR, der der BGH – unter Aufgabe seiner bisherigen Rechtsprechung – die Fähigkeit zuerkannt hat, Träger von Rechten und Pflichten zu sein und damit nach § 50 Abs. 1 ZPO auch Parteifähigkeit im Rechtsstreit hat. Gleichwohl wurde damit der Außen-GbR keine Rechtspersönlichkeit verliehen, sie wird nicht juristische Person, wobei der BGH darauf hinweist, dass § 11 Abs. 2 Nr. 1 InsO Gesellschaften ohne Rechtspersönlichkeit kennt, die insolvenzfähig sind. K. Schmidt weist in seiner Besprechung dieses BGH-Urteils (Fn. 6) darauf hin, dass auch das Umwandlungsgesetz nur von „Rechtsträgern" spricht, denen gesetzlich der Formwandel (durch Verschmelzung, Spaltung oder Vermögensübertragung) gestattet ist, zu denen ausdrücklich auch Gesellschaften zählen, die keine juristischen Personen sind (offene Handelsgesellschaft, Partnerschaftsgesellschaft).

Eine der Rechtsfolgen aus dieser BGH-Entscheidung ist, dass nun auch der nicht eingetragene Verein beschränkt rechtsfähig und damit auch aktiv parteifähig ist. Die Rechtsliteratur erkennt das seit Jahren an. Die bisher als obsolet angesehene Vorschrift des § 54 S. 1 BGB erhält damit einen neuen Sinn. Danach sind auf Vereine, die (weil sie nicht im Vereinsregister eingetragen sind) als nicht rechtsfähig bezeichnet werden, die Vorschriften über die BGB-Gesellschaft anzuwenden. Wenn die Außen-GbR nach dem Grundsatzurteil des BGH vom 29. 1. 2001 nun beschränkt rechtsfähig ist, muss das auch für den nicht eingetragenen Verein gelten. Karsten Schmidt hat in seiner Besprechung des genannten BGH-Urteils (Fn. 6) völlig zu Recht festgestellt, der (bisher) rechtlich so

---

[30] BGHZ 25, 134, 144; MünchKomm/Reuter, 4. Aufl., Vor § 21 Rdnr. 2.

behandelte „nicht rechtsfähige Verein" sei (nunmehr) beschränkt rechtsfähig. Der BGH hat dies in seiner jüngeren Rechtsprechung bestätigt.[31]

Diese Konsequenz ergibt sich auch aus den Gründen des BGH-Urteils vom 29. 1. 2001, weil die vom BGH bei der Außen-GbR gefundenen Kriterien, die für deren Rechtsfähigkeit sprechen, auch beim nicht eingetragenen Verein in noch größerem Maße vorhanden sind: Es ist anerkannt, dass seine Existenz vom Wechsel im Mitgliederbestand unabhängig ist, so dass Verträge mit Dritten rechtsbeständig sind. Nach der vom BGH vertretenen Auffassung könnte der nicht eingetragene Verein auch an identitätswahrenden Umwandlungen teilnehmen (Verschmelzung, Spaltung). Nach § 11 Abs. 1 S. 2 InsO ist der nicht eingetragene Verein im Insolvenzverfahren einer juristischen Person gleichgestellt. Ferner weist der BGH zu Recht darauf hin, dass nach der Definition des § 14 Abs. 2 BGB der Gesetzgeber davon ausgeht, dass es „Personengesellschaften" gibt, die mit der Fähigkeit ausgestattet sind, Rechte zu erwerben und Verbindlichkeiten einzugehen, ohne juristische Personen zu sein, von denen sie ausdrücklich in § 14 Abs. 1 BGB unterschieden werden.

Dagegen kann der Verein nicht Verbraucher im Sinn des § 13 BGB sein, weil er Zweckbetriebe unterhalten kann und dann als Unternehmer nach § 14 BGB handeln kann.[31a]

1. Bedeutung der Rechtsfähigkeit des eingetragenen Vereins

Sie ist auf den Begriff einer Person bezogen und wird grundsätzlich als umfassend verstanden. Neben dem Menschen als natürliche Person wurde der Begriff der juristischen Person als Abstraktionsbegriff entwickelt, der eigene Rechtspersönlichkeit zukommt. Sie ist ebenfalls umfassend rechtsfähig, soweit dies ihrer Natur und der Sache nach möglich ist.

---

[31] BGH, NJW 2008, 69.
[31a] EuGH (Kammer), NJW 2002, 205; vgl. auch Ott/Lüer/Heussen Rdnr. 3 zu § 13 ff. BGB.

So kann die juristische Person naturgemäß nicht Träger von Familien- und Staatsangehörigkeitsrechten sein, kraft Gesetzes kann sie nicht Funktionen ausüben, die natürlichen Personen vorbehalten sind: sie kann weder Arzt noch Rechtsanwalt, weder Hochschullehrer noch Vorstand oder Prokurist sein (jedoch kann sie – soweit dies mit ihrer gesetzlichen Bestimmung vereinbar ist – gesetzlicher Vertreter einer anderen juristischen Person oder einer Gesellschaft sein). Die Rechtsfähigkeit juristischer Personen des öffentlichen Rechts ist ihrem jeweiligen Zweck entsprechend beschränkt, nicht jedoch die des Privatrechts.

Der eingetragene Verein des BGB insbesondere ist vermögensrechtlich voll rechtsfähig: er kann (als juristische Person, handelnd durch seine Organe) Eigentum erwerben und übertragen, Besitzer einer Sache sein, Rechtsgeschäfte abschließen, er besitzt das aktive Erbrecht (dagegen kann er naturgemäß nicht Erblasser sein), er kann Vermächtnisnehmer, Nießbraucher und Inhaber oder Berechtigter sonstiger Vermögensrechte sein. Er ist auch verfahrensrechtlich voll rechtsfähig, insbesondere ist er im Rechtsstreit sowohl als Kläger wie als Beklagter parteifähig (während der nicht eingetragene Verein bis 2009 jedenfalls passiv parteifähig war, also verklagt werden kann, nicht jedoch Kläger sein konnte, ausgenommen politische Parteien und Gewerkschaften, die auch vorher aktiv parteifähig waren). Auch Prozesskostenhilfe kann ihm gewährt werden. Als Folge des BGH-Urteils vom 29. 1. 2001 (Fn. 6) wird nun ab 2009 auch dem nicht eingetragenen Verein die aktive Parteifähigkeit (also als Verein klagen zu können) durch Änderung des § 50 Abs. 2 ZPO eingeräumt.

Der eingetragene Verein kann ferner Persönlichkeitsrechtsschutz genießen: Namensschutz, Ehrenschutz, Datenschutz. Er ist ferner grundrechtsfähig, doch beruht seine Grundrechtsfähigkeit nicht auf der bürgerlich-rechtlichen Rechtsfähigkeit, sondern sie hat ihren Grund in Art. 19 Abs. 3 GG, der bestimmt, dass die Grundrechte des Grundgesetzes auch für inländische juristische Personen gelten, soweit sie ihrem Wesen nach auf diese anwendbar sind. Bürgerlich-rechtliche Rechtsfähigkeit und verfassungsrechtliche Grundrechtsfähigkeit sind auch nicht identisch, letztere ist teils weiter, teils enger als die Rechtsfähigkeit nach BGB. Die

Grundrechtsfähigkeit des Vereins ist weiter, weil – obwohl Art. 19 Abs. 3 GG ausdrücklich von „juristischen Personen" spricht – nach der Rechtsprechung des Bundesverfassungsgerichts auch nicht unbeschränkt rechtsfähige Personengruppen, also auch nicht eingetragene Vereine, die ja nicht juristische Personen sind, Träger von Grundrechten sein können. Die Grundrechtsfähigkeit ist insofern enger als die Rechtsfähigkeit nach BGB, als nach Art. 19 Abs. 3 GG nur deutsche Vereine Grundrechtsträger sein können.

Die Rechtsfähigkeit kann weder durch Satzung noch – in den Fällen des § 22 BGB – im staatlichen Verleihungsakt beschränkt werden.

§ 49 Abs. 2 BGB bestimmt, dass ein rechtsfähiger Verein, der sich im Liquidationsstadium befindet, bis zur Beendigung der Liquidation als fortbestehend gilt, jedoch nur, „soweit der Zweck der Liquidation es erfordert": ein gesetzlich normierter Fall der beschränkten Rechtsfähigkeit, der ebenfalls zeigt, dass die vom BGH in seinem Grundsatzurteil vom 29. 1. 2001 entwickelte Rechtsfortbildung kein Systembruch ist. Juristische Personen des öffentlichen Rechts sind oft nur teilrechtsfähig.

2. Erlangung der Rechtsfähigkeit als juristische Person

Der BGB-Verein erlangt die unbeschränkte Rechtsfähigkeit entweder durch Eintragung in das Vereinsregister des zuständigen Amtsgerichts (Idealverein, § 21 BGB) oder durch Verleihung (wirtschaftlicher Verein, § 22 BGB; bis 2009 auch für den ausländischen Verein, § 23 BGB a. F.).

a) Idealverein, § 21 BGB

Die **Abgrenzung zwischen Idealverein nach § 21 und wirtschaftlichem Verein nach § 22 BGB** kann im Einzelfall schwierig sein. Die hierzu vorliegende Rechtsprechung ist zum Teil uneinheitlich. Objektive Kriterien lassen sich daher kaum aufstellen.

Da § 21 BGB den „Idealverein" mit einer negativen Formulierung umschreibt (als „Verein, dessen Zweck nicht auf einen wirtschaftlichen Geschäftsbetrieb gerichtet ist"), ist für die Abgrenzung zwischen Ideal- und wirtschaftlichem Verein zunächst danach zu fragen, ob ein wirtschaftlicher Geschäftsbetrieb im Sinn des § 22 BGB vorliegt bzw. angestrebt wird, also ein Unternehmen mit Gewinnerzielungsabsicht für den Verein oder seine Mitglieder. Das wird angenommen, wenn es Hauptzweck des Vereins ist, mit Hilfe seiner Organisation („Geschäftsbetrieb") sich oder seinen Mitgliedern wirtschaftliche Vorteile zu verschaffen, wobei nicht nur Einnahmen, sondern auch ersparte Ausgaben in Betracht kommen. Unerheblich ist es hierbei, ob es sich um einen kaufmännischen Hauptbetrieb oder um einen gewerblichen Nebenbetrieb handelt, der zur gemeinschaftlichen Führung der gesamten gewerblichen Hauptbetriebe der Mitglieder gegründet wurde oder der als ausgegliederter Teil der Gewerbebetriebe der Mitglieder dieselbe wirtschaftliche Zielsetzung verfolgt wie die Mitglieder mit ihrer eigenen gewerblichen Tätigkeit (Beispiel: Funktaxizentrale).[32] Liegt nach diesen Kriterien ein wirtschaftlicher Geschäftsbetrieb vor, ist dennoch die Annahme eines Idealvereins noch nicht notwendig ausgeschlossen, denn mit der wirtschaftlichen Betätigung könnte ein insoweit rechtlich unschädlicher Nebenzweck verfolgt werden, wenn der Verein im Übrigen einen nicht wirtschaftlichen Hauptzweck verfolgt („Nebenzweckprivileg", „Nebentätigkeitsprivileg"). Das wird angenommen, wenn der wirtschaftliche Geschäftsbetrieb untergeordnet ist und nur dazu dient, den ideellen Hauptzweck des Vereins zu ermöglichen, ihm die hierfür erforderlichen finanziellen Mittel zu verschaffen. Nebentätigkeit in diesem Sinn liegt also nur bei funktionaler Unterordnung der unternehmerischen Tätigkeit unter den ideellen Hauptzweck des Vereins vor, die unternehmerische Betätigung darf nicht Selbstzweck sein.

Beispiele:
- Ein auch anderweit tätiger karitativer Verein unterhält eine Privatschule für Legastheniker, Kindergärten, ein Altersheim.

---

[32] BGHZ 45, 395, 397. Zur Abgrenzung Ideal-/wirtschaftlicher Verein vgl. auch OLG Düsseldorf, NJW-RR 1998, 683 (anbietende Tätigkeit im Außenmarkt als gewerblicher Vermieter ist wirtschaftliche Tätigkeit, auch wenn sie der Mittelbeschaffung für einen ideellen Versorgungszweck dient).

- Ein Verein zur Förderung und Verbreitung eines philosophischen Systems (oder: einer Weltanschauung; oder: einer religiösen Gesinnung) verfolgt diesen Zweck durch Herstellung und Verbreitung entsprechender Literatur (die hierzu vorliegende Rechtsprechung ist kontrovers; es wird auf den Einzelfall ankommen; erschöpft sich die Betätigung in Gewinnerzielungsabsicht für die Mitglieder des Vereins oder dessen Funktionäre persönlich, wird ein wirtschaftlicher Verein vorliegen).

Ein Idealverein nach § 21 BGB kann zulässigerweise eine unternehmerische Nebentätigkeit auch in der Form einer von ihm zu 100% beherrschten Kapitalgesellschaft betreiben, wenn diese ihren Gläubigern alle mit der Rechtsform einer solchen Gesellschaft verbundenen Sicherheiten bietet.[33] Diese – vom BGH in einem speziellen Fall gebilligte – Konstellation wird sich allerdings nicht grundsätzlich verallgemeinern lassen. Die Tendenz in Rechtsprechung und Literatur neigt eher einer restriktiven Auslegung des Begriffs „Idealverein" zu und dem Grundsatz, wirtschaftliche Betätigung nach Möglichkeit in andere Rechtsformen als die des Idealvereins zu verweisen. Insbesondere wird auch unter dem Gesichtspunkt des Rechtsmissbrauchs Vereinigungen der Status des Idealvereins versagt, wenn ein Verein zwar nach seiner Satzung „ideale" Ziele verfolgt, der tatsächlich ausgeübte (Haupt-)Zweck hiervon jedoch ersichtlich abweicht und in Wahrheit in erster Linie mittels eines wirtschaftlichen Geschäftsbetriebs persönliche wirtschaftliche Vorteile für die Vereinsmitglieder erstrebt werden.[34]

Beispiele:

- Die anderweit gewerblich tätigen Kaufleute K und L gründen zusammen mit ihren Ehefrauen und drei weiteren Familienangehörigen von K den „X-Verband für Verbraucherschutz e. V.", als dessen Zweck die Satzung nennt: „Der Verein dient der Förderung gewerblicher Interessen im Sinne des § 13 UWG und des § 1 UKlaG durch Be-

---

[33] BGH (Wettbewerbssenat), NJW 1983, 596 ff. für den Idealverein ADAC und die von ihm gegründete und betriebene, zu 100% beherrschte ADAC-Rechtsschutzversicherungs-AG.

[34] BayObLGZ 1983, 45, 48 = Der Betrieb 1983, 767; höchst fragwürdig VG Stuttgart, NVwZ 2000, 612 (Scientology).

kämpfung des unlauteren Wettbewerbs." Dieser Zweck soll nach der Satzung verfolgt werden durch Aufklärung und Beratung der Verbraucher, Geltendmachung von Unterlassungsansprüchen nach § 13 Abs. 2 UWG und §§ 2, 3 Abs. 1 Nr. 2 UKlaG einschließlich Klage, ferner soll der Verein sich an der Rechtsforschung beteiligen und den lauteren Geschäftsverkehr fördern sowie unzulässigen Wettbewerb bekämpfen. Der Verein (als Vorverein) nimmt seine Tätigkeit bereits vor Eintragung ins Vereinsregister auf. K und L sowie ihre Ehefrauen werden als Vorstandsmitglieder bestellt, den übrigen drei Vereinsmitgliedern werden ebenfalls Funktionen übertragen, weitere Mitglieder sind nicht vorhanden. Die Vereinstätigkeit beschränkt sich ersichtlich auf die Abmahnung einfachster Wettbewerbsverstöße mit der Aufforderung, strafbewehrte Unterlassungserklärungen abzugeben und einen pauschalierten Aufwendungsersatz an den Verein zu bezahlen.

- Die Eintragung des Vereins nach § 21 BGB in das Vereinsregister muss abgelehnt werden, weil die tatsächliche Vereinsbetätigung zeigt, dass sie lediglich auf persönliche wirtschaftliche Vorteile der Mitglieder abzielt und die Verwirklichung des satzungsmäßigen „idealen" Vereinszwecks (Verbraucherschutz durch Aufklärung und Beratung; Beteiligung an der Rechtsforschung) schon aus personellen und organisatorischen Gründen scheitert.

- Hätte der X-Verein mit der Aufnahme seiner Tätigkeit abgewartet und so möglicherweise die Eintragung in das Vereinsregister erreicht, hätte er gem. § 395 FamFG (bisher §§ 159, 142 FGG) von Amts wegen wieder gelöscht werden können, weil die Eintragung wegen des Mangels einer wesentlichen Voraussetzung unzulässig war. Dies gilt auch, wenn der Verein nach seiner Satzung als nichtwirtschaftlicher gekennzeichnet ist und sich erst nach Eintragung herausstellt, dass er sich satzungswidrig wirtschaftlich betätigt. Früher kam hier nur ein Verfahren nach §§ 43, 44 BGB a. F. in Betracht.[35]

Die nachstehende Checkliste mag als Hilfsmittel für die Abgrenzung zwischen Ideal- und wirtschaftlichem Verein dienen; es darf hierbei jedoch nicht vergessen werden, dass es entscheidend auf die Einzelheiten des konkreten Falles ankommt. **Prüfung nach § 21 BGB:**

---

[35] BayObLGZ 1978, 87, 89; OLG Hamm, OLGZ 1993, 24; vgl. auch KG, NJW-RR 2001, 966.

- Verfolgt der Verein nach der Satzung oder tatsächlich einen wirtschaftlichen Geschäftsbetrieb?
Wenn nein und nicht (6) unten: Eintragung nach § 21 BGB; wenn ja:
- **(1)** Liegt nur eine vereinsinterne Betätigung (Eigenverwaltung) vor, dann Eintragung nach § 21 BGB.
- **(2)** Erfolgt eine unternehmerische Tätigkeit nach außen? Keine Eintragung nach § 21 BGB, es sei denn:
- **(3)** Es liegt nur eine Nebentätigkeit des Vereins vor; dann eintragungsfähig nach § 21 BGB.
- **(4)** Keine Nebentätigkeit übt ein Verein aus, der sich als organisierter Teilbetrieb der gewerblichen Unternehmen seiner Mitglieder erweist, er ist nicht eintragungsfähig nach § 21 BGB.
- **(5)** Vereine mit „Doppelzweck", bei denen idealer und wirtschaftlicher Zweck gleichgewichtig sind, sind den wirtschaftlichen Vereinen zuzurechnen, sie sind nicht eintragungsfähig nach § 21 BGB.
- **(6)** Liegt Rechtsmissbrauch oder Umgehung des § 21 BGB vor, weil der tatsächlich verfolgte Zweck von dem in der Satzung genannten abweicht: keine Eintragung nach § 21 BGB.

Beispiele aus Rechtsprechung und Literatur (da es wesentlich auf den Einzelfall ankommt, sei vor unkritischer Übernahme gewarnt!):

- **für Idealvereine nach § 21 BGB:** Berufs- und Interessenverbände wie Arbeitgeber- und Arbeitnehmervereinigungen, Wirtschaftsverbände, Mietervereine, Haus- und Grundbesitzervereine, Betriebliche Unterstützungsvereine, Verein zum Betrieb einer Werkskantine, wenn die Vorteile ausschließlich den Betriebsangehörigen zugute kommen, Pferde-, Fischerei-, Bienenzucht-, Gartenbau-, Obstvereine, Verein zum Betrieb eines Betriebsarztzentrums, Lohnsteuerhilfe-Vereine;
- **für wirtschaftliche Vereine:** Einkaufsvereine, Mähdreschvereine, Inkassovereine (umstritten), Konsumvereine, Gewinnspar-, Spar- und Darlehensvereine, Vereine zum Betrieb technischer Einrichtungen mit Gewinnbeteiligung der Mitglieder (doch kann ein Antennenverein Idealverein sein, streitig), Funktaxizentralen, Verein zur Vermietung von Ferienwohnungen, Abrechnungsstelle für Angehörige der Heilberufe. Auch ein Verein mit dem Zweck, als Treuhänder einer Wohnungseigentümergemeinschaft ihm gehörende Eigentumswohnungen und

Tiefgaragenplätze an Dritte zu vermieten, wurde als auf einen wirtschaftlichen Geschäftsbetrieb gerichtet angesehen, auch wenn er satzungsgemäß keinen Gewinn anstrebt. Denn Gewinnerzielungsabsicht ist nicht notwendiges Kriterium für die Annahme eines wirtschaftlichen Vereins, wenn er entgeltlich handelt.[36]

Die Eintragung des Idealvereins in das Vereinsregister wirkt konstitutiv, die Entstehung der juristischen Person erfolgt also mit der Eintragung. Ist sie irrtümlich erfolgt – obwohl nicht sämtliche Eintragungsvoraussetzungen vorlagen –, ist die Eintragung bis zu ihrer Löschung als gültig anzusehen, auch die Löschung von Amts wegen hat keine rückwirkende Kraft. Das gilt auch für einen nach Art. 9 Abs. 2 GG verbotenen, aber eingetragenen Verein; er ist bis zur Auflösung durch Verwaltungsakt oder Amtslöschung existent. Unterhält ein eingetragener Verein satzungswidrig einen wirtschaftlichen Geschäftsbetrieb, kann er nicht von Amts wegen gelöscht werden; ihm ist vielmehr im Verfahren nach § 43 BGB die Rechtsfähigkeit zu entziehen.[37]

Liegen die gesetzlichen Voraussetzungen vor, besteht ein Rechtsanspruch auf Eintragung in das Vereinsregister, für Ermessensentscheidungen ist kein Raum.

b) Wirtschaftlicher Verein, § 22 BGB

Zur Abgrenzung zwischen dem Idealverein des § 21 BGB und dem wirtschaftlichen Verein des § 22 BGB wird auf das vorausgehende Kapitel verwiesen. Es wurde bereits gezeigt (oben S. 17 f.), dass die Rechtsordnung eine Anzahl wirtschaftlicher Vereine kraft Sonderrechts zur Verfügung stellt (so die Aktiengesellschaft, die Gesellschaft mit beschränkter Haftung, die Genossenschaft und den Versicherungsverein auf Gegenseitigkeit), so dass es in der Regel zumutbar sein wird, diejenigen, die sich in korporativer Form am Wirtschaftsleben beteiligen wollen, auf eine dieser Sonderrechtsformen zu verweisen.

Der wirtschaftliche Verein des § 22 BGB ist vom Gesetzgeber daher nur als **Ausnahme** konzipiert, weshalb die Erlangung der

---

[36] OLG Schleswig, NJWE MietR 1997, 40.
[37] KG, NJW-RR 1993, 187 = OLGZ 1993, 30.

Rechtsfähigkeit durch ihn an eine staatliche Konzession gebunden ist. Grundsätzlich soll wirtschaftliche Betätigung in korporativer Form durch juristische Personen des Privatrechts im Rahmen des hierfür geschaffenen Sonderrechts erfolgen. Das Aktiengesetz, das GmbH-Gesetz, das Genossenschaftsgesetz und das Versicherungsaufsichtsgesetz enthalten die hierfür notwendigen Instrumentarien der Selbstverwaltung, der Willensbildung, der Haftung und des Gläubigerschutzes, insbesondere auch durch die Notwendigkeit eines Haftungskapitals, um nur die wichtigsten Punkte zu nennen. Nur in den Fällen, in denen es unzumutbar wäre, von einer dieser Sonderrechtsformen Gebrauch zu machen, soll § 22 BGB subsidiär, gewissermaßen als Auffang-Rechtsform, die Gründung eines wirtschaftlichen Vereins als juristische Person ermöglichen. Die Abhängigkeit von staatlicher Verleihung einerseits und die rechtliche Behandlung eines wirtschaftlich tätigen nicht eingetragenen Vereins als offene Handelsgesellschaft andererseits stellen ausreichende Sanktionen zur Sicherung des gesetzlichen Leitbildes dar, wirtschaftliche Betätigung in der Form eines BGB-Vereins nach Möglichkeit zu verhindern, wenngleich die Anerkennung des „Nebenzweckprivilegs" („Nebentätigkeitsprivilegs") für eingetragene Vereine eine gewisse – jedoch wohl unvermeidliche – Aufweichung dieses Prinzips bewirkt hat.

Da die staatliche Verleihung Ausnahmecharakter hat, besteht kein Rechtsanspruch hierauf, sondern nur ein Anspruch auf fehlerfrei ausgeübtes Ermessen. Hierbei ist insbesondere auch zu prüfen, ob der Vereinigung, die die staatliche Verleihung anstrebt, nicht die Benutzung einer der oben genannten Sonderrechtsformen zuzumuten ist. Daneben gibt es noch wirtschaftliche Vereine besonderer Art, so Erzeugergemeinschaften nach dem Marktstrukturgesetz.

Für die Verleihung der Rechtsfähigkeit zuständig sind die Bundesländer, und zwar nach Landesrecht in:

- **Baden-Württemberg:** das Regierungspräsidium,

- **Bayern:** das Staatsministerium für Wirtschaft und Verkehr,

- **Berlin:** der Senator für Justiz,

- **Brandenburg:** Das Ministerium des Inneren, Spezialzuständig-keiten beim Minister für Ernährung, Landwirtschaft und Forsten (soweit im Zusammenhang mit Erzeugergemeinschaften nach § 1 Abs. 2 und 3 des Marktstrukturgesetzes 1975), und der obers-ten Forstbehörde (für Forstbetriebsgemeinschaften),

- **Bremen:** der Senator für Inneres und Sport,

- **Hamburg:** der Senat,

- **Hessen:** in kreisfreien Städten und kreisangehörigen Gemein-den mit mehr als 50 000 Einwohnern der Magistrat, im Übrigen der Landrat,

- **Mecklenburg-Vorpommern:** der Innenminister,

- **Niedersachsen:** die Bezirksregierungen Braunschweig, Hanno-ver, Lüneburg und Weser-Ems,

- **Nordrhein-Westfalen:** der Regierungspräsident,

- **Rheinland-Pfalz:** die Bezirksregierungen Koblenz und Trier,

- **Saarland:** der Fachminister, in dessen Zuständigkeit die wirt-schaftliche Betätigung fällt,

- **Sachsen:** die Regierungspräsidien, soweit nicht anders bestimmt,

- **Sachsen-Anhalt:** die Bezirksregierungen,

- **Schleswig-Holstein:** der Landesinnenminister,

- **Thüringen:** der Innenminister im Benehmen mit dem Minister für Wirtschaft und Technik.

Für Erzeugergemeinschaften nach dem MarktstrukturG und für forstwirtschaftliche Zusammenschlüsse bestehen in manchen Bun-desländern Sonderzuständigkeiten.

Die Verleihung steht dem Bundesstaat zu, in dessen Gebiet der Verein seinen Sitz hat, das soll – um Umgehungen zu vermeiden – stets der Sitz der tatsächlichen Verwaltung sein, doch gibt es hier-für keinen sinnvollen Grund, zumal einem Verein jederzeit die Sitzverlegung möglich ist.

Die Verleihung nach § 22 BGB ist ein rechtsgestaltender Ver-waltungsakt, gegen seine Ablehnung ist Klage zum Verwaltungsge-richt zulässig; entscheidet nicht die oberste Landesbehörde, ist ein Widerspruchsverfahren vorzuschalten.

Beispiele für erfolgte Verleihungen nach § 22 BGB: Vereine zum Betrieb konfessioneller Schulen, Spar- und Darlehensvereine, Tierärztliche Verrechnungsstelle, Wohnbauvereine, Funkzentrale einer Taxivereinigung.

c) Ausländische Vereine

Bis 2009 konnte nach ihrem Heimatrecht nicht rechtsfähigen Vereinen, die ihren Verwaltungssitz im Ausland haben, Rechtsfähigkeit mit Wirkung für das Inland verliehen werden, und zwar sowohl Idealvereinen nach § 21 BGB wie wirtschaftlichen Vereinen nach § 22 BGB. Diese Möglichkeit wurde angesichts der geringen praktischen Bedeutung mit der Begründung abgeschafft, Wertungswidersprüche mit dem Heimatrecht dieser Vereine sollten vermieden werden. Vereine, denen in der Vergangenheit die Rechtsfähigkeit verliehen wurde, bleiben aber rechtsfähig.

Dagegen gelten ausländische Vereine des bürgerlichen Rechts, die nach ihrem Heimatrecht rechtsfähig sind, ohne weiteres auch im Inland als rechtsfähig. Sie bedürfen daher der Verleihung nach § 23 BGB nicht.

Diese Vorschrift gilt ferner nicht für Ausländervereine, das sind Vereine, deren Mitglieder oder Leiter sämtlich oder überwiegend Ausländer sind (§ 14 VereinsG). Für sie gilt ohne weiteres deutsches Recht.

3. Erlöschen der Rechtsfähigkeit

Die Rechtsfähigkeit des Vereins kann erlöschen durch Entziehung, Verzicht oder Verlust.

Die **Entziehung** der Rechtsfähigkeit erfolgt seit 2009 nur noch durch das Registergericht. Zuvor war auch ein Staatsakt der Verwaltungsbehörde möglich.

§ 43 Abs. 1 BGB a. F. wurde 2009 abgeschafft. Er bestimmte, dass dem Verein die Rechtsfähigkeit entzogen werden kann, wenn er entweder durch einen gesetzwidrigen Beschluss der Mitgliederversammlung oder durch gesetzwidriges Verhalten des Vorstandes das Gemeinwohl gefährdet. Seine Vereinbarkeit mit dem Grundgesetz war gleichwohl zweifelhaft, weil das Kriterium der „Gefährdung des Gemeinwohls" weit über die Grundrechtsschranke des Art. 9 Abs. 2 GG (Verstoß gegen Strafgesetze, die verfassungsmäßige Ordnung und den Gedanken der Völkerverständigung) hinausgeht. Auch garantiert Art. 19 Abs. 3 GG die Grundrechte auch inländischen juristischen Personen, folglich auch rechtsfähigen Vereinen. Zu dieser Grundrechtsgarantie aber gehört in erster Linie auch die Garantie ihrer Existenz, und zwar gerade auch in der gewählten Form des rechtsfähigen Vereins. Auch ist anerkannt, dass Art. 9 Abs. 1 GG auch dafür Gewähr bietet, dass der Verein die von ihm frei gewählten Aufgaben erfüllen kann.[38] Gegen den Willen der Mitglieder kann eine das Gemeinwohl gefährdende Tätigkeit von Vereinen damit nur mit den Mitteln des öffentlichen Vereinsrechts wirksam unterbunden werden.

Gestrichen wurde 2009 auch § 43 Abs. 2 BGB a. F., wonach einem Verein, dessen Zweck nach der Satzung nicht auf einen wirtschaftlichen Geschäftsbetrieb gerichtet ist (also einem Idealverein), die Rechtsfähigkeit entzogen werden kann, wenn er einen solchen Zweck verfolgt. Damit wurde aber nur die Zuständigkeit auf das Registergericht verlagert, denn der Entzug der Rechtsfähigkeit richtet sich in diesen Fällen nun nach den allgemeinen Regelungen (§ 395 FamFG). Es gilt damit auch weiterhin, dass bei eindeutiger wirtschaftlicher Betätigung des Vereins diesem die Rechtsfähigkeit grundsätzlich zu entziehen ist.[39] Einem Verein, dessen Rechtsfähigkeit auf Verleihung beruht (§ 22 BGB), kann nach dem insoweit unveränderten § 43 BGB schließlich die Rechtsfähigkeit entzogen werden, wenn er einen anderen als den in der Satzung bestimmten Zweck verfolgt.

Die Zuständigkeit und das Verfahren der Entziehung nach § 43 BGB bestimmen sich nach dem Recht des Landes, in dem der Verein seinen Sitz hat (§ 44 BGB).

Nach § 73 BGB hat das Registergericht einem Verein die Rechtsfähigkeit zu entziehen, wenn die Zahl seiner Vereinsmitglieder unter drei herabsinkt. Ferner kann das Registergericht einem Verein nach §§ 159, 142 FGG die Rechtsfähigkeit dadurch entziehen,

---

[38] BVerfGE 30, 227, 241 f.

[39] VGH München, BayVBl. 1987, 304 = NJW–RR 1987, 830; zur neuen Rechtsprechung: BVerwG, NJW 1998, 1166 (grundsätzlich) mit Anm. von Karsten Schmidt, NJW 1998, 1124.

dass es ihn von Amts wegen im Vereinsregister löscht, weil wegen des Mangels einer wesentlichen Voraussetzung die Eintragung unzulässig war, so insbesondere, wenn der Verein die Eintragung durch falsche Angaben erschlichen hat.

Beispiele: Entgegen der Anmeldung ist die Zahl von sieben Gründungsmitgliedern nicht erreicht. **Nicht:** Satzungswidrige wirtschaftliche Tätigkeit als Hauptzweck.

Durch **Verzicht** kann die Rechtsfähigkeit erlöschen, wenn der Verein in satzungsmäßiger Form beschließt, die Rechtsfähigkeit aufzugeben und künftig als nicht eingetragener Verein fortbestehen zu wollen.

Der **Verlust** der Rechtsfähigkeit tritt ein bei Auflösung der juristischen Person (ohne dass sie als nicht eingetragener Verein fortbesteht). Als Auflösung (und Neugründung) wird auch die Sitzverlegung ins Ausland angesehen. Ferner geht die Rechtsfähigkeit verloren, wenn der Verein durch Wegfall sämtlicher Mitglieder erlischt (es gibt keinen Verein ohne Mitglieder).

Beispiele: Sämtliche Mitglieder erklären ihren Austritt, ohne einen förmlichen Beschluss über die Auflösung des Vereins zu fassen. Bei einem Vereinsausflug kommen sämtliche Mitglieder des Vereins ums Leben.

Nicht zum Verlust der Rechtsfähigkeit, sondern lediglich zur Auflösung führt die Eröffnung des Insolvenzverfahrens sowie die Rechtskraft des Beschlusses, durch den die Eröffnung des Insolvenzverfahrens mangels Masse abgewiesen worden ist (§ 42 Abs. 1 BGB), ferner die Rechtskraft der Verbotsverfügung nach § 3 VereinsG.

Fällt das Vermögen des Vereins nicht an den Fiskus, muss in allen Fällen eine Liquidation stattfinden, § 47 BGB. Ob dies auch im Fall des Verzichts auf die volle Rechtsfähigkeit (also der Umwandlung eines eingetragenen in einen nicht eingetragenen Verein) gilt, ist umstritten. Da der nunmehr nicht eingetragene Verein mit der bisherigen juristischen Person identisch ist, ist Sinn und Notwendigkeit einer Liquidation in diesem Fall nicht ersichtlich. Im Fall der Eröffnung des Insolvenzverfahrens über das Vereinsvermögen gehen die Vorschriften der Insolvenzordnung vor.

C. Der nicht eingetragene Verein

Soweit der nicht eingetragene Verein körperschaftlich organisiert ist, also als vom ursprünglichen Mitgliederbestand unabhängige Organisationseinheit mit entsprechender Satzung, wie dies die Regel ist, kann eine weitgehende rechtliche Angleichung an das Recht des eingetragenen Vereins erfolgen, und zwar durch die Satzung. Die Bestimmung in § 54 S. 1 BGB, wonach auf Vereine, die nicht rechtsfähig sind, die Vorschriften über die Gesellschaft Anwendung finden, ist teilweise obsolet und nicht mehr anwendbar, soweit mit Art. 9 GG unvereinbar. Sie hat jedoch durch das Urteil BGH, NJW 2001, 1056 (siehe Fn. 6 und dazugehörigen Text) insofern einen neuen rechtlichen Stellenwert erhalten, als die Außen-GbR als beschränkt rechtsfähig anerkannt wurde, so dass auch der nicht eingetragene Verein (gerade auch wegen der Bezugnahme in § 54 S. 1 BGB) die Fähigkeit haben muss, Träger von Rechten und Pflichten zu sein. Ihm wird daher von der Rechtsprechung auch generell die aktive Parteifähigkeit nicht mehr abgesprochen.[40]

Da somit die Vorschriften über den eingetragenen Verein weitgehend auch auf den nicht eingetragenen Verein Anwendung finden, soweit sie nicht ausdrücklich die uneingeschränkte Rechtsfähigkeit des Vereins voraussetzen, werden in diesem Kapitel lediglich die wesentlichen Unterschiede zum eingetragenen Verein aufgezeigt. Im Übrigen wird in jedem Sachkapitel auf Abweichungen des Rechts des nicht eingetragenen Vereins hingewiesen.

1. Begriff des nicht eingetragenen Vereins

Der Vereinsbegriff ist der gleiche wie beim eingetragenen Verein. Lediglich die körperschaftliche Organisation ist nicht begriffsnotwendig, jedoch üblich. Nicht eingetragene Vereine, die nicht

---

[40] BGH, NJW 2008, 69

körperschaftlich organisiert sind, werden in dieser Darstellung nicht behandelt. Sie werden in der Regel BGB-Gesellschaften oder – bei wirtschaftlicher Betätigung – offene Handelsgesellschaften sein.

2. Unterschiede zum eingetragenen Verein

Der Hauptunterschied zum eingetragenen Verein ist, dass der nicht eingetragene Verein **keine juristische Person** ist, gleichwohl aber Träger von Rechten und Pflichten sein kann und damit jedenfalls beschränkt rechtsfähig ist. Ferner steht auch dem nicht eingetragenen Verein das Grundrecht der Vereinigungsfreiheit nach Art. 9 GG zu und er ist, obwohl er keine juristische Person ist, nach Art. 19 Abs. 3 GG grundrechtsfähig, weshalb der nicht eingetragene Verein als Beschwerdeführer die Verletzung von Grundrechten rügen kann.[41]

Umstritten ist, ob das Amtsgericht nach § 37 Abs. 2 BGB Minderheitenschutz gewähren kann, also auf Verlangen der gesetzlichen oder satzungsmäßigen Minderheit (mindestens 10% der Mitglieder) diese ermächtigen kann, eine Mitgliederversammlung einzuberufen, wenn das satzungsmäßig hierfür zuständige Organ sich weigert. Umstritten ist ferner, ob das Amtsgericht nach § 29 BGB erforderlichenfalls einen Notvorstand bestellen kann. Beide Fragen sollten bejaht werden, weil das Gesetz in beiden Fällen die Zuständigkeit des Amtsgerichts nicht an die Tatsache der Eintragung des rechtsfähigen Vereins knüpft, so dass sie ohne weiteres auf den nicht rechtsfähigen Verein übertragen werden kann und auch ein praktisches Bedürfnis für eine derartige Zuständigkeit bestehen kann. Als weiteres Argument kommt hinzu, dass der nicht eingetragene Verein als Folge der Entscheidungen des BGH vom 29. 1. 2001 und 18. 2. 2002 zumindest beschränkt rechtsfähig und damit auch voll parteifähig ist.[42]

Gemeinhin wird behauptet, der nicht eingetragene Verein könne nicht ins Grundbuch eingetragen werden, obwohl gezeigt wurde

---

[41] BVerfGE 13, 174, 175.
[42] BGH, NJW 2001, 1056 und 2002, 1207 (vgl. Fn. 6).

(oben S. 49) dass jedenfalls für den Vorverein von diesem Grundsatz eine Ausnahme zu machen ist. Ist aber der nicht eingetragenen Vorverein (die Vorstufe des eingetragenen Vereins) grundbuchfähig, ist nicht einzusehen, weshalb die Ausnahme nicht zum Grundsatz werden soll und die Grundbuchfähigkeit des nicht eingetragenen Vereins nicht generell anerkannt werden soll. Rechtsprechung und Literatur verweisen darauf, § 47 GBO hindere die Eintragung des nicht eingetragenen Vereins als solchen. Das ist jedoch ein Scheinargument. Da dem nicht eingetragenen Verein nicht generell die Möglichkeit abgesprochen wird, dass er Vermögen erwerben und Träger von Rechten und Pflichten sein kann, sollte die Tatsache, dass er nicht juristische Person ist, einer Eintragung nicht entgegenstehen. Gewichtige Stimmen sprechen sich jedenfalls für seine Grundbuchfähigkeit aus.[43] Solange diese von der Rechtsprechung nicht anerkannt ist, müssen nicht eingetragenen Vereine auf Hilfskonstruktionen ausweichen. Die Eintragung sämtlicher Vereinsmitglieder als Miteigentümer ist nur bei kleinen Vereinen praktikabel und auch dort nicht zu empfehlen, weil auch der nicht eingetragene Verein ja vom Bestand seiner Mitglieder unabhängig ist und folglich bei einem Mitgliedschaftswechsel jeweils eine Umschreibung des Grundbuchs erforderlich werden würde. Bei Massenorganisationen scheidet diese Möglichkeit generell aus, weshalb in der Praxis in diesen Fällen eine natürliche oder juristische Person das Eigentum am Grundbesitz – und ggf. auch übriges Vermögen – treuhänderisch hält.

Auch soweit der nicht eingetragene Verein als solcher nicht Eigentum erwerben kann, kann er doch „Vereinsvermögen" besitzen: Gegenstände, die die Geschäftsführung für den Verein erwirbt (Büroeinrichtung, Ausstattung mit für den Vereinszweck

---

[43] Münch/Komm/Reuter Rdnr. 26 zu § 54 BGB m.w.N. in Fn. 63 hierzu, für Grundbuchfähigkeit des nicht eingetragenen Vereins ferner: K. Schmidt, Gesellschaftsrecht, S. 738 ff.; Ott, NJW 2003, 1223 und Nagel, NJW 2003, 1646 ff., die beiden letztgenannten in Besprechungen von BayObIG, NJW 2003, 70 (a. M.). Vgl. a. OLG Celle, NJW 2004, 1743 für politische Parteien und ihre Untergliederungen. Neuerdings ausdrücklich offen gelassen in BGH, NJW 2004, 3632, 3634 linke Sp.

erforderlichem technischem Gerät), Mitgliederbeiträge und Ansprüche darauf (Forderungen gegen die Mitglieder), auch das von natürlichen und juristischen Personen für den Verein treuhänderisch gehaltene Vermögen (das kann im Einzelfall umfangreicher Grundbesitz und Kapitalvermögen sein). Auch wenn der Verein als solcher nicht Erbe sein kann, können ihm durch letztwillige Verfügung ebenso wie durch Schenkung zu Lebzeiten Vermögenswerte zugewendet werden. Dieses Vermögen wird – soweit der Verein als nicht eingetragener selbst nicht Eigentum und Forderungen erwerben können soll – Gesamthandsvermögen, d. h. es steht sämtlichen Mitgliedern zur gesamten Hand zu (analog §§ 718, 719 BGB), allerdings mit dem wesentlichen Unterschied zu sonstigen Gesamthandsgemeinschaften, dass wegen der körperschaftlichen Bindung des Vermögens des nicht rechtsfähigen Vereins dieses ein vom Privatvermögen der Mitglieder abgesondertes Sondervermögen wird. Scheidet ein Mitglied aus dem nicht rechtsfähigen Verein aus, wächst sein gesamthänderischer Anteil am Vereinsvermögen ohne weiteres den übrigen Mitgliedern an; umgekehrt erwirbt ein neu eintretendes Vereinsmitglied ohne weiteres Anteil an der Gesamthand. Es besteht kein Anspruch auf ein Auseinandersetzungsguthaben; der gesamthänderische Anteil am „Vereinsvermögen" ist weder übertragbar noch pfändbar. Deshalb ist bei Zwangsvollstreckung in das Vermögen eines nicht eingetragenen Vereins ein Urteil gegen diesen erforderlich und nach § 735 ZPO auch ausreichend.

Die Auflösung und Beendigung des nicht eingetragenen Vereins erfolgt wie beim eingetragenen. Umstritten ist, ob in diesem Fall eine Auseinandersetzung des Vereinsvermögens unter den Vereinsmitgliedern nach Gesellschaftsrecht (§§ 730 ff. BGB – so die bisherige Rechtsprechung) stattfindet, die jedoch durch Satzungsbestimmung ausgeschlossen werden kann, oder ob eine Liquidation entsprechend §§ 47 ff. BGB wie beim eingetragenen Verein stattfindet, wie die Rechtsliteratur nach heute einhelliger Meinung annimmt.[44] Ihr ist zuzustimmen, weil die Liquidation nach §§ 47 ff.

---

[44] So auch BGHZ 50, 325, 329 = NJW 1968, 1830 in einem obiter dictum für eine als nicht rechtsfähiger Verein organisierte Gewerkschaft.

BGB der körperschaftlichen Organisation auch des nicht eingetragenen Vereins Rechnung trägt, auch dem Charakter des Vereinsvermögens als Sondervermögen, einen weitergehenden Gläu-
bigerschutz bewirkt und das Rechtsinstitut der Liquidation nicht
an die Tatsache der Eintragung des eingetragenen Vereins anknüpft.

Ein gravierender Unterschied zum rechtsfähigen Verein besteht
in der Haftung desjenigen, der für einen nicht eingetragenen Verein handelt. Nach § 54 S. 2 BGB haftet hierfür neben dem Verein
stets auch der Handelnde persönlich; handeln mehrere, so haften
sie als Gesamtschuldner. Diese persönliche Haftung gilt unabhängig davon, ob der Handelnde auf Grund gültiger Vollmacht tätig
wurde, also sowohl für den satzungsmäßig tätigen Vorstand wie
für den ohne Vertretungsbefugnis Handelnden; lediglich die Mithaft des Vereins nach § 31 BGB ist abhängig von einer Handlungsvollmacht. Die Haftung aus § 54 S. 2 BGB verdrängt die des
§ 179 BGB (vollmachtloser Vertreter).

3. Rechtsstellung vor Gericht

Im Prozess war der nicht eingetragene Verein bis 2009 nicht
aktiv parteifähig, das heißt, er konnte nach der herrschenden Meinung als Verein nicht klagen. Wollte der nicht eingetragene Verein
klageweise ein Recht geltend machen, mussten daher sämtliche
Vereinsmitglieder als Kläger auftreten. Da dies bei Massenorganisationen, aber auch bei mittelgroßen Vereinen unpraktikabel ist,
wurde in der Rechtsliteratur mit beachtlichen Gründen die generelle Anerkennung auch der aktiven Parteifähigkeit für alle nicht
eingetragenen Vereine gefordert. Der 5. Zivilsenat des BGH[45] hielt

---

[45] BGH, NJW 1990, 186 = BGHZ 109, 15 mit Darstellung des damaligen Mei-
nungsstandes in Rspr. und Literatur. Allerdings verfügte die damals klagende Sied-
lergemeinschaft nicht einmal über eine eigene Satzung. Ob sie körperschaftlich
organisiert war, lässt sich dem veröffentlichten Tatbestand nicht entnehmen. **Die
Rechtslage hat sich seither grundlegend geändert.** Nach dem Urteil des
2. Zivilsenats des BGH vom 29. 1. 2001, NJW 2001, 1056 = BGHZ 146, 341
(grundsätzlich), bestätigt in BGH, NJW 2002, 1207 (zur Außen-GbR) ist konse-
quenterweise auch der nicht eingetragene Verein (Voraussetzung wohl: körper-

jedoch an der Versagung der aktiven Parteifähigkeit ausdrücklich fest, obwohl sie nach der Intention des Gesetzgebers in erster Linie dazu dienen sollte, Vereine zur Anmeldung in das Vereinsregister zu animieren. Der nicht eingetragene Verein hat sich heute jedoch als beliebte Organisationsform durchgesetzt. Seit 2009 ist er daher aufgrund Klarstellung in § 50 Abs. 2 ZPO aktiv parteifähig und kann als Kläger auftreten.

Dagegen war der nicht eingetragene Verein stets passiv legitimiert, das heißt, er konnte immer schon als Verein verklagt werden und hatte im Rechtsstreit die Stellung eines rechtsfähigen Vereins (§ 50 Abs. 2 ZPO).

Für Gewerkschaften hat der BGH – entgegen dem Gesetzeswortlaut – die aktive Parteifähigkeit anerkannt. Politische Parteien sind kraft ausdrücklicher gesetzlicher Regelung aktiv parteifähig, soweit für sie das Parteiengesetz gilt; das Gleiche gilt für ihre Gebietsverbände der jeweils höchsten Stufe, sofern die Satzung der Partei nichts anderes bestimmt (§ 3 ParteienG).

Im Verwaltungsstreitverfahren ist der nicht eingetragene Verein beteiligungsfähig, soweit ihm ein Recht zustehen kann (§ 61 Nr. 2 VwGO), im Arbeitsgerichtsverfahren sind Vereinigungen von Arbeitgebern und Arbeitnehmern generell parteifähig (§ 10 ArbGG), für Gewerkschaften gelten ferner im Sozialgerichtsverfahren § 70 Nr. 2 SGG, im Finanzgerichtsverfahren § 58 Abs. 2 FGO.

Ferner ist der nicht eingetragene Verein unbeschränkt parteifähig im Verfahren der Verfassungsbeschwerde vor dem Bundesverfassungsgericht.[46] Gegen einen nicht eingetragenen Verein kann die Zwangsvollstreckung betrieben werden (§ 735 ZPO), über sein Vermögen kann das Insolvenzverfahren eröffnet werden (§ 11 Abs. 1 S. 2 InsO). Ferner wird angenommen, dass der nicht

---

schaftliche Struktur) **aktiv parteifähig,** so ausdrücklich: K. Schmidt, NJW 2001, 993, 1002 f. („ist § 50 Abs. 2 ZPO gegenstandslos"), ebenso: Jauernig, NJW 2001, 2231, 2232; Baumbach/Lauterbach/Hartmann, Rdnr. 30, Musielak/Weth, Rdnr. 29, Zöller/Vollkommer Rdnr. 41 je zu § 50 ZPO; so schon Wieczorek/Hausmann Rdnr. 50 f. zu § 50 ZPO.

[46] BVerfGE 13, 174, 175.

eingetragene Verein – wenn er durch eine strafbare Handlung geschädigt ist – das Klageerzwingungsverfahren durchführen kann (§ 172 StPO analog), gegen ihn kann ferner nach § 30 Abs. 1 OWiG wegen einer von seinem Vorstand begangenen Ordnungswidrigkeit eine Geldbuße festgesetzt werden. Dagegen haftet der nicht eingetragene Verein nicht nach § 9 OWiG für das Handeln seiner Vorstandsmitglieder.

Soweit die aktive Parteifähigkeit des nicht eingetragenen Vereins ausschied, waren in begrenztem Maße Hilfskonstruktionen möglich. So kann die natürliche oder juristische Person, die treuhänderisch für den Verein Vermögen hält, hinsichtlich dieses Vermögens auch einen Rechtsstreit führen. Auch kann versucht werden, durch Vereinsbeschluss eine natürliche oder juristische Person zu ermächtigen, im eigenen Namen ein Recht des Vereins wahrzunehmen (gewillkürte Prozessstandschaft); zur Frage der Zulässigkeit eines solchen Vorgehens muss auf die Literatur zum Zivilprozess verwiesen werden. Der BGH hat 1964 das Institut der gewillkürten Prozessstandschaft für einen nicht eingetragenen Verein noch als ungeeignet abgelehnt.[47] Umso mehr spricht dafür, ihm nun gem. der in Fn. 45 zitierten Rspr. des 2. Zivilsenats des BGH und der dort zitierten Literatur nun die volle aktive Parteifähigkeit einzuräumen.

D. Die Vereinssatzung

Die Vereinssatzung verkörpert den Inhalt der Vereinsverfassung, das sind die „das Vereinsleben bestimmenden Grundentscheidungen", die „kraft zwingender Vorschrift in die Satzung aufgenommen werden müssen"[48] (§§ 25, 71 Abs. 1 S. 1 BGB). Dabei ist Folgendes zu unterscheiden: Das BGB schreibt zwingend vor, **dass** bestimmte Materien in der Vereinssatzung geregelt werden müssen (hierzu nachstehend Ziffer 1); es stellt frei, auch andere Gegenstände in der Satzung zu regeln, die jedoch, wenn sie zu den

---

[47] BGHZ 42, 210, 214.
[48] BGHZ 47, 172, 177.

„Grundentscheidungen des Vereinslebens" gehören, nur rechtsgültig sind, **wenn** sie in der Satzung (und nicht in irgendeiner sonstigen Vereinsordnung) niedergelegt sind (Beispiele hierfür nachstehend S. 94 ff.).

Beispiele:

- Die Satzung des X-Vereins enthält die Bestimmung, über den Ausschluss eines Mitglieds aus dem Verein habe der Vorstand oder der vom Vorstand hierfür angerufene Ehrenrat zu beschließen, dessen Mitglieder dem Vorstand nicht angehören dürfen, jedoch von ihm vorzuschlagen und für die Dauer von 3 Jahren von der Mitgliederversammlung zu bestätigen seien. Das Ausschlussverfahren habe im Übrigen der Vorstand in einer Ehrengerichtsordnung zu regeln. Die Ehrengerichtsordnung wurde aufgestellt, jedoch nicht im Vereinsregister eingetragen. Sie ermächtigt den Ehrenrat u. a. auch, im Falle der Ausschließung eines Mitglieds aus dem Verein zu bestimmen, ob der Ausschließungsbeschluss im Mitteilungsblatt des Vereins zu veröffentlichen ist und ob das ausgeschlossene Mitglied die Kosten des Ausschließungsverfahrens zu tragen hat.

- Die Regelung des Ausschließungsverfahrens in einer „Ehrengerichtsordnung", die nicht Teil der Satzung ist, ist zulässig, eine danach vom zuständigen Gremium verfügte Ausschließung rechtswirksam. Verfahrensordnungen dieser Art (auch: Geschäftsordnungen des Vorstands, der Mitgliederversammlung und sonstiger Gremien) binden die Vereinsorgane, deren Verfahren sie regeln; die Vereinsmitglieder haben auf die Beachtung dieser Verfahrensordnungen nur Anspruch unter dem Gesichtspunkt der Gleichbehandlung. Sie gehören nicht zu den „das Vereinsleben bestimmenden Grundentscheidungen" und sind daher nicht notwendiger Satzungsinhalt. Hierzu gehört jedoch der Sanktionenkatalog, der einem Vereins-Schiedsgericht zur Verfügung steht, er muss daher in der Satzung selbst verankert sein. Daher ist die Ermächtigung des „Ehrenrats", über die Veröffentlichung des Ausschließungsbeschlusses und über die Tragung der Verfahrenskosten zu entscheiden, rechtsunwirksam, wenn diese Ermächtigung nur – wie im Beispielsfall – in der Verfahrensordnung enthalten ist.

Die Vereinssatzung kann also weitgehend von Verfahrensbestimmungen freigehalten werden. Sie sollte auch auf den gesetzlich gebotenen und zweckmäßigen Inhalt beschränkt werden.

1. Notwendiger Inhalt der Satzung

Für den eingetragenen oder durch staatliche Verleihung rechtsfähig gewordenen Verein schreibt das BGB zwingend einen Mindeststandard von Satzungsbestimmungen vor; fehlt eine dieser Regelungen, darf der Verein nicht in das Vereinsregister eingetragen werden und wird ihm auch die Rechtsfähigkeit nach § 22 BGB nicht verliehen. Für den nicht eingetragenen Verein fehlen gesetzliche Bestimmungen über den Mindestinhalt der Satzung, doch sind auf ihn die für den unbeschränkt rechtsfähigen Verein geltenden Bestimmungen entsprechend anzuwenden, um seine körperschaftliche Organisation zu begründen.

a) Der Name des Vereins

In § 57 Abs. 1 BGB ist zwingend vorgeschrieben, dass die Satzung den Namen des Vereins enthalten muss. Nach § 57 Abs. 2 BGB soll der Name sich von den Namen der an demselben Ort oder in derselben Gemeinde bestehenden eingetragenen Vereine deutlich unterscheiden. Obwohl nur Sollvorschrift, ist ihre Berücksichtigung beim eingetragenen Verein registerrechtlich erzwingbar, weil die Anmeldung zurückzuweisen ist, wenn dem Erfordernis der Unterscheidbarkeit nicht genügt ist (§ 60 BGB).

Jeder Verein kann seinen Namen grundsätzlich frei wählen, doch sind dabei die Grundsätze der Namenswahrheit, der Namensklarheit und des Namensschutzes Dritter zu beachten. Der Name ist Individualitäts- und Identitätskennzeichen, er dient der Unterscheidung von anderen. Dem Vereinsnamen insbesondere kommt ferner Integrationsfunktion zu: Er ist die Bezeichnung, unter der sich die Mitglieder sammeln, als Verein in der Öffentlichkeit auftreten. Handelt es sich um alte, originelle oder sonst besonders unterscheidungskräftige Namen, besteht auch ein erhebliches Affektionsinteresse. Der Schutz des Vereinsnamens gehört deshalb zu dem durch Art. 9 Abs. 1 GG geschützten Kernbereich des Grundrechts der Vereinigungsfreiheit.[49] Der Name des nicht eingetragenen Vereins genießt daher den gleichen Schutz wie der eines un-

---

[49] BVerfGE 30, 227, 241.

beschränkt rechtsfähigen Vereins, auch hinsichtlich der Priorität, so dass bei Verwechslungsfähigkeit der Name eines älteren nicht eingetragenen Vereins geschützt sein kann gegen den Namensgebrauch durch einen jüngeren rechtsfähigen Verein.[50]

Für die Namenswahl des Vereins gelten die zu § 12 BGB und § 16 UWG (jetzt: §§ 5, 15 MarkenG) und zum Firmenrecht des HGB entwickelten Grundsätze entsprechend. Im Folgenden können nur einige Hinweise gegeben werden.

• **Namenswahrheit:** Der Vereinsname darf (objektiv) nicht geeignet sein, über das Alter, die Bedeutung, die Art, die Größe, den Zweck und die sonstigen wesentlichen Verhältnisse des Vereins zu täuschen, auf eine (subjektive) Täuschungsabsicht kommt es nicht an. Auch muss sich die Täuschung nicht gerade im Rechtsverkehr auswirken; es genügt, wenn der Verein auf Grund seines täuschenden Namens eine ungerechtfertigte Hervorhebung gegenüber anderen gleichartigen Vereinen oder eine höhere Einschätzung in der Öffentlichkeit erlangt.

Vereinsnamen sind oft aus mehreren Bestandteilen zusammengesetzt: dem Namenskern und den Zusätzen. Die Grundsätze der Namenswahrheit und Namensklarheit gelten für sämtliche Namensbestandteile in gleicher Weise.

Beispiele:

• Alter/Jahreszahl: Nimmt ein Sportverein in seinen Namen eine Jahreszahl auf („TSV Burgdorf 77"), so wird dieser Namensbestandteil im Verkehr als Hinweis auf das Gründungsjahr des Vereins aufgefasst. Die Bezeichnung ist unzulässig, wenn die tatsächliche Vereinsgründung erst im Jahr 2000 erfolgt ist.

• „Akademie": wird als Aus- bzw. Fortbildungsstätte mit wissenschaftlichem oder künstlerischem Niveau verstanden, daher unzulässig als Bezeichnung etwa einer Vereinigung zur Freizeitgestaltung.[50a]

---

[50] BGH, NJW 1993, 459 – Columbus (für die Namensfähigkeit einer Vor-GmbH); OLG, München, GRUR-RR 2002, 109 – literaturhaus.de (nicht rechtskräftig).

[50a] Das OLG Düsseldorf NJW 2003, 262 hat jedoch die Bezeichnung „Akademie" für ein Unternehmen, das Weiterbildung in den Bereichen „Musik, Medien, Events und Kultur" anbietet, für nicht wettbewerbswidrig und irreführend angesehen, nur weil es keine öffentlich-rechtliche oder behördliche Ausbildungsstätte ist und auch keine „akademischen Strukturen" hat.

- „Gemeinnützig": Den Zusatz darf ein Verein, der Leistungen anbietet, nur dann führen, wenn für diese nur ein die Selbstkosten deckendes Entgelt gefordert wird.
- „Institut": Die Zulässigkeit als Bestandteil des Vereinsnamens ist umstritten, jedoch nicht generell zu verneinen. Wird die Art der Betätigung beigefügt („Institut für …") und kann sie auf eine wissenschaftliche Einrichtung hinweisen, ist die Bezeichnung unzulässig, wenn der satzungsmäßige Zweck und die tatsächliche Betätigung sie nicht rechtfertigen, ferner bei Sitz in einer Universitätsstadt.[51]
- „Landesarbeitsgemeinschaft der [folgt Berufsangabe]" darf ein Verein heißen, wenn eine namhafte, nicht unbeachtliche Zahl von Angehörigen des genannten Berufs Mitglieder sind; nicht notwendig sämtliche.[52]
- „Stiftung" darf ein Verein sich nicht nennen, der einen gemeinnützigen Zweck ausschließlich mit Hilfe der laufenden Mitgliedsbeiträge in Erwartung von Spenden verfolgt (weil in der Regel ein Stiftungsvermögen und das Bestehen einer Stiftungsaufsicht erwartet wird).
- „Verband": Es wird erwartet, dass er entweder eine größere Zahl von Mitgliedern hat, die unter Berücksichtigung des Vereinszwecks die Bezeichnung „Verband" rechtfertigt, oder dass es sich um den Zusammenschluss mehrerer Körperschaften handelt.

- **Namensklarheit:** Der in das Vereinsregister eingetragene Verein muss den Zusatz „e. V." führen, und zwar in deutscher Sprache, auch wenn der Vereinsname im Übrigen fremdsprachig ist. Ein Verein, der nicht in das Vereinsregister eingetragen ist, darf den Zusatz nicht führen.

Auch Vereine, die zulässigerweise den Zusatz „e. V." führen, dürfen Bezeichnungen, die auf eine andere Rechtsform hindeuten, nicht in ihren Namen aufnehmen, soweit dies zu Missverständnissen führen kann. Doch ist die Verwendung der Bezeichnung „Gesellschaft" aus historischen Gründen zulässig.

Beispiele:
- Zulässig sind Bezeichnungen wie: „Literarische Gesellschaft", „Faschingsclub Allotria" (jeweils als „e. V." oder auch als nicht eingetragener Verein ohne Zusatz).

---

[51] BayObLG, MDR 1990, 824.
[52] BayObLG, NJW-RR 1993, 184.

- Unzulässig sind Fantasienamen bzw. Abkürzungen als Namen mit der Endsilbe „-ag", da sie trotz des Zusatzes „e. V." auf eine Aktiengesellschaft hindeuten könnten; geografische Zusätze, wenn sich die Tätigkeit des Vereins nicht auf das in Bezug genommene Gebiet erstreckt oder über die Größe und Bedeutung des Vereins ein falsches Bild zeichnet (insoweit ist auch der Grundsatz der Namenswahrheit verletzt): von einem „Internationalen Zentrum für ...", einer „Europäischen Vereinigung von ..." erwartet man entsprechende internationale Aktivitäten; „Deutsche X-Gesellschaft" darf sich nicht ein Verein nennen, dessen Tätigkeit nur auf ein Bundesland beschränkt ist.

- **Namensschutz Dritter:** Da der Verein stets einen selbstgewählten Namen führt, darf sein Name nicht den bereits bestehender (rechtsfähiger und nicht rechtsfähiger) Vereine, sonstiger juristischer Personen, möglicherweise auch von Handelsgesellschaften und natürlichen Personen, beeinträchtigen, soweit diese Namensschutz genießen. Auch der Name eines Verstorbenen kann insoweit noch geschützt sein.

Beispiel: Ein Verein führt in seinem Namen den Personennamen eines verstorbenen Schriftstellers, Philosophen, Politikers, um – guten Glaubens oder der Werbewirkung des Namens wegen – dessen Gedächtnis, Werk und Wirken weiterzuführen, er nennt sich daher „Max A.-Gesellschaft e. V.", verleiht vielleicht auch einen „Max A.-Preis". Die Witwe oder andere nahe Familienangehörige können dem Verein die Verwendung des Namens „Max A." untersagen, wenn sie mit der (künstlerischen, philosophischen, politischen) Tendenz des Vereins nicht einverstanden sind.

Nach § 12 BGB gilt, dass derjenige, dem von einem anderen das Recht zum Gebrauch eines Namens bestritten oder dessen Interesse dadurch verletzt wird, dass ein anderer unbefugt den gleichen Namen gebraucht, von dem anderen die Beseitigung der Beeinträchtigung verlangen kann. Ergänzend hierzu bestimmen §§ 5 Abs. 2, 15 MarkenG, dass der Erwerb des Schutzes einer geschäftlichen Bezeichnung (das sind auch Zeichen, die im geschäftlichen Verkehr als Namen benutzt werden, folglich auch Vereinsnamen) dem Inhaber ein ausschließliches Recht gewährt und es Dritten untersagt ist, die geschäftliche Bezeichnung oder ein ähnliches

Zeichen im geschäftlichen Verkehr unbefugt in einer Weise zu be-
nutzen, die zur Verwechslung geeignet ist. Unbefugte Benutzer
können auf Unterlassung in Anspruch genommen werden. Die
Rechtslage entspricht der im aufgehobenen § 16 UWG. Ferner ist
in § 37 Abs. 2 HGB festgelegt, dass der, der in seinen Rechten dadurch verletzt wird, dass ein anderer eine Firma unbefugt gebraucht, von diesem die Unterlassung des Firmengebrauchs verlangen kann. Es ist heute unumstritten, dass das Namensrecht des
§ 12 BGB natürlichen und juristischen Personen, nicht eingetragenen Vereinen und Handelsgesellschaften zusteht, dass Personennamen ebenso wie Sachnamen geschützt sind, Pseudonyme
ebenso wie Handelsnamen. Das von § 12 BGB geschützte Interesse ist in erster Linie ein „Identitätsinteresse", inwieweit der Schutz
auch aus dem Persönlichkeitsrecht folgt, braucht hier nicht näher
untersucht zu werden. Wichtig ist jedoch, dass Sachnamen nur
dann den Schutz des § 12 BGB genießen, wenn sie Unterscheidungskraft haben. Das ist vor allem dann der Fall, wenn es sich
um eigenartige und einprägsame Bezeichnungen handelt oder
wenn sie erhebliche Verkehrsgeltung in Anspruch nehmen können. Keine Unterscheidungskraft haben im allgemeinen Worte der
Umgangssprache (es sei denn, sie werden in unüblicher und deshalb doch unterscheidungskräftiger Weise verwendet); insbesondere Gattungs- und Gegenstandsbezeichnungen, denen der Verkehr ihrer Art nach keine namensähnliche Wirkung beimisst,
müssen zur Verwendung frei bleiben.

Beispiele: Bezeichnungen wie „Turn- und Sportvereinigung", „Fuß-
ball-Club", „Reiterverein", „Kleingartenverein" oder auch ihre Abkürzungen (TSV, FC) als solche besitzen keine Unterscheidungskraft
und sind daher nicht geschützt; geschützt ist nur der Gesamtname in
Verbindung mit einer Ortsbezeichnung, der Angabe des Gründungsjah-
res oder sonstiger markanter Zusätze, also: „TSV Altstadt 03", „FC
Neuburg", „Reiterverein Hippos Blauberg", „Kleingartenverein Flussaue".

Der Namensschutz kann räumlich begrenzt sein, wenn sich etwa
die Betätigung eines Vereins auf ein bestimmtes Gebiet beschränkt,
die Verkehrsgeltung sich nur örtlich beschränkt gebildet hat.

Beispiel: Der Name eines Vereins, der die Kreativität von Kindern und Jugendlichen eines Ortes fördern will und sich „Pädagogische Aktion e. V." nennt, wird in der Regel nur am Ort seines Sitzes und seiner Tätigkeit geschützt sein; in anderen Orten können sich daher Vereine gleichen Namens frei bilden.

Der Namensschutz kann auch sachlich – nach der Betätigung – beschränkt sein, wenn Verwechslungsfähigkeit ausgeschlossen ist. Andererseits kann der Name eines geselligen Vereins dagegen geschützt sein, dass sein allein unterscheidungskräftiger Bestandteil zur Bezeichnung einer Gaststätte im selben Ort verwendet wird, insbesondere wenn diese Gaststätte bisher unter dieser Bezeichnung im Vereinshaus geführt wurde (vom BGH entschieden für „Weser-Klause").

Bei der Namenswahl des Vereins wird also – wenn er in der Öffentlichkeit hervortreten, sich profilieren, auch weitere Mitglieder gewinnen will – darauf zu achten sein, dass eine möglichst originelle, unterscheidungsfähige, schlagkräftige Bezeichnung gewählt wird. Bildet der Verein rechtlich selbstständige Unterorganisationen (Landesverbände, Ortsvereine), denen er gestattet, den für ihn geschützten Namensbestandteil in ihre Namen aufzunehmen, so ist diese Gestattung in der Regel auf die Dauer der Zugehörigkeit der Unterorganisation zum übergeordneten Verein beschränkt. Löst sie sich vollständig von ihm, kann der „Mutterverein" die Fortführung des geschützten Namens untersagen.

Die Grundsätze des Namensschutzes gelten entsprechend auch für bildliche Darstellungen, Wappen, Embleme, zum Teil auch für Abkürzungen (soweit sie Verkehrsgeltung haben), Buchstaben und Zahlenkombinationen. Für **politische Parteien** bestimmt § 4 ParteienG, dass der Name sich von dem Namen einer bereits bestehenden Partei deutlich unterscheiden muss; das Gleiche gilt für Kurzbezeichnungen. Gebietsverbände führen den Namen der Partei unter Zusatz ihrer Organisationsstellung; scheiden sie aus der Partei aus, verlieren sie das Recht, den Namen der Partei weiterzuführen, kraft Gesetzes. Ein neugewählter Name darf nicht in einem bloßen Zusatz zu dem bisherigen Namen bestehen, für Kurzbezeichnungen gilt Entsprechendes.

Wird das Namensrecht eines Vereins verletzt, kann dieser von dem Verletzer Beseitigung, Unterlassung und ggf. auch Schadensersatz verlangen. Diese Ansprüche können im Wege der Klage gerichtlich durchgesetzt werden; dagegen können sie nicht auf § 57 Abs. 2 BGB gestützt und auch nicht im Amtslöschungsverfahren oder nach § 60 BGB verfolgt werden. Diese Vorschriften sind rein registerrechtlicher (und damit im Wesentlichen öffentlich-rechtlicher) Natur. Die Tatsache der Eintragung des Vereinsnamens in das Vereinsregister sagt nichts über die materiell-rechtliche Berechtigung zur Führung des eingetragenen Namens aus. Die Prüfungskriterien nach § 57 Abs. 2 BGB sind andere als die des Namensrechts nach § 12 BGB, §§ 5, 15 MarkenG.

b) Der Sitz des Vereins

Die Satzung eines Vereins, der in das Vereinsregister eingetragen werden soll, muss zwingend den Sitz des Vereins enthalten (§ 57 Abs. 1 BGB). Ergibt sich der Sitz eines Vereins nicht aus der Satzung (weil die entsprechende Satzungsbestimmung nichtig ist; beim nicht eingetragenen Verein, weil ein gesetzlicher Zwang hierzu fehlt), so gilt als Sitz des Vereins der Ort, an welchem die Verwaltung geführt wird. Da dieses Kriterium bei einem nicht eingetragenen Verein mit geringer Verwaltungstätigkeit zweifelhaft sein kann und an den Vereinssitz eine Reihe von Rechtsfolgen anknüpfen (insbesondere der Gerichtsstand), sollte auch die Satzung des nicht eingetragenen Vereins den Sitz festlegen. Aus diesen Gründen ist Ort des Sitzes auch stets eine bestimmte politische Gemeinde, doch ist es zulässig, auch einen Gemeindeteil als Sitz zu wählen, wenn er einen eigenen Namen führt.

Umstritten ist, ob ein Verein mehrere Sitze haben kann; die überwiegende Meinung geht wohl dahin, dass ein mehrfacher (statutarischer) Sitz in der Regel unzulässig ist. Dagegen kann der statutarische Vereinssitz, der innerhalb Deutschlands frei gewählt werden kann, fiktiv sein; er muss mit dem Verwaltungssitz des Vereins nicht übereinstimmen. Das ist wichtig für Vereine mit geringer Büroorganisation. Die Verwaltung kann jederzeit geändert werden, ohne dass sich der statutarische Sitz ändert.

Die Verlegung des statutarischen Sitzes ist Satzungsänderung, sie bedarf beim eingetragenen Verein der Eintragung in das Vereinsregister. Wird der Sitz eines eingetragenen Vereins in das Ausland verlegt, verliert er die Rechtsfähigkeit nach deutschem Recht.

c) Eintragung in das Vereinsregister

Nach § 57 Abs. 1 BGB muss die Satzung des Vereins, der die Eintragung im Vereinsregister erstrebt, diesen Willen dokumentieren. Fehlt eine entsprechende Feststellung in der Satzung, ist der Verein nur als nicht einzutragender gegründet.

Es empfiehlt sich daher, an die Satzungsbestimmung über den Namen des Vereins etwa folgende Formulierung anzufügen:

> „Er soll in das Vereinsregister eingetragen werden und führt sodann den Zusatz e. V."

Wurde der Verein ursprünglich als nicht einzutragender gegründet und wird später beschlossen, die Rechtsfähigkeit durch Eintragung zu erlangen, muss eine entsprechende Bestimmung durch Änderung der Satzung in diese aufgenommen werden.

d) Der Zweck des Vereins

Der Angabe des Vereinszwecks in der Satzung kommt in mehrfacher Hinsicht besondere Bedeutung zu.

Sie ist in § 57 Abs. 1 BGB zwingend vorgeschrieben für den Verein, der die Eintragung in das Vereinsregister erstrebt. Die Notwendigkeit ergibt sich auch aus § 21 BGB, weil nur ein Verein, dessen Zweck nicht auf einen wirtschaftlichen Geschäftsbetrieb gerichtet ist, die Eintragung in das Vereinsregister erlangen kann. Da nach § 22 BGB nur ein Verein, dessen Zweck auf einen wirtschaftlichen Geschäftsbetrieb gerichtet ist, die Rechtsfähigkeit durch staatliche Verleihung erlangen kann, folgt daraus, dass auch die Satzung eines solchen Vereins zwingend den Vereinszweck enthalten muss.

Der Zweck des Vereins beschreibt das Ziel und Programm der Vereinigung, er steckt damit auch den Handlungsrahmen für die Vereinsorgane ab, deren Tätigkeit sich innerhalb des Rahmens des Vereinszwecks halten muss, diesem jedenfalls nicht widersprechen darf. Daraus folgt, dass auch die Satzung des nicht eingetragenen Vereins zwingend den Vereinszweck festsetzen muss, die Verfolgung eines bestimmten gemeinsamen Zwecks ist substantielle und begriffliche Voraussetzung für die Annahme eines Vereins (oben S. 4). Er ist auch wesentlich für die Anerkennung als gemeinnützig. Der gemeinsame Vereinszweck hat daher auch Integrationsfunktion.

Der Vereinszweck bestimmt ferner die Geschäftsgrundlage des BGB-Vereins. Deshalb ist nach § 33 Abs. 1 S. 2 BGB zur Änderung des Vereinszwecks die Zustimmung aller Mitglieder erforderlich; die Zustimmung der nicht erschienenen Mitglieder muss schriftlich (genügend auch: telegrafisch) erfolgen. Die gesetzliche Regelung ist allerdings dispositiv, die Satzung kann anderes bestimmen (§ 40 BGB) und die Änderung des Vereinszwecks auch mit qualifizierter Mehrheit und sogar mit einfacher Mehrheit der erschienenen Mitglieder zulassen, sie kann aber auch höhere Anforderungen als das Gesetz stellen, etwa die Möglichkeit der schriftlichen Zustimmung ausschließen. Allerdings kann in der Satzung nicht die Unabänderlichkeit des Vereinszwecks festgelegt werden.

Zahlreiche bestehende Vereinssatzungen enthalten zwar (von § 33 Abs. 1 S. 1 BGB abweichende oder aber auch mit ihm konforme) Bestimmungen über die erforderliche Mehrheit bei Satzungsänderungen, ohne den Fall der Änderung des Vereinszwecks besonders zu erwähnen. Es war lange umstritten, ob in diesem Fall die Mehrheitserfordernisse für die Satzungsänderung auch für den Fall der Änderung des Vereinszwecks gelten. Mit Beschluss vom 11. 11. 1985[53] hat der BGH diese Frage ausdrücklich verneint und ausgesprochen, dass die Regelung in der Satzung eines eingetragenen Vereins über die für „Satzungsänderungen" notwendige Stimmenmehrheit nicht auch für die Änderung des Vereinszwecks gilt, wenn sich das nicht eindeutig aus der Satzung ergibt. Für den nicht eingetragenen Verein kann nichts anderes gelten. Es empfiehlt sich daher, in der Satzung beide Fälle ausdrücklich zu regeln.

---

[53] BGH, NJW 1986, 1033; ebenso: OLG Hamm, OLGZ 1980, 326 sowie mit beachtlichen Gründen ein Teil der Rechtsliteratur (gegen OLG Karlsruhe, Rechtspfleger 1976, 396; nunmehr überholt).

Beispiele: „Für einen Beschluss, der eine Änderung der Satzung enthält, ist eine Mehrheit von zwei Dritteln aller erschienenen Vereinsmitglieder erforderlich. Zur Änderung des Zwecks des Vereins ist Einstimmigkeit aller erschienenen Vereinsmitglieder erforderlich."

„Eine Änderung der Satzung – auch des Vereinszwecks – bedarf einer Mehrheit von drei Vierteln der anwesenden Vereinsmitglieder."

„Satzungsänderungen können nur mit einer Mehrheit von drei Vierteln der anwesenden Mitglieder beschlossen werden; für die Änderung des Vereinszwecks ist jedoch die Mehrheit der Hälfte aller Vereinsmitglieder in der Mitgliederversammlung erforderlich."

Für Vereine mit Delegiertenversammlungen: „Eine Änderung der Satzung bedarf der Mehrheit von drei Vierteln der anwesenden Delegierten. Eine Änderung des Vereinszwecks ist jedoch nur wirksam, wenn sie in einer Urabstimmung sämtlicher Mitglieder mit Dreiviertel-Mehrheit bestätigt wird."

Die möglichen Varianten lassen sich beliebig vermehren. Für die Auswahl wird der ursprüngliche Zweck des Vereins und seine Organisationsstruktur entscheidend sein.

Nicht jede Änderung der Satzungsbestimmung über den Vereinszweck ist auch eine Änderung des Vereinszwecks selbst. Eine Änderung des Vereinszwecks im Sinn des § 33 Abs. 1 S. 2 BGB liegt nur bei einer substantiellen Änderung vor, einer Änderung der bisherigen Tendenz des Vereins, seiner Leitidee. Bloß redaktionelle Änderungen, Präzisierungen, Ergänzungen, rechtlich oder tatsächlich bedingte Modifizierungen ohne Aufgabe des bisherigen Ziels stellen formell zwar Satzungsänderungen dar (die entsprechender Mehrheiten bedürfen, zum Vereinsregister angemeldet werden müssen), materiell jedoch keine Änderung des Vereinszwecks. Dieser kann sich – wovon der Gesetzgeber in § 43 BGB ausgeht – im Übrigen auch außerhalb der Satzung durch eine dem statutarischen Zweck nicht entsprechende Betätigung ändern mit der Folge, dass einem Idealverein, der entgegen seiner Satzung als Hauptzweck einen wirtschaftlichen Geschäftsbetrieb unterhält, und einem kraft staatlicher Verleihung rechtsfähigen Verein, der einen anderen als in der Satzung bestimmten Zweck verfolgt, die Rechtsfähigkeit entzogen werden kann (§ 43 BGB, § 395 FamFG).

Die vorstehenden Ausführungen zeigen, dass der „Zweck des Vereins" in den Vorschriften des BGB einen unterschiedlichen Stellenwert, verschiedene Funktion hat. In §§ 21, 22 BGB dient er der Abgrenzung von Ideal- und wirtschaftlichem Verein, in § 33 Abs. 1 S. 2 BGB steht der Schutz der Integrität des bisherigen Vereins im Vordergrund, nach § 57 BGB wird er zum wesentlichen Bestandteil der Satzung erklärt.

Als Kriterium der Abgrenzung zwischen Ideal- und wirtschaftlichem Verein wurde der Vereinszweck auf S. 24 f. und S. 60 f. ausführlich dargestellt. Lediglich der Ergänzung halber sei angefügt, dass die gesetzlich geregelten Sonderformen des wirtschaftlichen Vereins nicht den Vereinszweck, sondern den Gegenstand des Unternehmens in die Satzungsurkunde aufnehmen müssen (§§ 23 AktG, 3 GmbHG, 6 GenG). Beide sind begrifflich nicht identisch.

e) Die Form des Eintritts und Austritts von Mitgliedern

In § 58 BGB sind weitere Regelungen über den notwendigen Satzungsinhalt enthalten. Zwar handelt es sich um eine Sollbestimmung, deren Einhaltung jedoch für eingetragene Vereine nach § 60 BGB erzwungen wird, weil danach die Anmeldung auch zurückzuweisen ist, wenn sie den Erfordernissen des § 58 BGB nicht genügt. Für rechtsfähige Vereine kraft staatlicher Verleihung gelten die Bestimmungen entsprechend, auch nicht eingetragene Vereine werden entsprechende Regelungen in ihre Satzung aufnehmen müssen, um die körperschaftliche Struktur zu dokumentieren.

Nach § 58 Nr. 1 BGB hat daher die Satzung Bestimmungen über den Eintritt und den Austritt der Vereinsmitglieder zu enthalten. Wie die Regelung erfolgt, stellt das Gesetz frei. Zwingend bestimmt es in § 39 Abs. 1 BGB lediglich, dass die Mitglieder zum Austritt aus den Verein berechtigt sind. Dagegen ist die Bestimmung in § 38 BGB, wonach die Mitgliedschaft nicht übertragbar und nicht vererblich ist und die Ausübung von Mitgliedschaftsrechten anderen nicht überlassen werden kann, in der Satzung abdingbar (§ 40 BGB). Das Recht der Mitgliedschaft wird nachstehend (S. 136 ff.) gesondert ausführlich behandelt.

f) Die Beitragspflicht

Nach §§ 58 Nr. 2, 60 BGB hat die Satzung Bestimmungen darüber zu enthalten, ob und welche Beiträge von den Mitgliedern zu leisten sind. Der Begriff „Beiträge" ist dabei weit auszulegen, er umfasst Geld- und Sachbeiträge, Arbeitsleistungen,[54] Umlagen und Ordnungsstrafen. Dagegen kann die Satzung nicht eine Haftung der Vereinsmitglieder für die Vereinsschulden festlegen.

In der Satzung muss lediglich die Art der Beiträge festgelegt werden, nicht jedoch deren Höhe. Auch eine generelle Befreiung der Mitglieder von Beiträgen ist in der Satzung niederzulegen. Ist dies geschehen, so ist die nachträgliche Einführung einer Beitragspflicht Satzungsänderung; Gleiches gilt, wenn die Höhe der Beiträge in der Satzung festgelegt ist und sie geändert werden soll. Es empfiehlt sich daher, in der Satzung grundsätzliche Beitragspflicht festzulegen und die Bestimmung der Höhe einem Vereinsorgan (der Mitgliederversammlung, dem Vorstand) zu übertragen. Hierfür genügt die einfache Zuweisung der Zuständigkeit.

Beispiele:
- „Der Jahresbeitrag wird von der Mitgliederversammlung festgesetzt."
- „Die Mitgliederversammlung stellt eine Beitragsordnung auf."

Das Vereinsorgan, dem die Festsetzung der Beiträge durch die Satzung zugewiesen ist, ist dann in den Grenzen der Pflicht zur Gleichbehandlung der Mitglieder frei. Gleichbehandlung bedeutet allerdings nicht, dass der Mitgliedsbeitrag für alle Vereinsmitglieder gleich hoch ist; verboten ist lediglich eine willkürliche und sachfremde Differenzierung. Unterschiedliche Höhe der Beiträge ist durchaus üblich.

Beispiele:
- „Der Monatsbeitrag beträgt 10,– Euro für Schüler und Studenten 5,– Euro."
- „Der Vorstand kann bei Bedürftigkeit den Beitrag im Einzelfall ganz oder teilweise erlassen."

---

[54] Vgl. hierzu BVerfG (Kammer), NJW 1991, 2626.

- „Der Mitgliedsbeitrag beträgt 1% des Nettogehalts; für Mitglieder, die nur eine Ausbildungsvergütung erhalten, 0,5% hiervon."

Die Beitragsfreistellung von Ehrenmitgliedern sollte nicht in der Beitragsordnung, sondern in der Satzung als Sonderrecht festgelegt werden. Siehe nachstehend S. 120f.

Zweckmäßig ist es ferner, bei der Festsetzung der Beiträge die Fälligkeit zu regeln, weil andernfalls der Jahresbeitrag erst am Jahresende, der Monatsbeitrag erst am Monatsende fällig ist, der Verein die Beiträge jedoch in der Regel für seinen Verwaltungsaufwand benötigt.

Beispiele:
- „Der Jahresbeitrag beträgt 60,– Euro. Er ist am 1. Januar eines jeden Jahres fällig."
- „Der Monatsbeitrag beträgt 5,– Euro. Er ist am 1. eines jeden Vierteljahrs im Voraus fällig."

Umlagen und sonstige Sonderzahlungen können nicht in einer Beitragsordnung oder durch die Mitgliederversammlung festgesetzt werden, wenn hierfür nicht eine ausdrückliche Satzungsermächtigung vorliegt. Eine Umlage ist nur zur Erfüllung des Vereinszwecks zulässig.[55] Eine Satzungsbestimmung könnte lauten:

Beispiel: „Von den Mitgliedern werden Beiträge, Umlagen und sonstige Leistungen gefordert. Über ihre Art und Höhe beschließt die Mitgliederversammlung."

Wiederkehrende Leistungen (also Jahres- und Mitgliedsbeiträge) verjähren seit 1. 1. 2002 in drei Jahren. Die Verjährung beginnt mit dem Schluss des Jahres, in welchem sie fällig wurden (§§ 199, 197 Abs. 2 BGB). Ist ein Fälligkeitsdatum festgelegt, tritt Verzug ohne Mahnung ein (§ 286 Abs. 2 Nr. 1 BGB). Der Anspruch auf einmalige Zahlungen (Umlagen oder sonstige Leistungen) verjährt ebenfalls in drei Jahren. Für vor dem 1. 1. 2002 beschlossene Umlagen begann die kürzere Verjährungsfrist von drei Jahren (statt früher 30 Jahren) am 1. 1. 2002, es sei denn, dass die Umlagen erst nach

---

[55] OLG München, NJW-RR 1998, 966.

diesem Stichtag fällig waren (Art. 229 § 6 Abs. 4 EGBGB; Einzelheiten: Ott, MDR 2002, 1 ff.).

g) Zusammensetzung des Vorstands

Weitere Voraussetzungen der Eintragung eines Vereins in das Vereinsregister ist, dass die Satzung eine Bestimmung über die Bildung des Vorstands enthält (§§ 58 Nr. 3, 60 BGB). Da auch der nicht eingetragene Verein, um die körperschaftliche Struktur zu begründen, einen Vorstand haben muss, sollte dessen Zusammensetzung ebenfalls in der Satzung geregelt werden. Enthält die Satzung keine Regelung, bestellt die Mitgliederversammlung den Vorstand (§ 27 Abs. 1 BGB). Sie kann dann durch einfachen Beschluss auch die Zusammensetzung des Vorstands festlegen, also auch die Anzahl der Vorstandsmitglieder.

Die Satzung – bei Fehlen einer Satzungsklausel die Mitgliederversammlung – kann auch bestimmen, dass sämtliche Mitglieder des Vereins den Vorstand bilden. Zwar wird weitgehend die Auffassung vertreten, dies entspreche nicht der körperschaftlichen Struktur des Vereins, doch ist diesem Argument entgegenzuhalten, dass in unserer Zeit zunehmend basisdemokratische Modelle erprobt werden und nicht einzusehen ist, weshalb insbesondere ein nicht eingetragener Verein mit geringer Mitgliederzahl (ein Zweig- oder Ortsverein etwa) dazu gezwungen werden soll, sich eine hierarchische Struktur zu geben. Praktikabel ist eine solche Organisationsform natürlich nur bei Vereinigungen mit wirklich geringer Mitgliederzahl.

Der Vereinsvorstand wird nachstehend (S. 173 ff.) ausführlich dargestellt.

h) Berufung der Mitgliederversammlung

Die Satzung des rechtsfähigen Idealvereins muss ferner Bestimmungen über die Voraussetzungen enthalten, unter denen die Mitgliederversammlung zu berufen ist und über die Form der Berufung; andernfalls ist der Eintragungsantrag zurückzuweisen (§§ 58 Nr. 4, 60 BGB). Tritt an die Stelle der Vollversammlung eine Vertreterversammlung (Delegiertenversammlung), gilt dies auch für deren Einberufung. Da Einberufungsmängel die Ungültigkeit der

in der Versammlung gefassten Beschlüsse zur Folge haben können,[56] muss auch die Satzung des nicht eingetragenen Vereins entsprechende Bestimmungen enthalten. Fehlt eine Regelung, so kann
die Mitgliederversammlung jeweils beschließen, wann die nächste
Versammlung einzuberufen ist (§ 32 Abs. 1 BGB). Ist dies nicht geschehen, so ist eine Mitgliederversammlung zu berufen, wenn 10%
der Mitglieder (oder ein durch die Satzung bestimmter größerer oder
kleinerer Teil) die Berufung schriftlich unter Angabe des Zweckes
und der Gründe verlangt (§ 37 Abs. 1 BGB). Wird diesem Verlangen
nicht entsprochen, kann das Amtsgericht diese Mitglieder zur Berufung der Versammlung ermächtigen (§ 37 Abs. 2 BGB); es wird
weitgehend angenommen, dass dies auch für den nicht eingetragenen Verein gilt.

Da zur Gültigkeit des Beschlusses der Mitgliederversammlung
erforderlich ist, dass der Gegenstand bei der Berufung bezeichnet
wird (§ 32 Abs. 1 S. 2 BGB), wird aus Gründen des Nachweises
auch im Falle fehlender Satzungsbestimmung schriftliche Einladung erforderlich sein, das Gesetz schreibt sie allerdings nicht vor.
Da die Satzung geringere Anforderungen an die Einladung stellen
kann (öffentliche Bekanntmachung, Aushang, per Telefon), empfiehlt sich auch aus diesem Grund die Festlegung der Einzelheiten
in der Satzung. Ferner sollten weitere Formalien geregelt werden,
siehe hierzu nachstehend S. 108 ff.[57]

i) Beurkundung von Vereinsbeschlüssen

In § 58 Nr. 4 BGB ist für den rechtsfähigen Idealverein, ebenfalls
erzwingbar nach § 60 BGB, ferner vorgeschrieben, dass die Satzung Bestimmungen über die Beurkundung der Beschlüsse enthalten soll. Für den nicht eingetragenen Verein besteht diese Notwendigkeit nicht, die Mitgliederversammlung kann also von Fall

---

[56] BGH, NJW 2008, 69, ferner auch BayObLG, NJW-RR 1997, 289 = FGPrax
1996, 232 mit der Einschränkung, es sei denn, es werde nachgewiesen, dass der
Beschluss nicht auf diesem Mangel beruhen könne, ein Nachweis, der nur schwer
zu führen ist.

[57] Zu Fragen der Berufung der Mitgliederversammlung siehe ferner nachstehend
S. 156 ff.

zu Fall entscheiden, ob ein Protokoll geführt werden soll (§ 32 Abs. 1 BGB). Aus Gründen der Rechtssicherheit und der Beweissicherung sollte aber stets mindestens ein Beschlussprotokoll geführt werden.

2. Zweckmäßiger Inhalt der Satzung

Die in §§ 57, 58 BGB aufgeführten Satzungsbestimmungen stellen den nach der Auffassung des Gesetzgebers erforderlichen Mindeststandard für eine ordentliche Vereinsorganisation dar. Sie wurden daher dem Verein, der die Rechtsfähigkeit durch Eintragung in das Vereinsregister anstrebt, zwingend vorgeschrieben bzw. durch Verweigerung der Eintragung als Sanktion erzwingbar gemacht. Dieser Mindeststandard von Satzungsbestimmungen reicht jedoch nur in den seltensten Fällen aus. Er erschöpft sich in einigen Essentials (§ 57 BGB) und wichtigen Formalien. Seine individuelle Rechtsgestalt erhält der Verein erst durch weitere Satzungsbestimmungen, die – zugeschnitten auf Größe, Zweck und Ziel des Vereins – es ermöglichen, die Rechtsform des eingetragenen wie des nicht eingetragenen Vereins zu verwenden für die rechtliche Organisation von geselligen Vereinigungen, kulturpolitischen Initiativen, mächtigen Wirtschaftsverbänden, Gewerkschaften und politischen Parteien: zu fast jedem denkbaren Zweck außer dem der ausschließlich oder vorwiegend wirtschaftlichen Betätigung. Der gesetzliche Mindeststandard für die Vereinssatzung schafft nur einen Rohling, ein unfertiges Werkstück, das bearbeitet und in die für den Einzelfall passende, optimale Form gebracht werden muss. In den meisten Vorschriften der §§ 26 ff. BGB stellt das Gesetz lediglich ein Grundmuster zur Verfügung; der größte Teil dieser Bestimmungen ist abdingbar und gilt nur, wenn die Satzung nichts anderes bestimmt. Diese dispositiven Normen haben nicht einmal Leitbildfunktion, denn die weitgehende Disposition des Gesetzes dient der Begründung und Stärkung der Vereinsautonomie: der eigenverantwortlichen Organisation und der Selbstverwaltung des Vereins. Die dispositiven Bestimmungen haben daher eher die Funktion der Lückenfüllung, wo Satzungsbestimmungen fehlen.

Verfehlt wäre es allerdings, die Vereinssatzung mit Regelungen zu überfrachten, deren statutarische Festlegung rechtlich nicht erforderlich ist und die daher in Geschäftsordnungen, Vereinsordnungen, Programmerklärungen und anderen – für die Mitglieder durchaus verbindlichen – Beschlüssen („Satzungen" im nicht rechtstechnischen Sinn) untergebracht werden können und zweckmäßigerweise auch – insbesondere, wenn sie häufigerer Änderung unterliegen, wie Beitragsordnungen – untergebracht werden sollten. Als Grundsatz kann die Faustregel gelten, dass die Vereinssatzung so viel wie nötig, jedoch so wenig wie möglich bestimmen soll. Notwendig in die Satzung aufgenommen werden müssen daher alle die Bestimmungen, die das Gesetz (für den rechtsfähigen Idealverein zwingend oder erzwingbar, für den nicht eingetragenen Verein wegen der Natur der körperschaftlichen Organisation) für notwendig hält, außer dem Katalog in §§ 57, 58 BGB also insbesondere die – nachstehend näher erörterten – Bestimmungen, deren Abweichung vom Gesetzeswortlaut durch **Satzung** ausdrücklich zugelassen ist und ferner alle „Grundentscheidungen des Vereinslebens", deren satzungsmäßige Verankerung Voraussetzung ihrer Rechtsverbindlichkeit ist, während die verfahrensmäßige Ausgestaltung Verfahrensordnungen überlassen werden kann. Diese, nicht im Katalog der §§ 57, 58 BGB enthaltenen, im Einzelfall zweckmäßigen und nur durch Aufnahme in die Satzung verbindlichen Bestimmungen sind insbesondere folgende:

a) Weitere Vereinsorgane, Organzuständigkeiten

Das Gesetz sieht vor, dass der BGB-Verein (mindestens) zwei Organe hat: den Vorstand und die Mitgliederversammlung. Nach § 26 Abs. 1 S. 1 BGB muss der Verein (zwingend) einen Vorstand haben. Nach § 32 Abs. 1 S. 1 BGB werden die Angelegenheiten des Vereins in der Mitgliederversammlung geordnet, soweit sie nicht vom Vorstand oder einem anderen Vereinsorgan zu besorgen sind. Die Rechte der Mitgliederversammlung können durch die Satzung also weitgehend ausgehöhlt und anderen Organen übertragen werden, doch darf – wie oben S. 22 ff. gezeigt wurde – die Mitgliederversammlung durch die Satzung nicht völlig ausgeschlossen werden.

Es gibt bedeutende Vereine und Verbände, die mit dem gesetzlichen Grundmuster für die Organausstattung – also Vorstand und Mitgliederversammlung – auskommen. Es kann jedoch auch das Bedürfnis bestehen, zusätzliche Vereinsorgane zu schaffen. Dies muss in der Vereinssatzung geschehen. Die Wahl weiterer Vereinsorgane, ihre Organisation, Ausstattung mit Kompetenzen, personelle Zusammensetzung, ihre Zusammenarbeit und gegenseitige Abgrenzung werden vor allem bestimmt durch den Vereinszweck, die Aufgaben des Vereins, unterschiedliche Interessengruppen, die (nicht zuletzt auch finanziell) Träger des Vereins sind. Da die Ausstattung des Vereins mit weiteren Vereinsorganen und die Zuweisung von Zuständigkeiten an sie freier Satzungsbestimmung überlassen ist (mit wenigen Ausnahmen, in denen das Gesetz einem bestimmten Organ zwingend eine Aufgabe zuweist, wie dem Vorstand die gesetzliche Vertretung, der Mitgliederversammlung den Minderheitenschutz nach § 37 BGB), lässt sich ein allgemeingültiges Muster für zusätzliche Vereinsorgane nicht aufstellen. In der Praxis kommen äußerst komplizierte Organstrukturen vor, die natürlich nur gewählt werden sollten, wo ein echtes praktisches Bedürfnis dafür vorhanden ist. Insbesondere ist auch zu beachten, dass mit der Schaffung zusätzlicher Vereinsorgane das Problem ihrer Besetzung verbunden ist. Vereine mit geringer Mitgliederzahl, oder mit einem geringen Anteil von am Vereinsleben aktiv teilnehmenden Mitgliedern, auch Vereine, die die Mitgliederversammlung durch eine Delegiertenversammlung ersetzt haben und nur eine geringe Anzahl von Delegierten wählen, haben oft Mühe, die zusätzlichen Vereinsorgane personell zu besetzen, zumal Doppelfunktionen zumindest durch die Satzung oft ausgeschlossen sind: so dürfen Revisoren, Mitglieder des Aufsichtsrats und eines Schiedsgerichts – in der Regel auch die eines Schiedsausschusses – nicht gleichzeitig Vorstandsmitglieder sein.

Allerdings müssen die Mitglieder eines Vereinsorgans nicht stets Vereinsmitglieder sein. Im Vereinsrecht gilt nicht der Grundsatz der Selbstorganschaft, so dass auch Nichtmitglieder zum Vorstand oder in andere Vereinsorgane gewählt werden können, soweit dies mit Aufgabe und Funktion dieser Vereinsorgane vereinbar ist. Die Besetzung von Vereinsorganen mit Nichtmitgliedern erfolgt in der

Regel jedoch nur in Fällen, in denen ein Dritter – zumeist also andere juristische Personen des privaten und des öffentlichen Rechts, nicht eingetragene Vereine und sonstige Organisationen – Träger des Vereins sind, die Vertrauensleute zur Wahrnehmung ihrer Interessen in die Organe des Vereins entsenden. Für den Zusammenschluss natürlicher Personen zu privaten Zwecken in der Form eines Vereins taugen Konstruktionen mit zahlreichen Vereinsorganen daher nicht; in der Regel wird allerdings die Schaffung eines besonderen Disziplinarorgans (zumeist als Schiedsausschuss, nicht als echtes Schiedsgericht) zum Zweck der Streitschlichtung zweckmäßig sein. Wirtschaftsverbände, Träger von Forschungseinrichtungen, überregionale Sportorganisationen, politische Parteien, Gewerkschaften und Vereinigungen ähnlicher Art werden jedoch oft eine größere Zahl weiterer Vereinsorgane benötigen: Fachausschüsse, Koordinationsgremien, Entscheidungsgremien für die Zeit zwischen den Plenartagungen für Fragen, die der Vorstand nicht allein entscheiden kann, nicht zuletzt auch Gremien für die Vorstandswahl, wenn die Satzung dieses Recht der Mitgliederversammlung entzogen hat. Als weitere Vereinsorgane kommen insbesondere – doch kann die nachstehende Aufzählung nur Beispielcharakter haben – in Betracht:

Organe mit Vertretungsfunktion: Nach der zwingenden Vorschrift des § 26 Abs. 1 S. 2 BGB vertritt der Vorstand den Verein gerichtlich und außergerichtlich; ferner hat der Vorstand die Stellung eines gesetzlichen Vertreters. Dieser Vorstand kann aus mehreren Personen bestehen, man spricht dann von einem „mehrgliedrigen Vorstand". In diesem Fall sollte die Satzung eine Bestimmung über die Vertretungsmacht enthalten. Fehlt sie, galt früher Gesamtvertretung sämtlicher Vorstandsmitglieder. Seit 2009 gilt mangels anderer Satzungsregelung, dass der Verein dann von der Mehrheit der Vorstandsmitglieder vertreten wird. Die Satzung kann aber bestimmen, dass jedes Vorstandsmitglied einzelvertretungsberechtigt ist, oder jeweils zwei Vorstandsmitglieder gesamtvertretungsberechtigt sind. In jedem Fall sollte bei der Festlegung der Vertretungsmacht darauf geachtet werden, dass der Vorstand im Fall der Verhinderung oder des Wegfalls eines Vorstandsmitglieds nicht handlungsunfähig wird. **Unzulässig** ist jedoch ein

Alternativvorstand, also eine Bestimmung, wonach der Verein durch den 1. Vorsitzenden, im Falle seiner Verhinderung durch den 2. Vorsitzenden vertreten wird.[58] Im Übrigen siehe zum Vorstand S. 173 ff.

Organe mit Geschäftsführungsfunktion: Häufig wird zusätzlich zum Vorstand im Sinn des § 26 BGB (also als gesetzlicher Vertreter) – der dann meist und nicht immer zutreffend als „geschäftsführender Vorstand" oder ähnlich bezeichnet wird – ein weiteres Vereinsorgan mit Leitungs- und Geschäftsführungsfunktion geschaffen, für das ebenfalls eine Bezeichnung mit der Wortverbindung „Vorstand" beliebt ist, so etwa „erweiterter Vorstand", „Gesamtvorstand", „Vorstandschaft", gelegentlich auch „Präsidium". Das ist dann der Vorstand im Sinn des § 27 Abs. 3 BGB, dem die Geschäftsführung des Vereins obliegt. Er ist **nicht** Vorstand im Sinn des § 26 BGB, also nicht Vertretungsorgan. Es ist üblich, dass die Mitglieder des Vertretungsorgans, also des Vorstands im Sinn des § 26 BGB, dem Geschäftsführungsorgan, also dem Vorstand im Sinn des § 27 Abs. 3 BGB, angehören. Das wird in der Regel auch zweckmäßig sein, notwendig ist es nicht. Vertretungsorgan und Geschäftsführungsorgan könnten auch ohne personelle Verflechtung nebeneinander bestehen.

Auf die Bezeichnung der Vereinsorgane in der Satzung kommt es generell nicht an, sondern ausschließlich auf die Funktion, die die Satzung dem Organ zuweist. Man muss sich daher davor hüten, von der Bezeichnung auf die Funktion zu schließen, wie die beiden unterschiedlichen Vorstandsbegriffe zeigen. Auch die Verwendung des Begriffs „Geschäftsführung" ist sehr unterschiedlich; insbesondere deckt sich hier auch die sprachlich übliche Bezeichnung nicht immer mit der juristischen Terminologie. So ist – wie gezeigt wurde – der „geschäftsführende Vorstand" möglicherweise (und meist) nicht das Geschäftsführungs- sondern das Vertretungsorgan (doch ist jeder Verein frei, die Bezeichnung auch umgekehrt zu verwenden). In der juristischen Terminologie ist das Geschäftsführungsorgan jedoch stets der

---

[58] BayObLGZ 1969, 33; 1992, 16.

„Gesamtvorstand", viele Vereine haben zudem einen „Geschäftsführer", der Mitglied des Vorstands (als Vertretungsorgan oder als Geschäftsführungsorgan) sein kann, jedoch nicht muss. Er kann von der Satzung als eigenständiges weiteres Organ vorgesehen werden, er kann aber auch nur mit Handlungsvollmacht ausgestatteter Angestellter des Vereins ohne Organqualität sein.

Organe mit Verwaltungsfunktion: Jeder Verein bedarf einer Verwaltungsinstitution, die die tägliche Büroarbeit erledigt, die Mitgliederliste führt, die Konten verwaltet usw. Bei kleinen Vereinen mit wenig Verwaltungsaufwand wird diese Tätigkeit der Vorsitzende oder ein Vorstandsmitglied nebenher erledigen. Üblich ist es, dass Vereine zumindest eine Geschäftsstelle, ein Büro unterhalten. Bedeutende Vereine benötigen für die Leitung ihrer Verwaltung ein besonderes Vereinsorgan, übliche Bezeichnungen sind: Generalsekretär, Geschäftsführer (soweit er nicht – wie in der Regel – nur Angestellter des Vereins ist).

Organe mit Koordinierungsfunktion: Sie werden gelegentlich von Vereinen mit zahlreichen Organen benötigt, um die Tätigkeit dieser Organe zu koordinieren und auch, um deren Entscheidungen vorzubereiten. Oft leisten sie auch programmatische Arbeit. Solche Organe können Bezeichnungen führen wie: Verwaltungsrat, Konvent, Verbandstag.

Organe mit Überwachungs- und Steuerungsfunktion: Sie können von größtem Einfluss, Schaltstellen der „Macht" im Verein sein, insbesondere wenn ihnen – wie häufig – nicht nur das Recht der Überwachung, sondern auch das der Bestellung und der Abberufung des Vorstands zusteht. Übliche Bezeichnungen für Organe dieser Art sind: Kuratorium, Senat (vor allem im Bildungsbereich), Aufsichtsrat. Sieht die Satzung eines BGB-Vereins die Bestellung eines Aufsichtsrats vor, so gelten nicht – anders als nach § 52 GmbHG – Vorschriften des Aktiengesetzes. Die Vereinssatzung bestimmt vielmehr die Aufgaben des Aufsichtsrats, wie auch die anderer Vereinsorgane.

Überwachungsorgane von minderer Bedeutung können sein: Revisoren, Rechnungsprüfer (in der Regel wenigstens zwei Personen) nach dem „Vier-Augen-Prinzip", die lediglich die Ordnungsmäßigkeit der Finanzverwaltung des Vereins überprüfen und in der Regel der Mitglieder- oder Delegiertenversammlung Bericht erstatten.

Organe mit Beratungsfunktion: Insbesondere wissenschaftlich und politisch tätige Vereinigungen, aber auch Wirtschaftsverbände, Gewerkschaften und politische Parteien benötigen in der Regel Beratungsgremien, die meist mit Fachleuten besetzt werden und möglicherweise einem Organ mit Koordinierungsfunktion zuarbeiten oder den Vorstand oder ein sonstiges Entscheidungsgremium unterstützen. Übliche Bezeichnungen sind: Beirat, Arbeitskreis, Ausschuss, in der Regel in Verbindung mit der Fachbezeichnung.

Organe zur Konfliktlösung: Auch kleinere Vereine sollten sich ein Instrument zur Konfliktlösung schaffen. Das kann in der Rechtsform eines besonderen Vereinsorgans geschehen: als Schiedsstelle, Schlichtungsausschuss, Disziplinarkommission. Vielfach führen derartige Gremien auch (meist zu unrecht und daher missverständlich) die Bezeichnung „Gericht" („Ehrengericht", „Schiedsgericht", „Vereinsgericht"), auch wenn es sich nur um einen bloßen Vereinsausschuss handelt, nicht um ein Schiedsgericht nach §§ 1025 ff. ZPO. Der Unterschied ist folgender: Gegen die Entscheidungen eines vereinsinternen Schiedsorgans (auch die eines Vereinsausschusses) können die ordentlichen Gerichte angerufen werden, diese Entscheidungen sind von den staatlichen Gerichten voll nachprüfbar (mit wenigen Ausnahmen: so kann eine verbindliche Satzungsinterpretation durch ein Vereinsorgan auch für staatliche Gerichte verbindlich sein). Schiedsgerichte im Sinn der §§ 1025 ff. ZPO entscheiden dagegen **anstelle** der staatlichen Gerichte, ihr Schiedsspruch hat unter den Parteien die Wirkung eines rechtskräftigen gerichtlichen Urteils (§ 1055 ZPO), er unterliegt nur einer beschränkten Nachprüfung durch staatliche Gerichte (im Wesentlichen bei Verfahrensfehlern und einem Verstoß gegen die guten Sitten oder die öffentliche Ordnung). Ein Schiedsgericht nach §§ 1025 ff. ZPO muss daher den Anforderungen der richterlichen Unabhängigkeit genügen. Daher können die streitenden Parteien selbst und ihre Vertreter nicht Schiedsrichter sein. In seiner Stellung als Gericht kann das Schiedsgericht nach §§ 1025 ff. ZPO daher auch nicht Organ des Vereins sein, denn ein Organ hat stets – allgemeinbegrifflich – der Funktionsfähigkeit des Gesamtkörpers zu dienen, dem es angehört; nach vereinsrechtlichem Verständnis werden als Vereinsorgane die Personen oder Gremien bezeichnet, deren Handeln kraft Gesetzes der Körperschaft „Verein" zugerechnet wird und durch die diese Körperschaft „Verein" handelt. Vereinsorgane sind also Handlungsorgane, sie haben die Funktion, für und im Dienste des Vereins tätig zu werden, eine Funktion, die mit dem Begriff eines unabhängigen Gerichts unvereinbar ist.

Dagegen ist es zulässig, Organe der Streitschlichtung zu schaffen, die grundsätzlich auch parteiisch besetzt werden dürfen, da ihre Entscheidungen ja der Nachprüfung der staatlichen Gerichte unterliegen. Näheres hierzu nachstehend S. 148 ff.

Besondere Vertreter: Nach § 30 BGB kann die Satzung des Vereins bestimmen, dass neben dem Vorstand für bestimmte Geschäfte besondere Vertreter zu bestellen sind.[59] Die Vertretungsmacht eines solchen Vertreters erstreckt sich im Zweifel auf alle Rechtsgeschäfte, die der ihm zugewiesene Geschäftskreis gewöhnlich mit sich bringt. Das Gesetz geht also davon aus, dass für bestimmte ausgrenzbare Geschäftsbereiche neben dem Vorstand ein eigenes Vertretungsorgan bestellt wird. Die Rechtsprechung hat jedoch auch „besondere Vertreter" ohne rechtsgeschäftliche Vertretungsmacht zugelassen (etwa technische Leiter eines Betriebs). Ferner steht es nicht völlig im Belieben eines Vereins, ob er in seiner Satzung „besondere Vertreter" vorsieht: trotz Vereinsautonomie müssen solche Vertreter bestellt werden, wenn objektiv der Vorstand allein zur Wahrnehmung aller ihm obliegenden Aufgaben nicht in der Lage ist. Die Bestellung „besonderer Vertreter" im Sinn des § 30 BGB muss in der Satzung zumindest vorgesehen sein; es reicht aus, dass die Satzung die Bestellung gestattet. Als „besonderer Vertreter" nach § 30 BGB kann auch ein Vorstandsmitglied bestellt werden, dem dann ein bestimmter Geschäftsbereich besonders zugewiesen wird.

Die Bestellung hat in erster Linie Bedeutung für wirtschaftliche Vereine.

Beispiele: Filialleiter eines Warenhauses, Leiter einer Bankfiliale, Vorsteher einer Sparkasse (dagegen nicht: deren Kreditsachbearbeiter).

---

[59] BayObLG, FGPrax 1999, 71.

Aber auch größere Idealvereine können genötigt sein, „besondere Vertreter" zu bestellen, insbesondere im Sport- und Wissenschaftsbereich:

Beispiele: Leiter der Fußball- oder Leichtathletikabteilung eines Sportvereins; Leiter der Wissenschaftsabteilung eines Forschungsinstituts, das vereinsrechtlich organisiert ist.

Die Verteilung der Organzuständigkeiten kann nach unterschiedlichen Gesichtspunkten erfolgen: nach rein fachlichen oder nach Einflusssphären. Die Organe mit Verwaltungs-, Beratungs-, Koordinierungsfunktion, die der Konfliktlösung wie auch „besondere Vertreter" nach § 30 BGB werden in der Regel nach fachlichen Gesichtspunkten besetzt werden, wenngleich auch hier über die personelle Besetzung natürlich politische Gewichtungen erfolgen können und Koordinationsgremien von ihrer Aufgabe her bereits Siebfunktion haben. Zentren der Vereinspolitik sind jedoch insbesondere diejenigen Organe, denen die Bestellung und Abberufung des Vorstands obliegt und denen das Recht der Satzungsänderung und der Änderung des Vereinszwecks zusteht. Das sind insbesondere die Mitglieder- bzw. Delegiertenversammlung (Vertreterversammlung), der Vorstand selbst (wenn er sich durch Zuwahl selbst ergänzt), sowie die Organe mit Überwachungs- und Steuerungsfunktion (Aufsichtsrat, Kuratorium, Senat usw.), soweit ihnen eines der genannten Rechte zusteht. Müssen Interessensphären gewahrt werden (also insbesondere der Vorstand – aber auch andere Vereinsorgane – paritätisch oder nach einem bestimmten Proporz besetzt werden), kann die Abgrenzung dieser Interessensphären direkt in der Satzung verankert werden, etwa durch Minderheitenschutzklauseln oder Zuteilung von Sonderrechten.

Beispiele: „Der Gesamtvorstand besteht aus mindestens 5 Mitgliedern. Ihm gehört als voll stimmberechtigtes Mitglied auch stets ein Vertreter der Jugendgruppe (oder: des Seniorenbeirats, oder: der X-Abteilung) an, der von diesem Gremium gewählt wird."
„Der Vorsitzende des A-Vereins ist automatisch Mitglied des Vorstands."
„Die Vorstandsmitglieder müssen Mitglieder des A-Vereins sein."
„Der Vorstand besteht aus drei gleichberechtigten Mitgliedern. Je ein Mitglied soll dem A-Verein, dem B-Komitee e. V. und dem C-Verband angehören."

„Die Wahl des Vorstands (oder: des 1. Vorsitzenden) bedarf der Bestätigung durch ..." (insbesondere bei Abhängigkeit des Vereins von einer Kirche oder Religionsgesellschaft).

Diskreter ist es, diese Einflusssphären nicht in der Satzung abzugrenzen, sondern die Vorstandswahl einem anderen Organ (etwa: einem Aufsichtsrat) zu übertragen, dessen Zusammensetzung nun wiederum in der Satzung geregelt werden kann. Bei kleineren Vereinen kann es auch genügen, die Zusammensetzung des Vorstands nach Einflusssphären auch nur in einem Beschluss der Mitgliederversammlung festzulegen, dessen Abänderung an eine qualifizierte Mehrheit oder an Einstimmigkeit gebunden wird.

b) Untergliederungen

Zu unterscheiden sind **Vereinsverbände,** deren Mitglieder (rechtsfähige oder nicht rechtsfähige) Körperschaften, insbesondere also auch Vereine, sowie rechtsfähige Handelsgesellschaften sind, die sich zu gemeinsamen Zwecken meist wirtschafts- und berufspolitischer Art zusammengeschlossen haben, und **Gesamtvereine,** die sich Untergliederungen geschaffen haben. Wirtschaftsverbände sind oft dreigliedrig.

Beispiel: Mehrere Fachverbände bilden ihrerseits einen Dachverband.

Gesamtvereine sind oft vier- oder fünfgliedrig.

Beispiel: Der Bundesverein gliedert sich in Landesvereine, diese in Bezirke, diese möglicherweise in Unterbezirke, diese in Ortsvereine.

Nach der Rechtsprechung ist eine Untergliederung eines eingetragenen Vereins als nicht rechtsfähiger Verein anzusehen, wenn er auf Dauer Aufgaben nach außen im eigenen Namen durch eine eigene, handlungsfähige Organisation wahrnimmt. Die Untergliederung muss eine körperschaftliche Verfassung besitzen, einen Gesamtnamen führen, vom Wechsel ihrer Mitglieder unabhängig sein und neben ihrer unselbstständigen Tätigkeit für den Hauptverein Aufgaben auch eigenständig wahrnehmen.

Das Rechtsverhältnis zwischen dem Vereinsverband und seinen Mitgliedern ist in der Regel nicht problematisch: sie sind Vereinsmitglieder, deren Rechte und Pflichten sich aus dem Gesetz und der Satzung ergeben. Dagegen sollte ein Gesamtverein, der Untergliederungen hat, die zwischen ihm und seinen Untergliederungen bestehenden Rechtsverhältnisse zumindest in den Grundzügen in der Satzung des Gesamtvereins regeln, um für den Fall eines Konflikts zwischen einer Untergliederung und dem Hauptverein seine Rechte ausreichend wahren zu können. Insbesondere sollten folgende Punkte geregelt werden:

- Rechtsform der Untergliederung (rechtsfähig oder nicht),
- Verfassung der Untergliederung (Bindung von Vereinszweck, Aufgaben, Vereinspolitik usw. an die des Gesamtvereins),
- Ausmaß der Selbstständigkeit der Untergliederung (evtl. Recht der Auflösung, der Delegation einer Vertrauensperson des Hauptvereins in den Vorstand der Untergliederung, Vorbehalt der Genehmigung von Beschlüssen, Unvereinbarkeitsregelungen),
- Vorbehalt des Namensrechts (der vor allem in den Fällen wichtig sein kann, in denen der Name des Gesamtvereins selbst wenig Geltungskraft besitzt).

Für politische Parteien gelten Sondervorschriften nach dem Parteiengesetz. Danach muss die gebietliche Gliederung so weit ausgebaut sein, dass den einzelnen Mitgliedern eine angemessene Mitwirkung an der Willensbildung der Partei möglich ist (§ 7 Abs. 1 S. 2 ParteienG). Eine politische Partei sollte ferner bestimmen, welche Stufe ihrer Gebietsverbände im Rechtsstreit voll parteifähig ist (§ 3 S. 2 ParteienG). Im Übrigen ist die Auflösung und der Ausschluss nachgeordneter Gebietsverbände sowie die Amtsenthebung ganzer Organe derselben nur wegen schwerwiegender Verstöße zulässig; die Satzung **muss** bestimmen, aus welchen Gründen die Maßnahmen zulässig sind und welcher übergeordnete Gebietsverband und welches Organ dieses Verbandes sie treffen können (§ 16 Abs. 1 ParteienG).

c) Inkompatibilitätsregeln

Darunter versteht man die Unvereinbarkeit von Ämtern. Es gibt zwingende und fakultative Unvereinbarkeiten. In allen Fällen sollten sie in der Satzung festgehalten werden, auch dort, wo sie zwingend vorgeschrieben sind, weil die Unvereinbarkeiten nicht aus dem Gesetzestext zu entnehmen sind und erfahrungsgemäß vor allem bei Wahlen Zweifel auftreten.

Zwingende Unvereinbarkeit besteht zwischen dem Vorstandsamt (und dem des „besonderen Vertreters" nach § 30 BGB, weil er Vorstandsaufgaben wahrnimmt) einerseits und den Aufgaben eines Revisors und eines Aufsichtsratsmitglieds. Die zwingende Unvereinbarkeit dieser Ämter ergibt sich nicht aus dem Gesetz (denn § 105 des Aktiengesetzes gilt nicht für den Verein), jedoch aus der Aufgabenstellung und dem Sinn des Aufsichtsrats und des Revisors als Kontrollorgan: kontrolliert soll ja gerade die Geschäftsführung des Vorstands einschließlich der Finanzverwaltung werden. Würde sich der Vorstand selbst kontrollieren, bedürfte es des Aufsichtsorgans nicht. Da die Vereinssatzung jedoch auch diese Aufsichtsorgane mit unterschiedlichen Kompetenzen ausstatten kann, ihre Rechte einschränkend oder ausdehnend formulieren kann, empfiehlt es sich, die Unvereinbarkeiten auch in diesen Fällen satzungsmäßig zu regeln und Doppelmitgliedschaften im Aufsichtsgremium und im zu beaufsichtigenden Organ satzungsmäßig zu unterbinden.

Sieht die Satzung ein Vereinsschiedsgericht nach §§ 1025 ff. ZPO vor, ist es üblich, festzulegen, dass die Schiedsrichter weder dem Vorstand im Sinn des § 26 BGB noch dem erweiterten Vorstand noch einem sonstigen Vereinsorgan (mit Ausnahme der Mitglieder- oder Delegiertenversammlung) angehören dürfen, um einerseits die sachliche Unabhängigkeit der Schiedsrichter zu betonen und andererseits nicht Gefahr zu laufen, dass ein Schiedsspruch nach § 1062 ZPO wegen Verstoßes gegen die guten Sitten oder die öffentliche Ordnung (Richter in eigener Sache!) aufgehoben wird. Dagegen ist es zulässig und durchaus die Regel, dass die vor dem Schiedsgericht streitenden Parteien auf dessen Zusammensetzung Einfluss nehmen, etwa durch die Bestimmung, dass jede der Parteien, die das Schiedsgericht anruft, einen Schiedsrichter bestellt und diese Schiedsrichter sich auf einen gemeinsamen Vorsitzenden einigen. Es muss nur ausgeschlossen werden, dass einer der Streitteile einseitig das Schiedsgericht majorisieren kann (§ 1034 ZPO).

Dagegen besteht keine Unvereinbarkeit zwischen dem Vorstandsamt und einem anderen Schieds- und Disziplinarorgan, das nicht Schiedsgericht im Sinn der §§ 1025 ff. ZPO ist. Es ist auch zulässig, Disziplinarbefugnisse vollständig auf den Vorstand zu übertragen. Denn alle diese Maßnahmen unterliegen der nahezu vollen Nachprüfung durch die staatlichen Gerichte.

Seit 1.1.1998 gilt ein neues Schiedsverfahrensrecht für Schiedsgerichte nach §§ 1025 ff. ZPO. Nach § 1030 Abs. 1 ZPO i. d. F. des Gesetzes zur Neuregelung des Schiedsverfahrensrechts (BGBl. I S. 3224) können nur noch vermögensrechtliche Ansprüche Gegenstand einer Schiedsvereinbarung sein; eine Schiedsvereinbarung über nichtvermögensrechtliche Ansprüche hat jedoch insoweit Wirkung, als die Parteien berechtigt sind, über den Gegenstand des Streites einen Vergleich zu schließen. Da das auch für Disziplinarmaßnahmen gilt, können Vereinsschiedsgerichte nach wie vor als Schiedsgerichte nach §§ 1025 ff. ZPO eingerichtet werden. Nach § 1033 n. F. können diese nun auch Maßnahmen des vorläufigen Rechtsschutzes ergreifen. Daneben wird jedoch der einstweilige Rechtsschutz durch die ordentlichen Gerichte weiterhin zulässig sein, wenn das Schiedsgericht nach §§ 1025 ff. ZPO nicht ständig besetzt ist und sich im Einzelfall erst langwierig konstituieren muss. Attraktiv ist ein Schiedsgericht nach §§ 1025 ff. ZPO für den Verein also (nur), wenn nicht die Parteien die Schiedsrichter bestimmen, sondern das Gericht ständig (durch die Mitglieder- oder Delegiertenversammlung) besetzt wird, weil sich auf diese Weise der Eingriff ordentlicher Gerichte in das Vereinsleben fast ganz ausschließen lässt, abgesehen von den Rechtsbehelfen nach § 1059 ZPO n. F. und dem Verfahren nach § 1062 ZPO n. F.

Ist ein Verbraucher in dieser seiner Eigenschaft am Verein beteiligt, gilt Abweichendes:

Beispiel: Als Mitglied eines wirtschaftlichen Vereins gem. § 22 BGB, als Mitglied eines Vereins mit Flugrettungsdienst, erhält das Mitglied also durch seinen Beitritt einen Anspruch auf geldwerte Leistungen, ohne dafür ein gesondertes Entgelt zahlen zu müssen, kann die Schiedsvereinbarung nur in einer von den Parteien eigenhändig unterzeichneten Urkunde wirksam geschlossen werden, die keine Erklärungen enthalten darf, die sich nicht auf das schiedsrichterliche Verfahren beziehen oder die Schiedsvereinbarung muss notariell beurkundet werden. Für derartige Vereine ist also ein Schiedsgericht im Sinn der §§ 1025 ff. ZPO kaum praktikabel.

Sind die Mitglieder des für Ordnungsmaßnahmen zuständigen Vereinsorgans selbst durch das Verhalten verletzt worden, das Gegenstand des Ordnungsverfahrens ist, dürfen sie am Verfahren nicht mitwirken.[60] Ferner darf der Vorstand, auch wenn ihm die Satzung allgemein das Recht zur Ausschließung von Vereinsmitgliedern zuweist, nicht ein Vorstandsmitglied aus dem Verein ausschließen.[61]

Fakultativ kann die Satzung bestimmen, dass die Besetzung weiterer Ämter in Personalunion untersagt ist. So ist es möglich (in der Regel jedoch nicht sinnvoll), zu bestimmen, dass die Mitglieder des Vorstands im Sinn des § 26 BGB („geschäftsführender Vorstand") nicht Mitglied des Präsidiums (Vorstand im Sinn des § 27 BGB) sein dürfen. Sinnvoll kann es jedoch sein, festzulegen, dass Mitglieder bestimmter Vereinsausschüsse (insbesondere, wenn sie beratend für den Vorstand tätig werden) nicht Mitglied in einem Überwachungsorgan sein können, oder dass Doppelmitgliedschaft in Fachausschüssen unzulässig ist.

Indirekte Inkompatibilitätsregeln und gleichzeitig Instrumente der Transparenz der Willensbildung in Entscheidungsgremien sind ebenfalls nicht selten, etwa in der Form, dass die Satzung bestimmt, die Mitglieder eines Vereinsorgans seien berechtigt, an den Beratungen eines anderen Vereinsorgans ohne Stimmrecht teilzunehmen.

Beispiele:
- „Sitz im Vorstand hat auch der Generalsekretär, doch ist er nicht stimmberechtigt."
- „Die Mitglieder des Vorstands haben in den Sitzungen des Aufsichtsrats beratende Stimme, soweit der Aufsichtsrat nichts anderes beschließt."

---

[60] BGH, NJW 1981, 744.
[61] BGHZ 90, 92.

d) Wählbarkeit, Amtsdauer

Es kann sinnvoll sein, Bestimmungen über die Wählbarkeit in die Satzung aufzunehmen, etwa für bestimmte Ämter eine Altersgrenze festzulegen, oder – negativ – Nichtmitglieder von der Wählbarkeit in Vereinsorgane auszuschließen. Bei politischen, religiösen und weltanschaulichen Vereinigungen kann es notwendig sein, durch Satzungsbestimmung festzulegen, dass das Amt in einem Vereinsorgan endet, wenn das Mitglied aus der mit dem Verein verbundenen Partei, Kirche, Weltanschauungsvereinigung ausscheidet, wenn nicht ohnehin bestimmt ist, dass damit auch die Vereinsmitgliedschaft erlischt.

Zweckmäßig kann es auch sein, in der Satzung zwar nicht zwingend, aber als Soll-Vorschrift festzulegen, dass bestimmte Organe landsmannschaftlich, berufsständisch, nach bestimmten wissenschaftlichen Kriterien usw. paritätisch besetzt werden sollen, je nach Zweck und Aufgabe des Vereins.

Jede Vereinssatzung sollte eine Bestimmung über die Amtsdauer von Funktionsträgern enthalten, insbesondere hinsichtlich der Mitglieder der notwendigen Vereinsorgane. Um zu vermeiden, dass ein Vereinsorgan vorübergehend unbesetzt ist, weil aus technischen und organisatorischen Gründen eine Neuwahl nicht rechtzeitig stattfinden kann, sollte ferner eine Verlängerungsklausel vorgesehen werden.

Beispiel: Die Mitglieder des Vorstands werden auf die Dauer von zwei Jahren gewählt. Sie bleiben im Amt, bis ein neuer Vorstand gewählt ist.

e) Formalien für die Einberufung und Leitung von Vereinsgremien

In § 58 Nr. 4 BGB ist hierzu nur festgelegt, dass die Vereinssatzung Bestimmungen über die Voraussetzungen, unter denen die Mitgliederversammlung (Delegiertenversammlung) zu berufen ist, enthalten muss, sowie Bestimmungen über die Form der Einberufung. Wegen der möglichen Folgen von Einberufungsmängeln gilt dies in gleicher Weise auch für die Satzung des nicht eingetragenen Vereins. Die Wahl der Form der Einberufung stellt das Gesetz dem Verein jedoch frei. Sie wird je nach Eigenart des Vereins, seiner Größe, der regionalen Streuung seiner Mitglieder unterschiedlich sein. Für einen kleinen Ortsverein kann es genügen, dass die Einberufung durch Aushang im Vereinslokal oder durch Bekanntmachung in der Vereinszeitung erfolgt.

Durch die gewählte Form der Einberufung muss lediglich sichergestellt sein, dass sämtliche Mitglieder **Gelegenheit** erhalten, von Ort, Zeit und Gegenstand der Versammlung (hierzu: § 32 Abs. 1 S. 2 BGB) **rechtzeitig** Kenntnis zu nehmen. Dagegen muss **nicht** sichergestellt werden, dass auch tatsächlich alle Mitglieder von der Versammlung Kenntnis erhalten. Der Verein muss daher nicht den Zugang der Einladung beweisen, wohl aber bei schriftlicher Einberufung die Absendung der Einladung an sämtliche Mitglieder, bei Einberufung in anderer Form die Möglichkeit der Kenntnisnahme. Ist es zweifelhaft, ob eine Person noch Mitglied ist (z. B. ein Austritt, ein Ausschluss rechtswirksam, die Streichung aus der Mitgliederliste ordnungsgemäß erfolgt ist), empfiehlt es sich, sie einzuladen.

Die äußere Form der Einberufung muss konkret in der Satzung bezeichnet werden. Ob eine alternative Bestimmung, etwa der Art, die Einladung erfolgte entweder schriftlich oder durch Anschlag am schwarzen Brett des Vereinslokals, ausreichend ist, ist umstritten. Sie gilt als unzulässig, wenn diese Form dem einzelnen Mitglied die Kenntnisnahme von der Einberufung der Versammlung wesentlich erschweren würde (so im Beispielsfall, wenn nicht sämtliche Mitglieder ortsansässig sind). Ferner darf die Wahl der Einladungsform nicht dem Belieben des für die Berufung zuständigen Vereinsorgans überlassen werden, unzulässig wäre daher die Bestimmung: „Die Einladung erfolgt durch einfachen Brief oder in sonst geeigneter Weise."[62] Als unbedenklich gilt dagegen eine Bestimmung folgender Art:

Beispiel: „Die Einladung erfolgt durch einfachen Brief an die letztbekannte Anschrift der Mitglieder oder durch Veröffentlichung im Vereins-Mitteilungsblatt."

---

[62] OLG Hamm, OLGZ 1965, 65, 66 (grundsätzlich); vgl. auch OLG Stuttgart, OLGZ 1986, 257.

Zu Beweiszwecken muss dann im Fall der ersten Alternative in einem Postausgangsbuch oder in einem Aktenvermerk festgehalten werden, dass und an welchem Tag die Einladungsschreiben an die letztbekannte Anschrift sämtlicher Mitglieder zur Post gegeben wurden. Im Fall der zweiten Alternative wird es notwendig sein, diese Daten auch für die Versendung des Vereinsmitgliedsblatts in gleicher Weise festzuhalten (das Datum kann von Bedeutung sein für den Nachweis der Einhaltung von Ladungsfristen). Selbstverständlich zulässig ist es, zu bestimmen, dass **zusätzlich** zur schriftlichen Einladung auf die Versammlung noch im Vereins-Mitteilungsblatt hingewiesen werden soll.

Bei schriftlicher Einberufung – die die Regel ist – empfiehlt es sich, wie im vorstehenden Beispiel die Versendung der Einladung durch einfachen Brief genügen zu lassen, weil im Streitfall nur die Absendung, nicht der Zugang bewiesen werden muss. Eine Bestimmung, dass die Einladung mittels eingeschriebenen Briefes zu erfolgen hat, ist auch für Vereine mit geringer Mitgliederzahl unzweckmäßig, denn nicht abgeholte Einschreibsendungen, die nicht zugestellt werden konnten, werden nach Ablauf der Aufbewahrungsfrist von der Post zurückgesandt, so dass die Gelegenheit zur Kenntnisnahme dadurch beeinträchtigt werden kann; auch ist diese Versendungsart mittlerweile zu kostspielig. Etwas anderes gilt natürlich für Vereine – insbesondere also Verbände –, deren Mitglieder Organisationen oder deren Repräsentanten mit stets besetztem Büro sind; hier mag eine Einschreibesendung zweckmäßig sein, um der Einladung besondere Beachtung zu garantieren. Der Zeitpunkt der Mitgliederversammlung kann im Übrigen auch auf andere Weise bestimmt werden, so in der Satzung selbst. Unzweckmäßig ist natürlich die Bestimmung eines bestimmten Kalendertags, wohl aber kann es sinnvoll sein, die ordentliche Mitgliederversammlung an ein bestimmtes Ereignis zu knüpfen. Auch in diesem Fall wird jedoch in der Regel eine gesonderte Einladung erforderlich sein. Außerdem muss die Satzung auch die Form für die Einladung zu außerordentlichen Mitgliederversammlungen regeln, weshalb es zweckmäßig ist, die Form der Einberufung allgemein zu fassen.

Beispiel: „Die ordentliche Mitgliederversammlung findet jährlich einmal statt, und zwar regelmäßig am Tag vor der Eröffnung der X-Messe am jeweiligen Messeort. Sollte das Stattfinden der X-Messe in einem Jahr nicht gewährleistet sein, bestimmt der Vorstand Ort und Zeit der ordentlichen Mitgliederversammlung.

Eine außerordentliche Mitgliederversammlung ist vom Vorstand unverzüglich einzuberufen:

- auf Beschluss des Vorstands, insbesondere wenn das Interesse des Vereins es erfordert,
- auf schriftliches Verlangen eines Zehntels der Mitglieder des Vereins unter Angabe des Zwecks und der Gründe."

Die letztgenannte Klausel entspricht dem Minderheitenschutz des § 37 Abs. 1 BGB, der durch die Satzung modifiziert, jedoch nicht ausgeschlossen werden kann. Die Bestimmung von Ort und Zeit der nächsten Mitgliederversammlung kann jedoch auch durch die vorausgehende Mitgliederversammlung erfolgen; in diesem Fall empfiehlt es sich jedoch, in der Satzung eine Ersatzzuständigkeit festzulegen für den Fall, dass es zu einem solchen Beschluss (beispielsweise wegen Beschlussunfähigkeit) nicht mehr kommt.

Beispiel: „Die ordentliche Mitgliederversammlung findet jährlich einmal statt. Zeit und Ort bestimmt die letzte Mitgliederversammlung oder, falls sie hierüber keinen Beschluss fasst, der Vorstand."

Wie diese Beispiele zeigen, gehört zur Form der Einberufung auch die Bestimmung darüber, wer sie vorzunehmen hat. Enthält die Satzung hierüber keine Bestimmung, obliegt die Einladung dem Vorstand. Üblich sind Satzungsbestimmungen folgender Art:

Beispiele:
- „Mitgliederversammlungen sind vom 1. Vorsitzenden oder im Falle seiner Verhinderung vom 2. Vorsitzenden einzuberufen."
- „Die Einladung zu Mitgliederversammlungen (Delegiertenversammlungen) erfolgt durch den Vorstand. Er kann sich hierzu des Geschäftsführers bedienen."

Nach § 32 Abs. 1 S. 2 BGB ist zur Gültigkeit des Beschlusses der Mitgliederversammlung (bzw. der sie ersetzenden Delegiertenversammlung) erforderlich, dass der Gegenstand der Beschluss-

fassung bei der Einberufung bezeichnet wird, also die **Tagesordnung** mitgeteilt wird. Da § 32 BGB gem. § 40 BGB voll zur
Disposition steht, könnte die Satzung hiervon befreien. Es wird
angenommen, das gelte nicht bei Vereinigungen mit Repräsenta-
tionsfunktion (im Bereich gesellschaftlicher Interessen). Eine
durch Satzung erlaubte Befreiung von der Mitteilung der Tagesordnung ist jedoch generell abzulehnen, auch soweit das Gesetz
sie zulässt, weil die Kenntnis vom Gegenstand der Beschlussfassung einmal die individuelle Entscheidung der Mitglieder zu beeinflussen vermag, ob sie den Besuch der Versammlung für erforderlich halten (oder – wo die Satzung Stellvertretung erlaubt, also
insbesondere im Verbandsbereich –, wer entsandt werden soll)
und auch eine sinnvolle Vorbereitung auf die Versammlung ohne
Kenntnis der Tagesordnung nicht möglich ist.

In der Rechtsliteratur wird vereinzelt die Meinung vertreten, an
den Schutz einer Delegiertenversammlung könnten geringere Anforderungen gestellt werden, weil die Delegierten Amtsträger und
kraft des ihnen erteilten Auftrags verpflichtet seien, an der Delegiertenversammlung teilzunehmen. Das rechtfertige geringere Anforderungen an den Inhalt der mit der Einladung mitzuteilen-
den Tagesordnung, weil die Entscheidung einer Teilnahme davon
nicht abhängig sein könne. Diese Ansicht überzeugt nicht, weil sie
zwei mögliche Fallgestaltungen unberücksichtigt lässt: Zwar ist der
gewählte Delegierte verpflichtet, an der Delegiertenversammlung
teilzunehmen; für den Fall seiner Verhinderung werden jedoch in
der Regel Ersatz-Delegierte gewählt, so dass ein Rest Entschei-
dungsfreiheit verbleibt. Auch werden aus der Mitte der Delegierten
in der Regel Mitglieder von Kommissionen gewählt, die während
der Plenardebatte tagen (z. B. Antrags- und Wahlkommissionen).
Auch diese mit Sonderaufgaben betrauten Delegierten haben ein
Interesse daran, sicherzustellen, dass ein ihnen wichtiger Punkt
nicht in ihrer Abwesenheit behandelt wird, die Information darüber können sie nur der Tagesordnung entnehmen.

Sieht die Satzung eine **Delegiertenversammlung** vor, müssen
jedoch gleichzeitig festgelegt werden die Modalitäten der Wahl der
Delegierten und ein Vertretungsschlüssel, also die Regelung, wie
viele Mitglieder (mindestens/höchstens) ein Delegierter vertritt.

Zweckmäßig kann es sein, die Kompetenzen der Delegierten und ihre Amtsdauer zu regeln.

Auch **Ladungsfristen** sollte die Satzung festsetzen. Dagegen wird es in der Regel unzweckmäßig sein, den Ort der Versammlung in der Satzung zu bestimmen, es sei denn, die Versammlung wird regelmäßig im Zusammenhang mit einer bestimmten Veranstaltung (etwa einer Fachmesse) abgehalten. Zeit und Ort der Versammlung, sowie die Ladungsfrist müssen zumutbar sein. Das Erfordernis der Zumutbarkeit hängt wiederum von der Art des Vereins ab. Eine internationale wissenschaftliche Vereinigung benötigt andere Kriterien als ein geselliger Verein mit örtlich konzentrierter Mitgliedschaft, eine Massenorganisation andere, als ein Verein mit wenigen Mitgliedern. Für Vereine, deren Mitglieder am gleichen Ort wohnen, kann eine Einberufungsfrist von drei Tagen genügen, doch ist auch hier eine Frist von einer bis zwei Wochen zu empfehlen und üblich; für einen Verein mit überregionaler Mitgliedschaft (insbesondere für Verbände und andere Vereinigungen, deren Mitglieder oder Vertreter gezwungen sind, langfristig zu terminieren) wird eine Einberufungsfrist von zwei bis drei Monaten angemessen sein.

Ferner empfiehlt es sich, in der Satzung größerer Vereine eine **Antragsfrist** festzulegen: einen Termin, bis zu dem spätestens Sachanträge schriftlich vorliegen müssen, andernfalls sie von der Behandlung in der Mitgliederversammlung ausgeschlossen sind oder nur als Dringlichkeitsanträge eingebracht werden können, deren Zulassung an qualifizierte Mehrheiten gebunden werden kann. Diese Antragsfrist muss dann so bemessen werden, dass nach ihrem Ablauf erst die Ladungsfrist beginnt, damit die Anträge erforderlichenfalls auf die Tagesordnung gesetzt werden können. Zwischen dem Ende der Antragsfrist und dem Beginn der Ladungsfrist muss ausreichende Zeit vorhanden sein, um die angekündigten Anträge auf ihre Zulässigkeit hin zu prüfen, zu sortieren und – wenn und soweit dies erforderlich ist – sie in die Tagesordnung aufzunehmen. Ein solches Verfahren setzt voraus, dass vor der Einladung zur Mitgliederversammlung eine Vorankündigung erfolgt mit der Aufforderung, Anträge einzureichen. Zweckmäßiger kann es sein, in der Satzung für die Ankündigung von Anträgen eine Nachfrist festzulegen, innerhalb der die Ergänzung der Tagesordnung verlangt werden kann. Allerdings muss auch in diesem Fall die ergänzte Tagesordnung den Mitgliedern gesondert bekanntgemacht werden. Da § 32 Abs. 1 S. 2 BGB dispositiv ist, kann die Satzung derartige Bestimmungen treffen.

Beispiele:

- „Die Einladung zur Mitgliederversammlung erfolgt mit einer Frist von zwei Wochen. Sie ist den Mitgliedern jedoch mindestens zwei Monate vor dem Zusammentritt der Versammlung schriftlich anzukündigen mit der Aufforderung, bis zu einem vom Vorstand festzusetzenden Zeitpunkt Anträge schriftlich einzureichen. Diese, sowie die Anträge des Vorstands sind den Mitgliedern nach Ablauf dieser Frist unverzüglich mitzuteilen. Anträge, die nach diesem Zeitpunkt eingehen, können von der Versammlung nur behandelt werden, wenn die Einhaltung der Frist objektiv nicht möglich war und die Versammlung sie als dringlich zulässt."

- „Die Einladung zur Vertreterversammlung erfolgt mit einer Frist von zwei Monaten. Anträge müssen spätestens einen Monat vor der Versammlung dem Vorstand schriftlich zugehen ..."

Zum notwendigen und üblichen Inhalt der Tagesordnung vgl. nachstehend Seite 158.[63] Die Satzung kann über den notwendigen Inhalt der Tagesordnung hinaus strengere Anforderungen stellen, sie kann aber auch weitergehend dispensieren. Ist die Ankündigungspflicht durch die Satzung nicht abbedungen oder eingeschränkt, können Beschlüsse über Gegenstände, die nicht angekündigt sind, nicht wirksam gefasst werden.

Gelegentlich enthalten Vereinssatzungen auch eine Bestimmung darüber, wer die Mitglieder- bzw. Delegiertenversammlung leitet. Dies ist insbesondere in Verbandssatzungen üblich, wo dann meist bestimmt ist, dass der Vorsitzende (oder der Präsident), im Verhinderungsfall sein Stellvertreter, die Versammlung leitet. Weitere Formalien über die Leitung der Versammlung und deren Ablauf sollten in der Regel nicht in die Satzung aufgenommen werden, sondern in eine Geschäftsordnung ausgelagert werden, die dann aber in der Satzung verankert werden muss. Doch kann es zweck-

---

[63] Siehe S. 159.

mäßig sein, in der Satzung von mitgliederstarken Vereinen – insbesondere von Gewerkschaften, politischen Parteien –, die in der Regel die Mitgliederversammlung durch eine Vertreterversammlung ersetzt haben, zu bestimmen, dass eine Mandatsprüfungskommission, eine Antragskommission und bei der Durchführung von Wahlen ein Wahlausschuss zu bilden sind. Das Verfahren dieser Gremien sollte wiederum in gesonderten Geschäftsordnungen außerhalb der Satzung geregelt werden, die mitunter auch als „Richtlinien" bezeichnet werden, wobei in der Bezeichnung zum Ausdruck kommen kann, welches unterschiedliche Gewicht der Verein diesen internen Rechtsnormen beimisst.

Beispiel: So kann die Satzung bestimmen, dass das Wahlverfahren in einer von der Mitgliederversammlung zu beschließenden Wahlordnung näher geregelt wird. Diese Wahlordnung kann für Einzelfragen – etwa für die Grundsätze, nach denen der Wahlausschuss zu bilden ist – auf „Richtlinien des Wahlausschusses" verweisen, die ebenfalls von der Mitgliederversammlung beschlossen werden.

Zur rechtlichen Qualifizierung der Geschäftsordnungen unterschiedlicher Art und zur Abgrenzung zwischen Satzung, „Vereinsordnungen" und bloßen verfahrensrechtlichen Geschäftsordnungen vgl. nachstehend Seite 135.

f) Formalien der Beschlussfassung einschließlich der Wahlen

Besonderer Satzungsbestimmung bedürfen Wahlen und sonstige Beschlüsse der Mitgliederversammlung und der Organe, denen Aufgaben übertragen sind, die nach dem Gesetz der Mitgliederversammlung obliegen, soweit gem. § 40 BGB vom dispositivem Recht abgewichen werden soll. Dieses bestimmt in § 32 Abs. 1 S. 3 BGB, dass bei der Beschlussfassung durch die Mitgliederversammlung die Mehrheit der abgegebenen Stimmen entscheidet und in § 27 Abs. 1 BGB, dass die Bestellung des Vorstands durch Beschluss der Mitgliederversammlung erfolgt, also nach der Regel des BGB in gleicher Weise wie bei sonstigen Beschlüssen.

Soll die Vorstandswahl einem anderen Vereinsorgan übertragen werden, muss das folglich in der Satzung ausdrücklich bestimmt werden (zulässig nach § 40 BGB). Soll die Vorstandswahl zwar durch die Mitgliederversammlung erfolgen, oder aber durch ein anderes Vereinsorgan, jedoch nicht nach dem Prinzip der absoluten Mehrheit, muss das ebenfalls in der Satzung ausdrücklich bestimmt werden. Die Satzung kann festlegen, dass auch relative Mehrheit genügt, sie kann die Wahl aber auch an eine höhere qualifizierte Mehrheit (z. B.: zwei Drittel der Erschienenen, die Hälfte aller Vereinsmitglieder) knüpfen. Gleiches gilt für die Wahl anderer Vereinsorgane sowie für sonstige Beschlüsse. Die Abweichung von der gesetzlichen Regel muss in der Satzung festgelegt sein (§ 40 BGB). Das Wahlverfahren selbst hingegen kann in einer Wahlordnung geregelt werden, der Versammlungsverlauf in einer Versammlungsordnung (z. B. „Geschäftsordnung der Mitgliederversammlung"). Es kann zweckmäßig sein, in der Satzung ausdrücklich zur Aufstellung solcher Ordnungen zu verpflichten.

Das BGB selbst sieht von § 32 Abs. 1 S. 3 BGB abweichende Mehrheiten in folgenden Fällen vor:

- für einen Beschluss, der eine Änderung der Satzung enthält, ist eine Mehrheit von drei Vierteln der abgegebenen Stimmen erforderlich (§ 33 Abs. 1 S. 1 BGB), doch kann die Satzung ein anderes bestimmen (§ 40 BGB);
- zur Änderung des Vereinszwecks ist die Zustimmung aller Mitglieder erforderlich, nicht erschienene Mitglieder müssen schriftlich zustimmen (§ 33 Abs. 1 S. 2 BGB), doch kann auch hierfür die Satzung eine andere Regelung treffen (§ 40 BGB);
- zur Auflösung des Vereins ist zwingend ein Beschluss der Mitgliederversammlung erforderlich, der einer Mehrheit von drei Vierteln der abgegebenen Stimmen bedarf, doch kann die Satzung eine andere (auch eine geringere) Mehrheit zulassen (nicht jedoch, der Mitgliederversammlung die Kompetenz zum Auflösungsbeschluss entziehen, doch kann die Auflösung im schriftlichen Verfahren einstimmig nach § 32 Abs. 2 BGB beschlossen und auch der Delegiertenversammlung übertragen werden).

In allen diesen Fällen kann der Beschluss der Mitgliederversammlung durch einen einstimmigen schriftlichen Beschluss aller Mitglieder ersetzt werden (§ 32 Abs. 2 BGB, „Urabstimmung"), doch kann auch hierüber die Satzung anderes bestimmen (§ 40 BGB).

Vorstandsbeschlüsse erfolgen nach § 28 BGB nach den für die Beschlüsse der Mitglieder des Vereins (der Mitgliederversammlung) geltenden Vorschriften. Auch diese Bestimmung ist nach § 40 BGB dispositiv, eine Abweichung bedarf daher ebenfalls einer ausdrücklichen Satzungsbestimmung. Insbesondere bei Vereinen mit erheblichem Vermögen kann es zweckmäßig sein, für Beschlüsse, die die Vermögenssubstanz oder finanziell risikoreiche Geschäfte betreffen, eine qualifizierte Mehrheit oder die Zustimmung eines Aufsichtsorgans vorzuschreiben (z. B. für Grundstücksgeschäfte). Im Übrigen sollte es dem Vorstand überlassen werden, sein Verfahren selbst in einer Geschäftsordnung zu regeln. Die Satzung kann – muss jedoch nicht – eine entsprechende Verpflichtung hierzu aussprechen.

Es war vorstehend die Rede von verschiedenen Arten von **Mehrheiten.** Man unterscheidet:

- einfache (absolute) Stimmenmehrheit, das ist eine Stimme mehr als die Hälfte der abgegebenen Stimmen;
- qualifizierte (besondere) Stimmenmehrheit, sie ist höher als eine einfache (absolute) Stimmenmehrheit (z. B. Zweidrittel-, Dreiviertel-Mehrheit) und kann durch Gesetz oder Satzung bestimmt sein;
- relative Stimmenmehrheit, sie kann niedriger als die einfache (absolute) Mehrheit sein.

Beispiel: Satzungsbestimmung: „Gewählt ist, wer die meisten Stimmen auf sich vereinigt."
A erhält 40, B 30, C 20 Stimmen: A ist mit relativer Stimmenmehrheit gewählt; nach der Regel des § 32 Abs. 1 S. 3 BGB hingegen wäre keiner der Kandidaten gewählt, weil keiner die (absolute) „Mehrheit der erschienenen Mitglieder" erhalten hat (= 46 Stimmen).

Es empfiehlt sich daher, bei Wahlen – zumindest im zweiten Wahlgang – relative Mehrheit vorzusehen, um zu vermeiden, dass die Wahl gänzlich scheitert, wenn ein Kompromiss nicht gefunden werden kann.

Stimmengleichheit führt stets zur Ablehnung eines Antrags (bzw. zum Scheitern der Wahl). Mitglieder, die sich der Stimme enthalten, gelten als abwesend, ihre Stimmen sind nicht mitzuzählen, die Mehrheit ist nur nach der Zahl der abgegebenen Ja- und Nein-Stimmen zu berechnen. Soll abweichend hiervon die Zahl der anwesenden Mitglieder entscheiden, so dass Stimmenthaltungen mit der Wirkung von Nein-Stimmen mitgezählt werden, muss das aus der Vereinssatzung ausdrücklich hervorgehen.[64]

Zu den Förmlichkeiten der Beschlussfassung gehört auch die Feststellung der **Beschlussfähigkeit** einer Mitglieder- oder Delegiertenversammlung, eines mehrgliedrigen Vorstands oder anderen Vereinsorgans oder eines sonstigen Gremiums. Das Gesetz enthält hierzu keine Bestimmung, so dass das einzig erschienene Mitglied wirksam Beschlüsse fassen könnte (oder – falls man die Möglichkeit einer Ein-Mann-Vereinsversammlung ablehnt – jedenfalls eine Minderheit von zwei oder drei Mitgliedern). Es empfiehlt sich daher, in der Satzung festzulegen, dass die Mitglieder- oder Delegiertenversammlung nur beschlussfähig ist, wenn eine bestimmte Mindestzahl von Mitgliedern (Delegierten) anwesend ist. Auch kann bestimmt werden, dass die Beschlussfähigkeit der Versammlung davon abhängt, dass ein bestimmter Funktionsträger (z. B. ein Mitglied des geschäftsführenden Vorstands) anwesend ist.

> **Beispiele:** „Die Mitgliederversammlung ist nur beschlussfähig, wenn wenigstens ein Zehntel der Vereinsmitglieder anwesend ist."
> „Die Delegiertenversammlung ist beschlussfähig, wenn die Hälfte der gewählten Delegierten anwesend ist."

Empfehlenswert kann es auch sein, zu bestimmen, dass gültige Beschlüsse ab einer bestimmten Uhrzeit (etwa: nach 22 Uhr) nicht mehr gefasst werden können, um zu vermeiden, dass durch Marathondebatten Entscheidungen solange hinausgeschoben werden, bis durch Abwandern ermüdeter Versammlungsteilnehmer eine manipulierte Mehrheit entsteht. Doch kann eine solche Regelung auch der Geschäftsordnung überlassen bleiben. Diese Grundsätze gelten entsprechend auch für Sitzungen eines mehrgliedrigen Vorstands oder eines anderen Vereinsorgans, doch kann die Regelung der Beschlussfähigkeit hier ebenfalls der Geschäftsordnung des entsprechenden Organs überlassen bleiben.

---

[64] BGHZ 83, 35 (grundsätzlich); BGH, NJW 1987, 2430.

Zweckmäßig kann es ferner sein, in der Satzung zu bestimmen, dass Mitglieder in der Mitgliederversammlung nur nach einer Mindestmitglieddauer stimmberechtigt sind, um zu vermeiden, dass konkurrierende Interessengruppen durch kurzfristige Mitgliederwerbung langfristig bestehende Mehrheiten kippen.

Beispiel: „Stimmberechtigt sind nur Mitglieder, die mindestens drei Monate vor der Mitgliederversammlung rechtmäßig in den Verein aufgenommen wurden."

Selbstverständlich dürfen solche Fristen nicht unzumutbar lang sein.

Nach § 38 BGB ist die Mitgliedschaft nicht übertragbar und kann die Ausübung der Mitgliedschaftsrechte nicht einem an-deren überlassen werden. Gem. § 40 BGB kann die Satzung jedoch anderes bestimmen, so dass durch Satzung Stellvertretung zugelassen werden kann. Sie ist insbesondere bei Verbänden und sonst repräsentativ besetzten Vereinigungen üblich. Das Vertretungsrecht kann auch beschränkt zugelassen werden, um eine unerwünschte Stimmenkumulierung in einer Hand zu vermeiden.

Beispiel: „Die Vertreter jeder Mitgliedsorganisation können sich unter Übertragung des Stimmrechts gegenseitig schriftlich bevollmächtigen, doch ist die Vereinigung von mehr als fünf Stimmen in einer Hand unzulässig."

Hinzuweisen in diesem Zusammenhang ist, dass in Fällen der Stimmrechtsübertragung Stimmrechtsbindung durch den Vollmachtgeber grundsätzlich zulässig ist, wenn sie unentgeltlich erfolgt (Verbot des Stimmenkaufs). Umstritten ist, ob das Mitglied (der Delegierte), der durch Stimmrechtsübertragung über mehrere Stimmen verfügt, uneinheitlich abstimmen kann, also mit einem Teil seiner Stimmen für, mit einem Teil gegen einen Antrag. Die Rechtsprechung tendiert wohl zur Zulässigkeit der gespaltenen Stimmabgabe, so dass – lässt man die Stimmrechtsübertragung in der Satzung zu – auch über die Zulässigkeit unterschiedlichen Abstimmungsverhaltens eine Satzungsbestimmung getroffen werden sollte.

g) Sonderrechte

In § 35 BGB ist hierzu nur negativ bestimmt, dass Sonderrechte eines Mitglieds nicht ohne dessen Zustimmung durch Beschluss der Mitgliederversammlung (zu ergänzen: oder eines anderen Vereinsorgans) beeinträchtigt werden können. Sonderrechte in diesem Sinn sind besondere Mitgliedschaftsrechte. Sie werden durch Satzungsbestimmung begründet und können bestimmten (natürlichen und juristischen) Einzelpersonen, Repräsentanten anderer Organisationen (auch wenn sie nicht juristische Personen sind) sowie abstrakt umschriebenen Gruppen von Mitgliedern verliehen werden. Sonderrechte dieser Art sind in der Praxis durchaus nicht selten, sie müssen – um gegenüber dem Gleichheitsgrundsatz aller Mitglieder Bestand zu haben – sachlich begründet sein. In der Praxis kommen insbesondere vor: Anspruch auf Vorstandssitz, erhöhtes Stimmrecht, Schutzrechte (Unzulässigkeit des Ausschlusses) und Befreiung von Pflichten (insbesondere: Beitragszahlung).

Beispiele: Das Gründungsmitglied Felix Frisch schenkt dem Verein das für den Vereinszweck erforderliche Grundstück. Die Satzung bestimmt daher:

„Felix Frisch ist Mitglied des erweiterten Vorstands auf Lebenszeit."

Die Satzung eines Vereinsverbands bestimmt:

„Jeder Mitgliedsverein benennt ein Vorstandsmitglied und dessen Stellvertreter; diese bilden den Gesamtvorstand, der aus seiner Mitte den geschäftsführenden Vorstand (Vorstand im Sinn des § 26 BGB), bestehend aus … wählt."

„Mitglieder und Förderer des Vereins, sowie sonstige Personen, die sich um den Verein besondere Verdienste erworben haben, können durch die Mitgliederversammlung zu Ehrenmitgliedern ernannt werden. Nehmen sie die Mitgliedschaft an, haben sie volles Stimmrecht, sind jedoch beitragsfrei."

h) Vereinsstrafen, Ausschluss

Sanktionen dieser Art gehören zu den „Grundentscheidungen des Vereinslebens". Sie können nur rechtsgültig verhängt werden, wenn die Vereinssatzung selbst (nicht nur eine Vereinsordnung) diese Rechtsfolgen ausdrücklich zulässt. Ein Vereinsmitglied muss sich durch Einblick in die Vereinssatzung die Kenntnis davon verschaffen können, dass ihm im Falle eines bestimmten (von der Vereinssatzung missbilligten) Verhaltens ein Rechtsverlust droht und mit welchen Sanktionen es zu rechnen hat.[65] (Beispiel s.o. S. 77f., vor 1.).

Nahezu jede Vereinssatzung, auch des kleinsten Vereins, enthält die Androhung des Ausschlusses wegen vereinsschädigenden Verhaltens eines Mitglieds. Das Recht zur Ausschließung kann der Mitgliederversammlung vorbehalten oder dem Vorstand übertragen werden, in letzterem Fall sollte Berufung an die Mitgliederversammlung zulässig sein. Die Satzung kann jedoch auch bestimmen, dass für Sanktionen ein besonderes Organ – ein Vereinsgericht, Ehrengericht usw. – zuständig ist und die Einzelheiten des Verfahrens in einer Vereinsordnung regeln. Die Satzung muss jedoch enthalten: die Art der zulässigen Sanktion, das sie begründende Verhalten und die Zuständigkeit.

Größere Vereine – insbesondere Wirtschafts- und Sportverbände, aber auch politische Parteien, Gewerkschaften, Arbeitgeberverbände und ähnliche Organisationen – benötigen jedoch eine wesentlich differenziertere Sanktionenskala, weil der Ausschluss als einzige Sanktion in vielen Fällen unangemessen wäre. Kennt die Vereinssatzung nur den Ausschluss, so ist als mildere Maßregel zwar auch der Ausschluss auf Zeit zulässig, nicht jedoch eine andere, in der Satzung nicht vorgesehene Sanktion. Die Satzung kann insbesondere folgende Maßregeln zulassen:

- Rüge, Ermahnung, Warnung, Verweis (in dieser Stufenfolge oder auch nur eine dieser Maßnahmen auf dieser Sanktionsebene);
- Geldbuße, wobei in der Satzung zumindest der „Strafrahmen" oder ein Höchstbetrag ausgewiesen werden sollte;
- Suspendierung von Mitgliedschaftsrechten (soweit sie entziehbar sind; insbesondere des aktiven und/oder passiven Wahlrechts zu den Vereinsorganen auf Zeit; Verlust eines Mandats oder Amts; Ruhen der Mitgliedschaft auf Zeit);
- Verlust oder Minderung erworbener Befugnisse (z.B. Nichtzulassung zu Vereinseinrichtungen auf Zeit);
- Aberkennung von Ehrenrechten und Qualifikationen;

---

[65] BGHZ 47, 172, 175 ff.

- Ausschließung aus dem Verein als oberste Sanktion;
- zusätzlich mit Wirkung nach Beendigung der Mitgliedschaft: Betretungsverbot der Anlagen des Vereins (auf Grund Hausrechts);
- ferner: Auferlegung von Verfahrenskosten.

Die Satzung muss nicht jeder Sanktion ein bestimmtes Verhalten zuordnen, sondern kann den gesamten Sanktionenkatalog zur Disposition des Disziplinarorgans stellen, wobei die Wahl der einzelnen Maßnahme dann dem missbilligten Verhalten angemessen sein muss. Dieses missbilligte Verhalten, das die Sanktion auslösen kann, muss jedoch in der Satzung zumindest abstrakt umschrieben werden; die Verwendung unbestimmter Rechtsbegriffe reicht hierzu aus, wie:

- „vereinsschädigendes Verhalten";
- „Zuwiderhandlung gegen die Vereinsziele";
- Verletzung von Mitgliederpflichten, insbesondere Loyalitätspflichten gegenüber anderen Vereinsmitgliedern, dem übergeordneten Verband usw.; hier wird je nach der Eigenart des Vereins der Pflichtenkreis zu umschreiben sein, dessen Verletzung die Sanktionen auslöst.

Der Vereins-Disziplinargewalt unterliegen nur Mitglieder, die sich ihr durch den Beitritt zum Verein unterworfen haben, nicht dagegen: Ehrenmitglieder, Arbeitnehmer des Vereins in dieser ihrer Eigenschaft und außenstehende Dritte (etwa Benutzer von Vereinseinrichtungen, doch können diese sich durch rechtsgeschäftlichen Einzelakt der Disziplinargewalt eines Vereins, dessen Einrichtungen sie nutzen, unterwerfen.[66])

Dagegen unterliegen Mitglieder eines **Monopolvereins** einem nach ihrem Eintritt durch Satzungsänderung beschlossenen Schiedsgericht als Disziplinarorgan **nicht,** wenn sie dieser Satzungsänderung nicht zugestimmt haben und sich vor den ordentlichen Gerichten gegen eine Vereinsstrafe wehren und sich nicht dem Schiedsspruch unterwerfen wollen. Der BGH hat das mit dem Rechtsstaatsprinzip (Recht auf Zugang zu den staatlichen Gerichten) und dem Recht auf den gesetzlichen Richter (Art. 101 Abs. 1

---

[66] BGH, NJW 1995, 583, entschieden für einen Sportverband, s. u. S. 142.

S. 2 GG) und damit begründet, dass bei Monopolvereinen der Vereinsaustritt als mögliche Alternative mit erheblichen wirtschaftlichen Schäden für das Mitglied verbunden sein könne.[67]

Die Vereinsstrafe ist weder Vertragsstrafe nach § 339 BGB noch Betriebsbuße. Insbesondere die Abgrenzung zu letzterer ist von erheblicher praktischer Bedeutung. Die Betriebsbuße ist eine betriebliche Disziplinarmaßnahme gegen Arbeitnehmer wegen eines Verstoßes gegen die betriebliche Ordnung.[68]

Ordnungsverstöße von Arbeitnehmern des Vereins (seien sie dessen Mitglieder oder nicht) gegen die **betriebliche** Ordnung können daher nicht mit Vereinsstrafen geahndet werden.

Der **Ausschluss** eines Mitglieds aus dem Verein aus **wichtigem Grund** ist jedoch auch dann zulässig, wenn die Satzung keine entsprechende Bestimmung enthält. Der Ausschluss muss in diesem Fall auch nicht notwendig Disziplinarcharakter haben, er kann reine Organisationsmaßnahme sein und setzt dann natürlich kein Verschulden der betroffenen Mitglieder voraus.

Beispiel: Nachträgliche Beschränkung der Mitglieder auf juristische Personen durch Satzungsänderung (beispielsweise in einer Verbandssatzung).

Durch satzungsändernden Beschluss können auch die objektiven Voraussetzungen für die Zugehörigkeit einer bestimmten Mitgliedergruppe verschärft werden und Mitglieder, die den geänderten Merkmalen dieser Gruppe nicht mehr entsprechen, in eine Gruppe von Mitgliedern minderen Rechts herabgestuft werden. Auch eine solche Maßnahme hat keinen disziplinären Charakter;

---

[67] BGHZ 144, 146, 149 f. für den Fall der Mitgliedschaft in einem eingetragenen Tierzuchtverein, der das Zuchtbuch und das Körbuch führt.

[68] Fußballspieler in Bundesliga-Vereinen des Deutschen Fußballbundes (DFB) werden aus steuerrechtlichen Gründen nicht Mitglieder des Vereins, in dessen Diensten sie stehen, die mit ihnen abgeschlossenen Lizenzspielerverträge werden rechtlich als Arbeitsverträge qualifiziert. Das LAG Hamm – Az. 8 (7) Sa. 2106/83 – hat mit Urteil vom 20. 9. 1984 die darin enthaltenen Vertragsstrafenklauseln, soweit sie relativ geringfügige Sanktionen androhen, rechtlich als Betriebsbußen qualifiziert.

der bisherigen Rechtsposition der betroffenen Mitglieder kommt jedenfalls dann kein Bestandsschutz zu, wenn das am Vereinszweck zu messende Interesse des Vereins an einer solchen Regelung den Vorzug verdient.

Für politische Parteien gelten die Sondervorschriften des § 14 ParteienG. Gewerkschaften dürfen Mitglieder ausschließen, die aktiv für eine gewerkschaftsfeindliche politische Partei tätig sind.[69]

i) Schiedsgericht

Soll ein echtes Schiedsgericht[70] geschaffen werden, muss das ebenfalls in der Satzung geschehen. Die Satzung selbst muss die Einrichtung des Schiedsgerichts, seine Zuständigkeit, seine Besetzung[71] und – falls es auch, was zulässig ist, über die Verhängung von Vereinsstrafen entscheiden soll – den Sanktionenkatalog bestimmen. Das Verfahren kann in einer Schiedsordnung geregelt werden. Das Schiedsgericht kann jedoch nur über solche Streitigkeiten entscheiden, die schiedsfähig sind, also über vermögensrechtliche Ansprüche und über nicht vermögensrechtliche, die durch Vergleich geregelt werden können.

Unwirksam kann jedoch die Bestellung eines Schiedsgerichts in der Satzung eines Vereins sein, wenn die Schiedsvereinbarung einer Partei bei der Zusammensetzung des Schiedsgerichts ein Übergewicht gibt, das die andere Partei benachteiligt. In diesem Fall kann die betroffene Person beim staatlichen Gericht beantragen, den oder die Schiedsrichter abweichend von der erfolgten Ernennung oder der Ernennungsregelung in der Satzung zu bestellen (§ 1034 Abs. 2 ZPO). Zuständig ist das OLG (§ 1062 Abs. 1 Nr. 1 ZPO). Frist: zwei Wochen nach Kenntnis von der Zusammensetzung des Schiedsgerichts (§ 1034 Abs. 2 S. 2 ZPO).

---

[69] BGH, NJW 1991, 485.

[70] Zur Abgrenzung von anderen Gremien zur Konfliktlösung s. o. S. 95; zu fachlichen Anforderungen an Mitglieder von echten Schiedsgerichten siehe BGH, NJW 1992, 575. Zur nachträglichen Einführung eines Schiedsgerichtsverfahrens durch Satzungsänderung beim Monopolverein siehe Fn. 67 und hierzu gehörigen Text.

[71] BGHZ 88, 314 = NJW 1984, 1355.

j) Steuerbegünstigte Zwecke, insbesondere Gemeinnützigkeit

Von erheblicher praktischer Bedeutung sind Steuervergünstigungen, die Körperschaften gewährt werden, die ausschließlich und unmittelbar gemeinnützige, mildtätige oder kirchliche Zwecke („steuerbegünstigte Zwecke", § 51 AO) verfolgen. Die §§ 51 bis 68 AO enthalten den allgemeinen Teil des Steuervergünstigungsrechts; die Steuervergünstigungen selbst (Befreiungen oder Ermäßigungen, vor allem bei Körperschafts-, Grund-, Umsatz-, Gewerbe-, Erbschaft- und Schenkungsteuer) werden in den betreffenden Spezialgesetzen gewährt, nicht in der Abgabenordnung.

Steuervergünstigung kann ein nicht eingetragener Verein ebenso erlangen wie ein rechtsfähiger Verein, wenn er die gesetzlichen Voraussetzungen erfüllt, wozu insbesondere eine körperschaftliche Organisation gehört.

Nach §§ 59 bis 61 AO wird Steuervergünstigung nur gewährt, wenn sich die Voraussetzungen hierfür formell aus der Satzung des Vereins ergeben („formelle Gemeinnützigkeit") und die tatsächliche Geschäftsführung diesen Satzungsbestimmungen entspricht. Zur formellen Gemeinnützigkeit ist erforderlich, dass sich aus der Vereinssatzung ergibt

- welchen Zweck der Verein verfolgt (das ist für den rechtsfähigen Idealverein auch Eintragungsvoraussetzung nach § 57 Abs. 1 BGB),
- dass dieser Zweck den Anforderungen der §§ 52 bis 55 AO entspricht (diese Vorschriften regeln, unter welchen Voraussetzungen gemeinnützige, mildtätige und kirchliche Zwecke im Sinn der Steuervergünstigung verfolgt werden und in § 55 AO, unter welchen Voraussetzungen eine Förderung oder Unterstützung selbstlos geschieht),
- dass dieser Zweck ausschließlich und unmittelbar verfolgt wird (§§ 56, 57 AO),
- dass die Satzungszwecke und die Art ihrer Verwirklichung so genau bestimmt sind, dass auf Grund der Satzung geprüft werden kann, ob die satzungsmäßigen Voraussetzungen für Steuervergünstigungen gegeben sind und die Satzung die in der Anlage

zum Gesetz bezeichneten Festlegungen enthält (§ 60 Abs. 1 AO mit Anlagen)

- und dass bei Auflösung oder Aufhebung des Vereins oder bei Wegfall seines steuerbegünstigten Zwecks gewährleistet ist, dass das Vermögen nur für steuerbegünstigte Zwecke verwendet wird (Grundsatz der Vermögensbindung, § 55 Abs. 1 Nr. 4 AO), weshalb der Zweck, für den das Vermögen in diesem Fall verwendet werden soll, in der Satzung so genau zu bestimmen ist, dass auf Grund der Satzung geprüft werden kann, ob der Verwendungszweck steuerbegünstigt ist (§ 61 Abs. 1 AO); das erfordert entweder die Benennung der (steuerbegünstigten) Körperschaft, der das Vermögen in diesen Fällen zufallen soll (Eventualbenennung ist zulässig und ggf. zu empfehlen: „... fällt das Vermögen des Vereins an den gemeinnützigen X-Verein e. V. oder, falls dieser nicht mehr besteht, an das Deutsche Rote Kreuz, ... "). Nicht mehr zulässig ist es, zu bestimmen, dass das Vermögen bei Auflösung oder Aufhebung des Vereins oder Wegfall seines steuerbegünstigten Zwecks zu steuerbegünstigten Zwecken zu verwenden ist und dass der künftige Beschluss des Vereins über die Verwendung erst nach Einwilligung des Finanzamts ausgeführt werden darf. § 61 Abs. 2 AO wurde aufgehoben. Eine Satzung braucht aber nicht allein deswegen geändert zu werden, weil sie eine vor der Aufhebung des § 61 Abs. 2 zulässige Bestimmung über die Vermögensbindung enthält.

Die Formulierungen der Satzungsbestimmungen, die die Steuervergünstigungen begründen sollen, müssen sich so eng wie möglich an den Text Mustersatzung halten.[72] Ferner empfiehlt es sich, mit dem zuständigen Finanzamt für Körperschaften, das für die Veranlagung zuständig sein wird (es ist das Finanzamt des Verwaltungssitzes, nicht das des satzungsmäßigen Sitzes) rechtzeitig vor Feststellung der Satzung Kontakt aufzunehmen, ob ein in Aussicht genommener Vereinszweck voraussichtlich als steuerbegünstigt angesehen werden wird und die Satzung den Anforderungen an die Gemeinnützigkeit genügt. Die Finanzverwaltung gewährt in

---

[72] Siehe nachstehend Anhang I.4.

diesen Fällen meist einen gewissen Vertrauensschutz. Der Verein wird dann als steuerbegünstigt behandelt und erhält die Möglichkeit, die Satzung nachzubessern. Dies gilt aber nicht, wenn bei der tatsächlichen Geschäftsführung gegen Vorschriften des Gemeinnützigkeitsrechts verstoßen wurde oder wenn der Verein die Satzung nachträglich geändert hat.

Zu beachten ist ferner, dass Steuerbegünstigung nur gewährt wird, wenn die Voraussetzungen während des gesamten Veranlagungszeitraums, also bereits am Beginn eines Kalenderjahrs oder bei der Gründung des Vereins vorliegen.

Die Förderung der in § 52 Abs. 2 AO genannten Zwecke ist steuerbegünstigt, unter der Voraussetzung, dass auch die übrigen Anforderungen erfüllt werden. Seit 2007 ist der Katalog abschließend. Das Gesetz enthält nur noch eine Klausel zur Fortentwicklung der Zwecke, die aber eine entsprechende Verlautbarung der Finanzbehörden voraussetzt. Folgende Zwecke sind in den Katalog des § 52 Abs. 2 AO aufgenommen:

1. die Förderung von Wissenschaft und Forschung;
2. die Förderung der Religion;
3. die Förderung des öffentlichen Gesundheitswesens und der öffentlichen Gesundheitspflege, insbesondere die Verhütung und Bekämpfung von übertragbaren Krankheiten, auch durch Krankenhäuser im Sinne des § 67 AO, und von Tierseuchen;
4. die Förderung der Jugend- und Altenhilfe;
5. die Förderung von Kunst und Kultur;
6. die Förderung des Denkmalschutzes und der Denkmalpflege;
7. die Förderung der Erziehung, Volks- und Berufsbildung einschließlich der Studentenhilfe;
8. die Förderung des Naturschutzes und der Landschaftspflege im Sinne des Bundesnaturschutzgesetzes und der Naturschutzgesetze der Länder, des Umweltschutzes, des Küstenschutzes und des Hochwasserschutzes;
9. die Förderung des Wohlfahrtswesens, insbesondere der Zwecke der amtlich anerkannten Verbände der freien Wohlfahrtspflege (§ 23 der Umsatzsteuer-Durchführungsverordnung), ihrer Unterverbände und ihrer angeschlossenen Einrichtungen und Anstalten;

10. die Förderung der Hilfe für politisch, rassisch oder religiös Verfolgte, für Flüchtlinge, Vertriebene, Aussiedler, Spätaussiedler, Kriegsopfer, Kriegshinterbliebene, Kriegsbeschädigte und Kriegsgefangene, Zivilbeschädigte und Behinderte sowie Hilfe für Opfer von Straftaten; Förderung des Andenkens an Verfolgte, Kriegs- und Katastrophenopfer; Förderung des Suchdienstes für Vermisste;

11. die Förderung der Rettung aus Lebensgefahr;

12. die Förderung des Feuer-, Arbeits-, Katastrophen- und Zivilschutzes sowie der Unfallverhütung;

13. die Förderung internationaler Gesinnung, der Toleranz auf allen Gebieten der Kultur und des Völkerverständigungsgedankens;

14. die Förderung des Tierschutzes;

15. die Förderung der Entwicklungszusammenarbeit;

16. die Förderung von Verbraucherberatung und Verbraucherschutz;

17. die Förderung der Fürsorge für Strafgefangene und ehemalige Strafgefangene;

18. die Förderung der Gleichberechtigung von Frauen und Männern;

19. die Förderung des Schutzes von Ehe und Familie;

20. die Förderung der Kriminalprävention;

21. die Förderung des Sports (Schach gilt als Sport);

22. die Förderung der Heimatpflege und Heimatkunde;

23. die Förderung der Tierzucht, der Pflanzenzucht, der Kleingärtnerei, des traditionellen Brauchtums einschließlich des Karnevals, der Fastnacht und des Faschings, der Soldaten- und Reservistenbetreuung, des Amateurfunkens, des Modellflugs und des Hundesports;

24. die allgemeine Förderung des demokratischen Staatswesens im Geltungsbereich dieses Gesetzes; hierzu gehören nicht Bestrebungen, die nur bestimmte Einzelinteressen staatsbürgerlicher Art verfolgen oder die auf den kommunalpolitischen Bereich beschränkt sind;

25. die Förderung des bürgerschaftlichen Engagements zugunsten gemeinnütziger, mildtätiger und kirchlicher Zwecke.

Die bisher außerhalb des gesetzlichen Beispielkatalogs als steuerbegünstigt anerkannten Zwecke dürften weitgehend unter die gesetzlich genannten Zwecke zu zählen sein.

Darüber hinaus sind steuerbegünstigte Zwecke anerkannt:

- Die Förderung mildtätiger Zwecke. Dies setzt voraus, dass die Tätigkeit des Vereins darauf gerichtet ist, Personen selbstlos zu unterstützen die die infolge ihres körperlichen, geistigen oder seelischen Zustands auf die Hilfe anderer angewiesen sind (persönliche Hilfsbedürftigkeit) oder deren Bezüge bestimmte Grenzen nicht überschreiten (§ 53 AO).

- Die Förderung kirchlicher Zwecke. Dies setzt voraus, dass die Tätigkeit des Vereins darauf gerichtet ist, eine Religionsgemeinschaft selbstlos zu fördern. Diese Religionsgemeinschaft muss aber Körperschaft des öffentlichen Rechts sein. Ist sie es nicht, so kommt aber auch die Anerkung als gemeinnützig gem. § 52 Abs. 2 Nr. 2 AO wegen der Förderung der Religion in Betracht.

Im Einzelfall kann die Abgrenzung schwierig sein, insbesondere zu den nicht steuerbegünstigten Zwecken der Förderung wirtschaftlicher und politischer Interessen.

Beispiel: Das Eintreten einer Bürgerinitiative für den Umweltschutz rechtfertigt es für sich allein nicht, eine solche Bürgervereinigung wegen möglicher politischer Auswirkungen ihrer Tätigkeit steuerlich als politischen, nicht begünstigten Verein einzustufen.[73]

Wie eingangs erwähnt, setzt die Steuerbegünstigung gemeinnütziger, mildtätiger und kirchlicher Zwecke voraus, dass die Förderung oder Unterstützung selbstlos und unmittelbar geschieht. Der Grundsatz der **Unmittelbarkeit** verlangt, dass der Verein selbst oder durch von Hilfspersonen (§ 57 AO) tätig wird. Daher können nicht alle steuerbegünstigten Tätigkeiten auf Tochtergesellschaften ausgelagert werden, selbst wenn diese wiederum gemeinnützige Zwecke verfolgen. Ausnahmen von der Unmittelbarkeit lässt das Gesetz aber für Dachverbände zu. **Selbstlosigkeit** liegt vor, wenn nicht in erster Linie eigenwirtschaftliche Zwecke (Beispiel für eigenwirtschaftliche Zwecke: gewerbliche oder sonstige Erwerbs-

---

[73] BFH, Urteil v. 29. 8. 1984, NJW 1985, 454.

zwecke oder wirtschaftliche Interessen der Mitglieder, wie im Fall von Berufsverbänden) verfolgt werden und wenn folgende in § 55 Abs. 1 AO aufgeführten Voraussetzungen gegeben sind:

- Mittel des Vereins dürfen nur für die satzungsmäßigen Zwecke verwendet werden, die Mitglieder dürfen keine Gewinnanteile und in ihrer Eigenschaft als Mitglieder auch keine sonstigen Zuwendungen aus Mitteln des Vereins erhalten, diese darf ihre Mittel weder für die unmittelbare noch für die mittelbare Unterstützung oder Förderung politischer Parteien verwenden;

- der Verein darf keine Person durch Ausgaben, die dem Zweck des Vereins fremd sind, oder durch unverhältnismäßig hohe Vergütungen begünstigen;

- bei Auflösung oder Aufhebung des Vereins oder bei Wegfall seines bisherigen Zwecks darf das Vermögen nur für steuerbegünstigte Zwecke verwendet werden (Grundsatz der Vermögensbindung).

Der **Grundsatz der Ausschließlichkeit** (§ 56 AO) fordert ferner, dass die steuerbegünstigten Zwecke ausschließlich verfolgt werden, soweit nicht § 58 AO Ausnahmen zulässt. Nach § 58 AO wird die Steuervergünstigung nicht dadurch ausgeschlossen, dass:

- der Verein Mittel für die Verwirklichung der steuerbegünstigten Zwecke einer anderen Körperschaft oder für die Verwirklichung steuerbegünstigter Zwecke durch eine Körperschaft des öffentlichen Rechts beschafft; die Beschaffung von Mitteln für eine unbeschränkt steuerpflichtige Körperschaft des privaten Rechts setzt voraus, dass diese selbst steuerbegünstigt ist. Zudem muss der Verein diesen Zweck der Mittelbeschaffung in seine Satzung aufnehmen.

- der Verein seine Mittel teilweise einer anderen, ebenfalls steuerbegünstigten Körperschaft des privaten oder öffentlichen Rechts zur Verwendung zu steuerbegünstigten Zwecken zuwendet,

- der Verein seine Arbeitskräfte anderen Personen, Unternehmen oder Einrichtungen für steuerbegünstigte Zwecke zur Verfügung stellt,

- der Verein seine ihm gehörenden Räume einer anderen steuerbegünstigten Körperschaft zur Benutzung für deren steuerbegünstigte Zwecke überlässt,

- der Verein seine Mittel ganz oder teilweise einer Rücklage zuführt, soweit das erforderlich ist, um seine steuerbegünstigten satzungsmäßigen Zwecke nachhaltig erfüllen zu können,
- der Verein höchstens ein Viertel des Überschusses der Einnahmen über die Unkosten aus Vermögensverwaltung und darüber hinaus höchstens 10% seiner sonstigen zeitnah zu verwendenden Mittel einer freien Rücklage zuführt,
- der Verein Mittel zum Erwerb von Gesellschaftsrechten zur Erhaltung der prozentualen Beteiligung an Kapitalgesellschaften ansammelt oder im Jahr des Zuflusses verwendet; diese Beträge sind auf die vorgenannten in demselben Jahr oder künftig zulässigen Rücklagen anzurechnen. Nicht begünstigt ist der erstmalige Erwerb von Gesellschaftsrechten.
- der Verein gesellige Zusammenkünfte veranstaltet, die im Vergleich zu seiner steuerbegünstigten Tätigkeit von untergeordneter Bedeutung sind (sie sind – auch wenn sie lediglich vereinsintern abgehalten werden – ab 1990 nicht mehr steuerbegünstigte Zweckbetriebe),
- ein Sportverein neben dem unbezahlten auch den bezahlten Sport fördert.

Ein Zweckbetrieb liegt vor, wenn der wirtschaftliche Geschäftsbetrieb eines Vereins in seiner Gesamtrichtung dazu dient, seine steuerbegünstigten satzungsmäßigen Zwecke zu verwirklichen, diese Zwecke nur durch einen solchen Geschäftsbetrieb erreicht werden können und der wirtschaftliche Geschäftsbetrieb zu nicht begünstigten Betrieben der gleichen oder ähnlichen Art nicht in größerem Umfang in Wettbewerb tritt, als das bei Erfüllung der steuerbegünstigten Zwecke unvermeidbar ist (§ 65 AO). Der Begriff des Zweckbetriebs ist eng auszulegen, Mittelbeschaffungsbetriebe (durch die dem Verein zusätzliche Finanzierungsquellen erschlossen werden) gehören nicht hierzu (wie: gesellige Veranstaltungen, Basare, Verwertung gesammelter Gegenstände). Wirtschaftliche Geschäftsbetriebe, die Zweckbetriebe sind, sind steuerbegünstigt (§ 64 Abs. 1 AO). Nicht steuerbegünstigt sind hingegen andere wirtschaftliche Geschäftsbetriebe des Vereins. Sie beeinträchtigen zwar nicht die Gemeinnützigkeit des Vereins, wenn nicht sie, sondern die steuerbegünstigten Tätigkeiten dem

Verein das Gepräge geben. Für die diesem wirtschaftlichen Geschäftsbetrieb (soweit er kein Zweckbetrieb ist) zuzuordnenden Besteuerungsgrundlagen (Einkünfte, Umsätze, Vermögen) verliert der Verein jedoch die Steuervergünstigung, er ist insoweit also voll steuerpflichtig.

> **Beispiel:** Kulturelle Einrichtungen und Veranstaltungen eines Vereins gelten zwar stets als Zweckbetriebe, allerdings mit der Maßgabe, dass der Verkauf von Speisen und Getränken sowie die Werbung zu den nicht begünstigten Betätigungen gehört.

Mehrere wirtschaftliche Geschäftsbetriebe, die der Verein unterhält, werden als ein wirtschaftlicher Geschäftsbetrieb behandelt (§ 64 Abs. 2 AO). Übersteigen die Einnahmen einschließlich der Umsatzsteuer aus wirtschaftlichen Geschäftsbetrieben, die keine Zweckbetriebe sind, insgesamt nicht den Betrag von 36. 000 Euro jährlich, so unterliegen die diesen Geschäftsbetrieben zuzuordnenden Besteuerungsgrundlagen jedoch nicht der Körperschaftsteuer und der Gewerbesteuer (§ 64 Abs. 3 AO). Die Aufteilung eines Vereins in mehrere selbstständige Körperschaften zum Zweck der mehrfachen Inanspruchnahme der Steuervergünstigung nach § 64 Abs. 3 AO gilt als Missbrauch von rechtlichen Gestaltungsmöglichkeiten mit der Folge, dass steuerrechtlich die mehreren Körperschaften als eine einheitliche Körperschaft behandelt wird (§§ 64 Abs. 4, 42 AO).

Besonders riskant für die Steuerbefreiung des Vereins ist es, wenn Verluste aus wirtschaftlichen Geschäftsbetrieben oder aus dem Bereich der Vermögensverwaltung mit Mitteln aus dem steuerbegünstigten Bereich ausgeglichen werden. Nach der Rechtsprechung des Bundesfinanzhofs, verliert der Verein dann in jedem Fall die Steuerbegünstigung. Die Finanzverwaltung akzeptiert zwar gegenüber der Rechtsprechung einige Erleichterungen. In solchen Fällen sollte aber immer rechtzeitig fachlicher Rat herangezogen werden, denn u. U. droht die Steuerpflicht für die letzten zehn Jahre. Insbesondere im Zusammenhang mit dem Verlust von Vorteilen bei der Umsatzsteuer und im Zusammenhang mit der Spendenhaftung können hohe Steuerzahlungen im Raum stehen.

Für sportliche Veranstaltungen eines Sportvereins enthält § 67 a AO ferner besondere Vorschriften.

k) Auflösungsbestimmungen

Die Auflösung des Vereins hat sein Ende zur Folge. Nach dem Ereignis, das die Auflösung herbeiführt, kommt es zur Liquidation: Beendigung der laufenden Geschäfte, Einziehung von Forderungen, Versilberung des Vermögens, Befriedigung der Gläubiger, Übertragung des Vermögensüberschusses an den Berechtigten (§ 49 Abs. 1 BGB). Bis zur Beendigung der Liquidation gilt der Verein als fortbestehend, soweit der Zweck der Liquidation das erfordert (§ 49 Abs. 2 BGB), die Rechtsfähigkeit des Vereins bleibt bis dahin insoweit (beschränkt) bestehen. Nach § 41 BGB kann der Verein durch Beschluss der Mitgliederversammlung aufgelöst werden. Zu diesem Beschluss ist eine Mehrheit von drei Vierteln der abgegebenen Stimmen erforderlich wenn nicht die Satzung ein anderes bestimmt. Nach § 45 BGB fällt mit der Auflösung des Vereins oder der Entziehung der Rechtsfähigkeit das Vermögen an die in der Satzung bestimmten Personen, doch kann die Satzung bestimmen, dass die Anfallberechtigten durch Beschluss der Mitgliederversammlung oder eines anderen Vereinsorgans bestimmt werden. Ist der Zweck des Vereins nicht auf einen wirtschaftlichen Geschäftsbetrieb gerichtet, so kann die Mitgliederversammlung auch ohne eine solche Vorschrift das Vermögen einer öffentlichen Stiftung oder Anstalt zuweisen. Enthält die Satzung keine Bestimmung darüber, wem das Vermögen zufallen soll, so fällt es, wenn der Verein satzungsgemäß ausschließlich den Interessen seiner Mitglieder diente, an den Fiskus.

Diese für den voll rechtsfähigen Verein geltenden Bestimmungen sind auf den nicht eingetragenen Verein entsprechend anwendbar. Umstritten ist, ob die Liquidation in diesem Fall nach Vereinsrecht (§§ 47 ff. BGB) oder nach Gesellschaftsrecht (§§ 730 ff. BGB) vorzunehmen ist; keinesfalls fällt jedoch das Vermögen des aufgelösten nicht eingetragenen Vereins nach § 45 Abs. 3 BGB an den Fiskus, solange Mitglieder des Vereins oder Rechtsnachfolger von ihnen vorhanden sind.

Enthält die Vereinssatzung keine abweichenden Bestimmungen über die Auflösung und Liquidation, verbleibt es bei der gesetzlichen Regelung. Der nicht eingetragene Verein sollte schon wegen der umstrittenen Rechtslage, nach welchen Vorschriften die Liquidation durchzuführen ist, ausdrückliche Bestimmungen hierüber in seiner Satzung treffen. Vereine, die Steuervergünstigungen in Anspruch nehmen wollen, müssen abweichende und ausdrückliche Liquidationsbestimmungen treffen (oben S. 133). Je nach dem Zweck des Vereins, seiner Größe, seiner Organisation und der Streuung seiner Mitglieder kann es aber auch im Übrigen zweckmäßig sein, in der Satzung die Voraussetzungen für die Auflösung des Vereins abweichend vom Gesetz zu regeln.

In der Praxis selten wird der Fall sein, dass ein Verein nur für eine bestimmte Dauer gegründet wird, doch kann das durch Satzungsbestimmung vorgesehen werden (§ 74 Abs. 2 BGB). Vereine, die die Aufgaben der Mitgliederversammlung auf eine Delegiertenversammlung übertragen haben, werden dieser in der Regel auch die Entscheidung über die Auflösung des Vereins übertragen. Die Satzung sollte in diesem Fall Vorkehrungen dagegen treffen, dass der Auflösungsbeschluss nicht Zufallsmehrheiten überantwortet wird, und ferner für eine möglichst repräsentative (direkte oder indirekte) Beteiligung der Mitglieder sorgen. Das kann dadurch geschehen, dass der Auflösungsbeschluss an eine qualifizierte Mehrheit gebunden wird und zusätzlich entweder erhöhte Anforderungen an die Beschlussfähigkeit gestellt werden oder zusätzlich eine Urabstimmung unter den Mitgliedern vorgesehen wird.

Beispiele:
- „Die Auflösung des Vereins kann nur mit einer Mehrheit von drei Vierteln der Mitglieder der Delegiertenversammlung beschlossen werden. Der Beschluss ist sämtlichen Vereinsmitgliedern schriftlich bekanntzugeben. Er wird rechtswirksam, wenn nicht innerhalb von zwei Monaten nach Absendung dieser Benachrichtigung ein Zehntel aller Mitglieder des Vereins eine schriftliche Urabstimmung hierüber fordert und der Auflösungsbeschluss in dieser Urabstimmung nicht aufgehoben wird. Für die Aufhebung genügt die einfache Mehrheit der abgegebenen Stimmen, doch müssen sich mindestens mehr als ein Fünftel aller Vereinsmitglieder daran beteiligen."

- „Der Verein kann durch Beschluss der Delegiertenversammlung aufgelöst werden. Die Versammlung ist in diesem Fall nur beschlussfähig,
wenn mindestens drei Viertel aller Delegierten daran teilnehmen. Er
bedarf einer Mehrheit von zwei Dritteln der abgegebenen Stimmen."

Das Erste dieser Beispiele ist für einen mehr basisdemokratisch
orientierten Verein geeignet, das zweite eher für einen Verband.
Die Schwelle für einen Auflösungsbeschluss sollte zwar hoch gesetzt werden, aber nicht praktisch unerreichbar werden. Dem ist
im ersten Beispiel dadurch Rechnung getragen, dass der Beschluss
nicht an die Zustimmung aller Vereinsmitglieder gebunden wird,
sondern einer Minderheit lediglich ein Widerspruchsrecht eingeräumt wird, dessen Voraussetzungen in der gewählten Formulierung
– je nach Mitgliederstruktur – nicht leicht zu erreichen sein wird.

3. Exkurs: „Vereinsordnungen"

Neben der Satzung des Vereins gibt es in der Praxis häufig „Vereinsordnungen", das sind gegenüber der Satzung körperschaftliche
Normen untergeordneter Art, auch „nachrangige Körperschafts-
normen" genannt. Hierher gehören die bereits mehrfach erwähnten
Geschäftsordnungen für den Ablauf der Mitglieder- oder Delegiertenversammlung und für Vorstandsbeschlüsse, die Verfahrensordnungen für Schiedsgerichte oder sonstige Gremien der Konfliktlösung, Benutzungsordnungen für Vereinsanlagen, Sport- und
Rennordnungen, die das Verhalten beim Sportbetrieb näher regeln,
insbesondere Wettkampfordnungen, ferner Richtlinien für Fachausschüsse usw.

Da die Vereinssatzung nicht notwendigerweise in einer einheitlichen Urkunde zusammengefasst sein muss, kommen in der Praxis jedoch auch „Ordnungen" mit Satzungsqualität vor. Sie sind
Satzung jedoch nur dann, wenn sie in der hierfür vorgeschriebenen Form erlassen und – beim eingetragenen Idealverein – in das
Vereinsregister eingetragen sind.

Im Übrigen sind die „Vereinsordnungen" als nachrangige Ver-
einsnormen nur dann rechtsverbindlich, wenn sie keine Regelungen enthalten, die zwingend der Vereinssatzung vorbehalten sind
und wenn sie nach dem in der Vereinssatzung bestimmten Verfah-

ren ordnungsgemäß (insbesondere auch vom zuständigen Organ) beschlossen wurden.

E. Die Mitgliedschaft

Die Mitglieder eines Vereins sind dessen Träger: kein Verein ohne Mitglieder. Die Mitgliedschaft ist zugleich subjektives Recht und Rechtsverhältnis, das beim nicht wirtschaftlichen Verein nicht (oder allenfalls schwach) durch vermögensrechtliche Beziehungen bestimmt ist, sondern (zumindest vorwiegend) personenrechtlich. Die Mitgliedschaft begründet Rechte und Pflichten zwischen dem Mitglied und dem Verein als Körperschaft oder als körperschaftlich organisiertem Personenverband (nicht eingetragener Verein), nicht zwischen den einzelnen Mitgliedern des Vereins. Für politische Parteien gilt § 10 ParteienG.

Der BGH[74] hat das Mitgliedschaftsrecht auch als „sonstiges Recht" im Sinn des § 823 Abs. 1 BGB gesehen, dessen Verletzung durch den Verein oder eines seiner Organe zu Schadensersatzansprüchen des betroffenen Mitglieds führen könne. Zwar überlagere die zwischen dem Verein und seinen Mitgliedern bestehende Sonderbeziehung mit den aus ihr fließenden spezifischen Rechten und Pflichten die Anwendung der allgemeinen, außerhalb spezieller Rechtsverhältnisse geltenden Normen. Doch könne das Vereinsrecht nicht generell von dem Grundsatz ausgenommen werden, dass das Recht der unerlaubten Handlungen bei Verletzung deliktsrechtlich geschützter Positionen auch im Rahmen besonderer Schuldverhältnisse zur Anwendung komme.

Beispiel: Das Vorstandsmitglied eines Vereins erteilt einem Vereinsmitglied eine objektive falsche Auskunft, das daraufhin überflüssige finanzielle Investitionen macht.

1. Erwerb der Mitgliedschaft

Die Mitgliedschaft wird erworben durch Beteiligung an der Gründungsvereinbarung oder durch späteren Beitritt; ist dieser von ei-

---

[74] BGHZ 110, 323, 328 = NJW 1990, 2877.

ner Aufnahmeerklärung durch den Verein abhängig, wird die Mitgliedschaft durch die Aufnahmeerklärung begründet. Sieht die Vereinssatzung vor, dass die Mitgliedschaft erst mit Aushändigung einer Mitgliedskarte rechtswirksam wird, erwirbt der Bewerber ohne Aushändigung dieser Karte weder die Mitgliedschaft noch einen Anspruch darauf, auch wenn das zuständige Organ seine Aufnahme bereits beschlossen hat.[75] Der Beitritt ist – ebenso wie die Beteiligung an der Gründungsvereinbarung – Rechtsgeschäft, und zwar ein Vertrag eigener Art. Die Rechtswirksam-keit der Begründung der Mitgliedschaft setzt daher grundsätzlich volle Geschäftsfähigkeit voraus. Für **Minderjährige** gelten jedoch die gleichen Grundsätze wie bei der Vereinsgründung, s. o. S. 54.

Umstritten war lange, ob die Bestimmungen über den Widerruf von Haustürgeschäften (Begriff: § 312 Abs. 1 S. 1 BGB) auf den Vereinsbeitritt anwendbar sind, doch ist kein vernünftiger Grund ersichtlich, dieses Verbraucherschutzgesetz auf Vereine, die Mitglieder durch organisierte Werber akquirieren, nicht anzuwenden, wenn die übrigen Voraussetzungen des § 312 BGB gegeben sind:

- ein Vertrag zwischen einem Verein als Unternehmer (Begriff: § 14 BGB)
- die Beitrittserklärung (auch) auf eine entgeltliche (Gegen-) Leistung des Vereins gerichtet ist,
- der Beitretende zum Beitritt bestimmt wurde durch mündliche Verhandlungen an seinem Arbeitsplatz oder im Bereich einer Privatwohnung, anlässlich einer im Gesetz näher gekennzeichneten Freizeitveranstaltung oder im Anschluss an ein überraschendes Ansprechen in Verkehrsmitteln oder im Bereich öffentlich zugänglicher Verkehrswege.

Es ist heute gefestigte Rechtsprechung, dass das organisationsrechtliche Geschäft des Vereinsbeitritts jedenfalls dann in den Anwendungsbereich des § 312 BGB fällt, wenn das Mitglied durch den Beitritt einen Anspruch auf Leistung erhält, für die es selbst kein Entgelt zu zahlen hat (Beispiel: Flugrettungsdienste). Jeden-

---

[75] BGHZ 101, 193 = NJW 1987, 2503 (entschieden für eine politische Partei in der Rechtsform eines e. V.).

falls liegt zumindest eine „anderweitige Gestaltung" im Sinn von § 312f. S. 2 (verbotenes Umgehungsgeschäft) vor.[76]

In diesen Fällen wird die Beitrittserklärung erst wirksam, wenn sie nicht innerhalb einer Frist von zwei Wochen ab Aushändigung einer schriftlichen Widerrufsbelehrung widerrufen wurde (§§ 312 Abs. 1 S. 1, 355 Abs. 1 BGB). Diese zwingenden Vorschriften gehen etwaigen Satzungsbestimmungen vor.

Die Mitgliedschaft in einem Verein kann durch Satzung beschränkt sein:

- durch Abhängigkeit von einer Aufnahmeerklärung des Vereins;
- durch zahlenmäßige Begrenzung des Vereins;
- durch objektive Kriterien: Geschlecht, Alter, Beruf, Staatsangehörigkeit, Wohnsitz, Erfordernis einer bestimmten rechtlichen Qualifikation.

Beispiele: „Mitglieder können nur Arbeitnehmer sein." „Ordentliche Mitglieder können nur Organisationen der Filmwirtschaft sein, und zwar nur Spitzenverbände von Sparten der Filmwirtschaft im Arbeitsgebiet des Vereins, denen alle Angehörigen der einzelnen Sparten mittelbar oder unmittelbar beitreten können."

Die Mitgliedschaft kann auch in der Satzung abschließend geregelt sein, so bei Verbänden zur Förderung der Wirtschaft und der Wissenschaft.

Die Aufnahmebeschränkung findet jedoch ihre Grenzen beim Monopolverein, wenn sie sich sachlich nicht rechtfertigen lässt. In einem solchen Fall kann ein Aufnahmeanspruch gegen einen Verein bestehen, wenn der Verein dem Bewerber mit der Ablehnung in einer gegen die guten Sitten verstoßenden Weise vorsätzlich Schaden zufügt. Die beherrschende Stellung des Vereins ist jedoch Tatfrage und bedarf in jedem Fall der konkreten Feststellung. Sie kann insbesondere bei Sportverbänden,[77] kulturellen und Wirtschaftsverbänden sowie Tierzuchtvereinen, die das

---

[76] So OLG München, NJW 1996, 263 unter Bezugnahme auf BGH, NJW 1993, 1594, 1995 zu den damaligen Vorschriften des Haustürwiderrufsgesetzes; a. M. noch OLG Karlsruhe, NJW 1991, 433.

[77] BGH, NJW 1999, 1326.

Zucht- und Körbuch führen, vorhanden sein, wird jedoch auch hier regelmäßig Ausnahme sein.

Ein Anspruch auf Aufnahme in einen Verein kann außer bei Monopolvereinigungen auch dann bestehen, wenn ein Verein oder Verband im wirtschaftlichen oder sozialen Bereich eine überragende Machtstellung innehat und ein schwerwiegendes Interesse von Beitrittswilligen am Erwerb der Mitgliedschaft besteht. Das gilt auch für Gewerkschaften. Allerdings ist eine Gewerkschaft (und Gleiches wird für Interessenverbände ähnlicher Art gelten) nicht verpflichtet, Bewerber aufzunehmen, die als geschlossene Gruppe von vornherein die Solidarität gegenüber der von der Mehrheit der Mitglieder getragenen inneren Vereinsordnung verweigert und mit der ausdrücklichen Erklärung die Aufnahme verlangt, dass sie als geschlossene Gruppe mit eigenem Publikationsorgan in der Gewerkschaft selbstständig und ohne Bereitschaft zur Integration agieren will.[78] Politische Parteien unterliegen grundsätzlich keinem Aufnahmezwang.[79]

2. Mitgliedschaftsrechte

Die Mitgliedschaft begründet Rechte und Pflichten des Mitglieds gegenüber dem Verein.

a) Allgemeines

Es gilt der Grundsatz der gleichmäßigen Behandlung aller Vereinsmitglieder. Als Rechtsgrund für die Geltung dieses auch nicht der Satzungsdisposition unterliegenden Gleichbehandlungsgebots wird man seit Geltung des Grundgesetzes wohl den allgemeinen Gleichheitsgrundsatz des Art. 3 Abs. 1 GG anzusehen haben, der als allgemeines rechtsstaatliches Prinzip auch innerhalb der Privatrechtsordnung gilt. Wie dieser verfassungsrechtliche Gleichheitsgrundsatz, so besagt auch der körperschaftsrechtliche Gleichbehandlungsgrundsatz jedoch nicht, dass alle Mitglieder des Vereins gleichberechtigt sein müssen. Durch die Satzung können vielmehr

---

[78] BGH, NJW 1985, 1214 und 1216.
[79] BGHZ 101, 193 = NJW 1987, 2503.

Vereinsmitglieder mit unterschiedlichem Rechtsstatus vorgesehen werden, die Differenzierung muss jedoch auf sachlichen Gründen beruhen. Einzelheiten hierzu vorstehend S. 138 mit Beispielen.

Unter Beachtung dieser Kriterien ist daher auch die Einräumung von Sonderrechten für einzelne Mitglieder oder eine Gruppe von Mitgliedern durch die Satzung zulässig. Auch die Einschränkung von Mitgliedschaftsrechten durch eine repräsentativ-demokratische Verfassung (Übertragung von Aufgaben der Mitgliederversammlung auf die Delegiertenversammlung) und sogar der fast völlige Ausschluss der Mitgliederversammlung durch Übertragung ihrer Aufgaben auf ein anderes Vereinsorgan (z. B. den Vorstand) stellt keine Verletzung des Gleichbehandlungsgrundsatzes dar, wenn die Einschränkung der Mitgliedschaftsrechte für alle Mitglieder in gleicher Weise gilt.

Die Mitgliedschaft ist nach § 38 S. 1 BGB nicht übertragbar und nicht vererblich. Sie kann dann auch nicht verpfändet werden (§ 1274 Abs. 2 BGB) und unterliegt nicht der Pfändung im Wege der Zwangsvollstreckung (§ 857 Abs. 3 ZPO). Nach § 38 S. 2 BGB kann ferner die Ausübung der Mitgliedschaftsrechte nicht einem anderen überlassen werden, nach dem Gesetz ist die Mitgliedschaft also an die Person des Mitglieds gebunden. Da § 38 BGB jedoch nach § 40 BGB dispositives Recht ist, kann die Satzung anderes bestimmen. Hiervon wird in der Praxis insbesondere Gebrauch gemacht durch die Einsetzung einer Delegiertenversammlung (Vertreterversammlung), der (soweit zulässig) weitgehend die Rechte der Mitgliederversammlung übertragen werden; durch die Wahl eines Delegierten überträgt ein Mitglied einen Teil seiner Verwaltungsrechte auf diesen. Ferner ist vor allem bei Verbänden in der Praxis häufig die Zulassung von Bevollmächtigten zur Ausübung der Mitgliedschaftsrechte. Dagegen wird die Übertragbarkeit und Vererblichkeit der Mitgliedschaft im Wesentlichen nur beim wirtschaftlichen Verein in Betracht kommen.

b) Verwaltungsrechte

Sie werden auch noch Mitverwaltungs- Organschafts- oder Körperschaftsrechte genannt. Jedem Mitglied steht – im Rahmen der Satzung und unter Beachtung etwaiger dort geregelter Beschränkungen – das Recht auf aktive Teilnahme am Vereinsleben zu, insbesondere: das Recht auf Teilnahme an der Mitgliederversammlung, das Rede-, Antrags-, Auskunfts- und Stimmrecht, das aktive und passive Wahlrecht, ferner die Wahrnehmung von Minderheitenrechten wie das auch durch Satzung nicht entziehbare Recht, die Berufung der Mitgliederversammlung zu verlangen (§ 37 Abs. 1 BGB) und notfalls zu erzwingen (§ 37 Abs. 2 BGB), die Ergänzung der Tagesordnung zu fordern, schließlich Schutzrechte wie: das Recht auf rechtliches Gehör, auf Anrufung von Konfliktlösungsorganen und auf Austritt aus dem Verein (§ 39 BGB). Das Auskunftsrecht des Vereinsmitglieds über vereinsinterne Angelegenheiten beschränkt sich jedoch auf die Mitgliederversammlung.[79a] Landesverbänden steht gegen den Vorstand ihres Dachverbandes auf dessen Verbandversammlung ein Auskunftsrecht nach §§ 27 Abs. 3, 666 BGB über alle wesentlichen tatsächlichen und rechtlichen Verhältnisse des Dachverbandes zu.[79b]

c) Wertrechte

Sie werden auch vermögenswerte oder Genussrechte genannt und durch die Satzung eingeräumt. Hierzu gehören:

Das Recht auf Benutzung von Vereinseinrichtungen, auf Bezug der Vereinszeitschrift (z.B. einer Fachzeitschrift, die im freien Handel nicht erhältlich ist), auf Gewährung von Vergünstigungen (z.B. die Möglichkeit, von einem als wirtschaftlichem Verein betriebenen Buchklub Bücher, Schallplatten usw. zum Mitgliederpreis zu beziehen), auf Beteiligung an Vereinsveranstaltungen (z.B. einer von einem Fachverband veranstalteten Messe, auf Fach- und Rechtsberatung, diese natürlich nur, soweit sie gesetzlich zulässig ist).

Beispiel: Nach Art. 1 § 3 Nr. 8 des Rechtsberatungsgesetzes ist die außergerichtliche Besorgung von Rechtsangelegenheiten von Verbrauchern durch für ein Bundesland errichtete, mit öffentlichen Mitteln

---

[79a] KG, NJW-RR 1999, 1486; allg. Meinung.
[79b] BGH, NJW-RR 2003, 830.

geförderte Verbraucherzentralen im Rahmen ihres Aufgabenbereichs zulässig, nach Art. 1 § 7 dieses Gesetzes dürfen ferner auf berufsständischer oder ähnlicher Grundlage gebildete Vereinigungen oder Stellen im Rahmen ihres Aufgabenbereichs ihren Mitgliedern Rat und Hilfe in Rechtsangelegenheiten gewähren.

Zu den Wertrechten gehört auch ein Anspruch auf den Anfall des anteiligen Vereinsvermögens nach Auflösung des Vereins an die zu diesem Zeitpunkt noch vorhandenen Mitglieder, sofern die Satzung dies vorsieht (was nicht möglich ist, wenn der Verein steuerbegünstigte Zwecke verfolgt).

d) Gläubigerrechte

Sie werden auch Drittgläubigerrechte genannt und beruhen nicht auf der Mitgliedschaft, sondern auf Rechtsverhältnissen zwischen einem Mitglied und dem Verein, etwa aus Darlehensgewährung, Bürgschaft, Garantievertrag, Kauf, Miete, Arbeits- oder Dienstverhältnis. Die Mitgliedschaft ist hier nur Motiv für die Eingehung der Rechtsbeziehung. Das Mitglied steht dem Verein wie ein Dritter gegenüber. Die Rechte aus diesen Rechtsverhältnissen sind daher stets übertragbar und pfändbar.

Hierzu zählen auch die „gläubigerrechtsähnlichen Wertrechte", das sind Ansprüche, die zwar aus der Mitgliedschaft entstanden sind, weil sie nur ein Mitglied erwerben konnte, dann jedoch von der Mitgliedschaft losgelöst fortbestehen, z. B. Ansprüche auf Gewinnanteile nach Festsetzung durch das zuständige Vereinsorgan. Auch sie sind übertragbar und pfändbar.

3. Mitgliedschaftspflichten

Den Rechten der Mitglieder entsprechen Pflichten gegenüber dem Verein. Sie können nur in der Satzung begründet werden, und zwar entweder ausdrücklich, oder sie folgen aus dem Zweck des Vereinsbeitritts.

Mit der Beteiligung am Gründungsvertrag oder mit dem späteren Beitritt zum Verein unterwirft sich das Mitglied der Satzung, und zwar unabhängig davon, ob es vom Inhalt der Satzung positive Kenntnis hat. Es genügt die Möglichkeit der Kenntnisnahme. Die Vorschriften über Allgemeine Geschäftsbedingungen (§§ 305 bis 310 BGB) finden keine Anwendung.[80] Folglich gelten auch nicht deren Einbeziehungsvorschriften (§ 305 BGB).

a) Treuepflichten

Die Mitglieder müssen auf Grund ihres Beitritts die Vereinszwecke und die gemeinsamen Interessen fördern. Sie sind verpflichtet, hierzu mit den übrigen Vereinsmitgliedern zusammenzuarbeiten. Daraus folgt, dass sie eine Loyalitätspflicht zum Verein haben und vereinsschädigendes Verhalten zu unterlassen haben.

Zu diesen Förderpflichten gehört auch die Bereitschaft zur Übernahme von Vereinsämtern sowie zu geringfügigen Dienstleistungen, die mehr zum Bereich der Gefälligkeiten zählen: als Saalordner, Wahlhelfer, Stimmenzähler bei Abstimmungen zu fungieren.

Vereinssatzungen enthalten bisweilen, Verbandssatzungen in der Regel auch Pflichtenkataloge, etwa in der Beschreibung der Betätigung, durch die der Verein die gesetzten Zwecke erfüllen will. Ferner können sich spezielle Pflichten aus den Sanktionenkatalogen ergeben, in denen für Handlungsweisen, die die Vereinssatzung missbilligt, Vereinsstrafen angedroht werden. Denn die Mitglieder sind insbesondere verpflichtet, die Satzung und die sonstigen Ordnungen des Vereins zu beachten, Anordnungen zu befolgen, die Vereinsorgane im Rahmen ihrer Zuständigkeit erteilen.

Verletzt ein Mitglied die Förderpflichten, kann der Verein bzw. das zuständige Organ oder ein dafür bestelltes Schiedsgericht die in der Satzung dafür angedrohten Sanktionen verhängen.

b) Zahlungspflichten

Den vermögenswerten Rechten entsprechen die vermögenswerten Pflichten der Mitglieder, insbesondere die satzungsmäßig festgelegte Pflicht zur Leistung finanzieller Beiträge, die in der Regel die Grundlage für die Finanzverwaltung des Vereins bilden. Beschlüsse über Beitragsänderungen unterliegen dem Gleichbehand-

---

[80] § 310 Abs. 4 S. 1 BGB: das dort ausgenommene Gesellschaftsrecht umfasst nach allgemeiner Meinung auch das Vereinsrecht des BGB.

lungsgrundsatz. Danach sind Unterschiede zwar möglich (z. B. Ermäßigung für Studenten, Rentner, Erlass für Ehrenmitglieder), sie müssen jedoch sachgemäß sein.

Neben den Beiträgen kommen außerordentliche Umlagen in Betracht, die zur Deckung eines finanziellen Sonderbedarfs oder von unerwarteten Fehlbeständen erforderlich sind. Ihre Erhebung muss jedoch – wie auch die Beitragspflicht – eine Rechtsgrundlage in der Satzung haben. Andernfalls kann eine Umlage nicht oder nur nach Satzungsänderung für die Mitglieder verbindlich beschlossen werden.

c) Sonderpflichten

Den Sonderrechten bestimmter Mitglieder oder Mitgliedsgruppen entsprechen Sonderpflichten. Der in der Praxis häufigste Fall ist, dass einer bestimmten Gruppe von Mitgliedern ein erhöhter Beitrag auferlegt wird, so: fördernden Mitgliedern, Mitgliedern, die juristische Personen sind. Ferner können bestimmte Mitglieder zu besonderen Zuschüssen verpflichtet werden (etwa ein Dachverband an notleidende Mitgliedsvereine, ein Mutterverein an eine Tochtergründung, Organisationen der öffentlichen Hand bei Vereinen, die öffentliche Aufgaben erfüllen).

Die Satzung eines Vereins kann auch bestimmen, dass der Vorstand und (oder nur) die Mitgliederversammlung mehrheitlich alle Mitglieder verpflichten kann, über den laufenden satzungsmäßigen Mitgliedsbeitrag hinaus einmalige Sonderleistungen zu erbringen, die auch in der Leistung einer bestimmten Anzahl von Arbeitsstunden, ersatzweise Zahlung eines Geldbetrages, bestehen können.[81]

4. Erlöschen der Mitgliedschaft

Die Mitgliedschaft endet durch Austritt, Ausschluss aus dem Verein, Anfechtung des Beitritts, durch Tod des Mitglieds, sonstige in der Satzung genannte Umstände sowie durch die Auflösung des Vereins (hierzu nachstehend S. 195 ff.).

---

[81] AG Grevenbroich, NJW 1991, 2646, verfassungsrechtlich gebilligt durch BVerfG (Kammer), NJW 1991, 2626.

Der **Austritt** ist einseitige empfangsbedürftige Willenserklärung, die wirksam wird mit Zugang an den Vorstand. Wenn die Satzung nichts anderes bestimmt, genügt Zugang an **ein** Vorstandsmitglied (§ 26 Abs. 2 S. 2 BGB). Der Austritt kann durch Satzung nicht ausgeschlossen werden (§ 39 Abs. 1 BGB), die Satzung darf ihn daher auch nicht unangemessen erschweren. Er bedarf keiner Begründung. Die Satzung kann jedoch bestimmen, dass der Austritt nur am Schluss eines Geschäftsjahres oder erst nach Ablauf einer Kündigungsfrist zulässig ist, die jedoch höchstens zwei Jahre betragen darf (§ 39 Abs. 2 BGB). Auch wenn die Satzung eine Kündigungsfrist vorsieht, ist der fristlose Austritt aus wichtigem Grund zulässig. Der Austritt aus einem religiösen oder weltanschaulichen Verein wird stets fristlos zulässig sein (Art. 4 Abs. 1 GG: Garantie der Freiheit des Glaubens, des Gewissens und des religiösen und weltanschaulichen Bekenntnisses), doch kann es zulässig sein, den Ausgetretenen noch bis zum Ablauf des auf die Austrittserklärung folgenden Kalendermonats (jedoch nicht länger) mit finanziellen Beitragspflichten zu belasten.[82] Jederzeit ist ein Mitglied zum sofortigen Austritt aus einer politischen Partei berechtigt (§ 10 Abs. 2 S. 3 ParteienG). Wegen der grundgesetzlichen Garantie der Koalitionsfreiheit muss auch für den Austritt aus einer Gewerkschaft eine kürzere Frist als zwei Jahre vorgesehen werden (negative Koalitionsfreiheit). Die Verhältnisse bei einer Gewerkschaft und einem Arbeitgeberverband sind jedoch nicht vergleichbar, so dass bei einem Arbeitgeberverband auch eine Austrittsfrist von bis zu einem Jahr zulässig sein kann.[83]

Mit dem Wirksamwerden des Austritts erlöschen grundsätzlich die Mitgliedschaftsrechte und Mitgliedschaftspflichten.

---

[82] Entsprechend der verfassungsrechtlichen Regelung beim Kirchenaustritt: BVerfGE 44, 54 ff., 59 ff.

[83] Zur Gewerkschaft: Das AG Ettenheim, NJW 1985, 979 hat in einem sehr sorgfältig begründeten Urteil eine Kündigungsfrist von sechs Monaten zum Jahresschluss wegen Verstoßes gegen Art. 9 Abs. 3 GG für nichtig gehalten. Der BGH hält jedenfalls eine Kündigungsfrist von mehr als sechs Monaten für eine Gewerkschaft für zu lang (MDR 1981, 291). Zum Arbeitgeberverband: LAG Saarland vom 22. 10. 2003, Az. 2(1) Sa 43/03; BAG vom 1. 12. 2004, Az. 4 AZR 55/04.

Der **Ausschluss aus dem Verein** wird mit der Bekanntgabe an den Betroffenen wirksam. Sieht die Satzung einen Einspruch gegen den Ausschließungsbeschluß vor, hat er aufschiebende Wirkung, es sei denn, dass die Satzung anderes bestimmt. Der Ausschluss kann von Fall zu Fall Vereinsstrafe oder Kündigung sein. Kündigung aus wichtigem Grund ist stets zulässig; ohne wichtigen Grund ist Kündigung durch den Verein nur zulässig, wenn die Satzung sie zulässt und die Kündigungsgründe konkret benennt.[84]

Anfechtung des Beitritts und sonstige Willensmängel: Der Beitritt zum Verein – sei es in der Gründungsversammlung, sei es später – kann wegen Willensmängeln angefochten werden; bei einem Minderjährigen kann die Verweigerung der Genehmigung zur Unwirksamkeit führen. Der Beitritt kann auch wegen fehlender Geschäftsfähigkeit rechtsunwirksam sein. Umstritten ist, ob die Mitgliedschaftsrechte rückwirkend erlöschen (also gar nicht rechtswirksam entstanden sind) oder die Anfechtung usw. lediglich das Erlöschen der Mitgliedschaft für die Zukunft bewirkt (so wohl die herrschende Meinung).

Nach § 38 S. 1 BGB ist die Mitgliedschaft nicht vererblich. Sie erlischt folglich mit dem **Tod des Mitglieds,** es sei denn, dass ausnahmsweise in der Satzung die Vererblichkeit bestimmt ist.

Die **Satzung** kann **sonstige Gründe** bestimmen, die die Mitgliedschaft zum Erlöschen bringt. Der praktisch bedeutsamste ist die Streichung aus der Liste der Mitglieder wegen Verzugs mit der Beitragszahlung für einen in der Satzung zu bezeichnenden Zeitraum (ein Jahr, zwei Jahre). Die Satzung kann jedoch auch andere Gründe bestimmen, die die Mitgliedschaft zum Erlöschen bringen, so bei Berufsverbänden die Aufgabe des Berufs, bei Wirtschaftsverbänden die Aufgabe des Gewerbes.

5. Vereinsstrafen

Der Satzungsautonomie des Vereins entspricht seine Befugnis, Vereinsstrafen über Mitglieder zu verhängen, das sind Akte der Mißbilligung gegenüber Mitgliedern, die die Mitgliedschaftspflich-

---

[84] Reuter, NJW 1987, 2401.

ten verletzen. Es handelt sich nicht um Vertragsstrafen; da sie auch keine Kriminalstrafen sind (wenngleich der Ausschluss aus einem Verein oder die Aberkennung eines Vereinsamts einen erheblichen gesellschaftlichen Prestigeverlust zur Folge haben kann), bestehen gegen die Zulässigkeit von Vereinsstrafen auch keine verfassungsrechtlichen Bedenken. Der Verein bedarf zum Schutz seines Bestands und des Vereinsfriedens vielmehr einer solchen Disziplinargewalt.

Der Disziplinargewalt eines Sportverbandes können sich allerdings auch Nichtmitglieder unterstellen, jedenfalls, soweit sie seine Einrichtungen in Anspruch nehmen oder an dem in seinem Organisations- und Verantwortungsbereich nach seinen Regeln (Sport- oder Spielordnungen o. Ä.) ausgeschriebenen Sportbetrieb teilnehmen wollen. Die dazu erforderliche Unterwerfung kann allerdings nicht in der Satzung sondern nur durch rechtsgeschäftlichen Einzelakt erfolgen.[85]

a) Zulässigkeit

Vereinsstrafen sind nur zulässig, wenn und soweit sie in der Satzung zugelassen sind. Einzelheiten hierzu s. o. S. 120. Auch wenn die Satzung keine Bestimmung über den Ausschluss von Mitgliedern enthält, ist dieser bei Vorliegen eines wichtigen Grundes zulässig (oben S. 123). Sieht die Satzung den Ausschluss eines Mitglieds aus dem Verein vor, so ist auch der Ausschluss auf Zeit als mildere Maßnahme zulässig, wenn ein den Ausschluss rechtfertigender Tatbestand gegeben ist. Gruppenweiser Ausschluss ist unzulässig.

Die Verhängung einer Vereinsstrafe erfordert nicht stets ein Verschulden des Betroffenen, insbesondere nicht beim Ausschluss, weil es hier entscheidend auf die Frage der Verträglichkeit mit anderen Vereinsmitgliedern und die Zumutbarkeit der weiteren Mitgliedschaft des Betroffenen ankommen kann. Für alle übrigen Vereinsstrafen – insbesondere für Geldbußen, wo die Satzung sie zulässt, aber auch für andere „geringere" Disziplinarmaßnahmen, die sich bei der nächsten Missbilligung „strafschärfend" auswirken

---

[85] BGH, NJW 1995, 583.

können – wird man Verschulden des Betroffenen als Voraussetzung für eine Bestrafung fordern müssen (Rechtsprechung und Literatur sind in dieser Frage uneinheitlich). Das ergibt sich schon
aus dem Charakter der Vereinsstrafe als „Missbilligung", also als
Ausdruck eines Unwerturteils.

Mit dem Ausschluss aus dem Verein verliert das ausgeschlossene
Mitglied, wenn die Satzung nichts anderes bestimmt, auch das Vorstandsamt und sonstige Vereinsfunktionen (nicht aber erlischt dadurch ein bestehendes Arbeits- oder Dienstverhältnis, doch kann
gleichzeitig ein Grund zur fristlosen Kündigung dieses Rechtsverhältnisses gegeben sein, wobei etwaige einzuhaltende Fristen beachtet werden müssen, so die Zwei-Wochen-Frist des § 626 Abs. 2
BGB).

b) Vereinsstrafverfahren

Die Satzung muss die Zuständigkeit des Vereinsorgans (oder eines Schiedsgerichts) für die Durchführung des Vereinsstrafverfah-
rens bestimmen. Die Einzelheiten können dann in einer Vereinsordnung (vgl. S. 135) geregelt werden. Enthält die Satzung keine
Zuständigkeitsregelung, entscheidet das für Vereinsbeschlüsse zuständige Organ, nach § 32 BGB folglich die Mitgliederversammlung. Die Ausschließung durch ein satzungsmäßig unzuständiges
Vereinsorgan ist unwirksam.[86]

Ist die Zuständigkeit dem Vorstand übertragen, so kann ein dem
Vorstand angehörendes Vereinsmitglied nicht ohne Mitwirkung des
für die Abberufung von Vorstandsmitgliedern zuständigen Vereinsorgans (in der Regel also der Mitgliederversammlung) ausgeschlossen werden, es sei denn, die Satzung lasse dies ausdrücklich zu. Ferner kann es unzulässig sein, wenn ein nur aus einer Person
bestehender Vorstand mit weitgehender Aufgaben- und Machtkon-
zentration kraft Satzung ohne Mitwirkung der Mitgliederversammlung den Ausschluss eines Mitglieds aus dem Verein verfügt.

Das Verfahren muss rechtsstaatlichen Grundsätzen entsprechen.
Das entscheidende Organ (selbstverständlich auch ein Schiedsge-

---

[86] BayObLGZ 1986, 528.

richt nach §§ 1025 ff. ZPO) muss ordnungsgemäß besetzt sein und geleitet werden, doch ist (anders als beim Schiedsgericht nach §§ 1025 ff. ZPO) nicht Voraussetzung, dass die Mitglieder des Gremiums, das über die Verhängung einer Vereinsstrafe beschließt, unparteilich sind. Dem betroffenen Mitglied steht daher auch kein Ablehnungsrecht zu, es sei denn, die Satzung enthalte eine entsprechende Bestimmung. Äußerst umstritten ist, ob das betroffene Mitglied auch selbst mit stimmberechtigt ist (so in der Mitgliederversammlung, wenn diese über die Vereinsstrafe beschließt). Der BGH hat unter dem Gesichtspunkt, niemand könne Richter in eigener Sache sein, dem betroffenen GmbH-Gesellschafter bei der Abstimmung darüber, ob gegen ihn eine Ausschließungsklage nach § 47 Abs. 4 GmbHG zu erheben sei, das Stimmrecht versagt.[87] Nicht anders ist es beim Beschluss über den Ausschluss aus dem Verein: das betroffene Mitglied hat kein Stimmrecht (auch analog § 34 BGB). Die gegenteilige Meinung in Vorauflagen wird ausdrücklich aufgegeben.

Sind allerdings die Mitglieder des für Ordnungsmaßnahmen zuständigen Vereinsorgans selbst durch das Verhalten verletzt worden, das Gegenstand des Ordnungsverfahrens ist, dürfen sie am Verfahren nicht mitwirken.[88]

Dem Betroffenen ist rechtliches Gehör zu gewähren, folglich auch seinem gesetzlichen Vertreter und auch in der Mitgliederversammlung, die über seinen Ausschluss beschließt und in der er kein Stimmrecht hat. Nicht erforderlich ist eine mündliche Verhandlung oder eine persönliche Anhörung, wenn nicht die Verfahrensordnung sie obligatorisch vorschreibt. Wird mündlich verhandelt, hat der Betroffene ein Zutrittsrecht, das durch Satzung nicht rechtswirksam ausgeschlossen werden kann.[89] Beweisaufnahme ist zulässig, doch kann ein Vereinsorgan natürlich nicht das Erscheinen oder die Äußerung von Zeugen und Sachverständigen erzwingen (ein Schiedsgericht im Sinn der §§ 1025 ff. ZPO könnte sich hierzu des staatlichen Gerichts bedienen, § 1050 ZPO Sach-

---

[87] BGHZ 9, 157, 178; 16, 318, 323; 97, 28, 33.
[88] BGH, NJW 1981, 744.
[89] OLG München, OLG-Report München 1992, 27.

verständige kann es selbst bestellen, § 1049 ZPO). Auf Personen, die selbst dem Verein angehören, kann der Verein allerdings indirekt einwirken, indem entweder in der Satzung die Aussageverweigerung (ohne rechtfertigenden Grund) mit Sanktionen bedroht wird oder das Verhalten des Mitglieds, auf dessen Mitwirkung als Zeugen das Disziplinarorgan angewiesen ist, als vereinsschädigend angesehen wird.

Umstritten ist, ob und inwieweit die Verteidigung durch Vertreter, insbesondere Rechtsanwälte, ausgeschlossen werden kann. Rechtsprechung und Literatur haben hierzu folgende Grundsätze entwickelt: Bei einfachen Vorgängen des Vereinslebens soll die Nichtzulassung eines Rechtsanwalts den Anspruch auf rechtliches Gehör nicht verletzen, und zwar selbst dann, wenn der Vorsitzende des Disziplinargremiums Volljurist ist; je gravierender die drohende Sanktion ist, umso eher soll der Betroffene einen Anspruch auf Zulassung eines Rechtsanwalts haben. Insbesondere kann das Gebot der Waffengleichheit die Zulassung eines Rechtsanwalts als Verteidiger gebieten, so wenn sich die Vereinsorgane, die die Entziehung von Mitgliedschaftsrechten gegen ein Mitglied betreiben, selbst zur Vertretung ihres Antrags eines Rechtsanwalts bedienen.[90] Es wird ferner angenommen, Vereinsordnungen könnten den Kreis der zugelassenen Vertreter (auch von Rechtsanwälten) auf vereinsangehörige Personen beschränken, jedenfalls dann, wenn dem Betroffenen noch eine ausreichende Auswahl für einen Verteidiger seines Vertrauens verbleibt.

Diese Grundsätze sind insgesamt nicht unbedenklich. Zweifellos ist das Interesse des Vereins, vereinsinterne Streitigkeiten möglichst intern auszutragen, berechtigt, um weitere Friedensstörungen zu vermeiden. Auch ist die Mitgliederversammlung – wenn ihr die Verhängung der Sanktion einschließlich des Ausschlusses des betroffenen Mitglieds aus dem Verein obliegt – nicht der rechte Ort für das Plädoyer eines nicht vereinsangehörigen Rechtsanwalts, dem im Falle seiner Zulassung auch Antragsrechte eingeräumt werden müssten, die ihm als Nichtmitglied nicht zustehen. Auch wird

---

[90] BGHZ 55, 381, 391: 90, 92, 94.

– wenn die Mitgliederversammlung entscheidet – der Betroffene in der Regel aus dem Kreis der Mitglieder ausreichend Unterstützung erhält, es sei denn, dass er völlig isoliert ist. Schließlich ist der Beschluss der Mitgliederversammlung (wie auch anderer Disziplinarorgane) durch die ordentlichen Gerichte nachprüfbar, so dass eine Vertretung durch Rechtsanwälte in diesem Fall entbehrlich ist; wird allerdings dem Antragsteller (und sei es der Vorstand oder ein sonstiges Vereinsorgan) der Beistand eines Rechtsanwalts zugebilligt, muss der Betroffene gleiches Recht haben.

Je formalisierter hingegen ein Verein das Disziplinarverfahren ausgestaltet hat – durch Einsetzung eines „Vereinsgerichts", durch eine Verfahrensordnung usw. –, umso eher sollte man dem Betroffenen auch die Zuziehung eines Rechtsanwalts gestatten und Beschränkungen in der Zuziehung wie in der Auswahl eines Verteidigers durch Satzung oder Verfahrensordnung als Verstoß gegen den Anspruch auf rechtliches Gehör ansehen. Dabei sollte Kriterium nicht die Schwere der angedrohten Sanktion sein – oft wird ohnehin die gesamte Skala offen stehen –, weil die Schwere der Sanktion nicht nur objektiv sondern auch subjektiv (auf den Betroffenen) wirkt. Je rechtsstaatlicher sich eine Disziplinarordnung gibt, desto mehr sollte sie auch diesen Anspruch einlösen und die freie Anwaltswahl gewähren müssen. Wird das Verfahren vor einem Disziplinargremium geführt, wiegt auch nicht mehr der Gesichtspunkt der Friedensstörung.

Das Parteiengesetz enthält in § 14 besondere Vorschriften für Parteischiedsgerichte. Ihre Einrichtung ist für politische Parteien obligatorisch. Ihre Mitglieder werden für höchstens vier Jahre gewählt, sie dürfen nicht Mitglied eines Vorstands der Partei oder eines Gebietsverbandes sein, in keinem Dienstverhältnis zu der Partei oder einem Gebietsverband stehen oder von ihm regelmäßige Einkünfte beziehen. Sie sind unabhängig und an Weisungen nicht gebunden, doch kann die Satzung vorsehen, dass die Schiedsgerichte allgemein oder im Einzelfall paritätisch mit Beisitzern besetzt werden, die von den Streitteilen benannt werden. Es muss eine Schiedsgerichtsordnung erlassen werden, die den Beteiligten rechtliches Gehör, ein gerechtes Verfahren und sogar die Ablehnung eines Mitglieds des Schiedsgerichts wegen Befangenheit gewährleistet. Auch diese „Schiedsgerichte" müssen nicht als Schiedsgerichte nach §§ 1025 ff. ZPO errichtet werden und sind es in der Regel auch nicht.

Auch im Vereinsstrafverfahren gilt der Grundsatz, dass die zweimalige Ahndung einer Pflichtverletzung unzulässig ist (ne bis in idem). Ein Schuldspruch muss grundsätzlich begründet werden. Ferner ist das Übermaßverbot zu beachten, das heißt, die Vereinsstrafe muss in einem angemessenen Verhältnis zum Pflichtenverstoß stehen.

c) Anfechtbarkeit

Die Satzung kann einen vereinsinternen Instanzenzug begründen. In der Regel wird gegen Entscheidungen des Vorstands oder eines besonderen Disziplinarorgans zunächst die Anrufung der Mitgliederversammlung vorgesehen. Bei Massenorganisationen ist dieses Verfahren wenig praktikabel, sie sollten ein besonderes Berufungsgremium vorsehen, das beim mehrgliedrigen Verein auch bei einem überörtlichen Gebietsverband eingerichtet werden kann und so für mehr Neutralität und für eine Vereinheitlichung der „Rechtsprechung" sorgen kann. Die Anrufung der ordentlichen Gerichte kann nicht ausgeschlossen werden. Sie dürfen jedoch erst nach Erschöpfung des vereinsinternen Instanzenzugs angerufen werden. Stets zuständig ist das ordentliche Gericht jedoch im Eilverfahren (Arrest und insbesondere: einstweilige Verfügung). Ferner kann das ordentliche Gericht angerufen werden, wenn die Satzung kein vereinsinternes Rechtsmittel vorsieht, das Berufungsorgan nicht innerhalb angemessener Frist einberufen wird oder seine Entscheidung böswillig verzögert oder wenn der nach der Satzung zulässige vereinsinterne Rechtsweg dem Betroffenen nicht zugemutet werden kann, insbesondere wenn in Sonderrechte eingegriffen wird.

Vereinsinterne Rechtsmittel sind in der Regel an Fristen gebunden, die das betroffene Mitglied einhalten muss. Werden diese Fristen versäumt, ist die Anrufung des ordentlichen Gerichts ausgeschlossen, jedoch nur, wenn das Mitglied diese Rechtsfolge eindeutig und ausdrücklich aus der Satzung entnehmen kann.[91] Ein vereinsinternes Rechtsmittel gegen den Ausschluss hat auch aufschiebende Wirkung, es sei denn, die Satzung versagt sie ausdrücklich.[92]

Das staatliche Gericht prüft die verhängte Maßnahme daraufhin nach, ob sie eine Rechtsgrundlage im Gesetz oder in der Satzung hat, ob das satzungsmäßig vorgeschriebene Verfahren beachtet ist, sonst keine Gesetzes- oder Satzungsverstöße vorgekommen sind und ob die Maßnahme nicht grob unbillig oder willkürlich ist. Dagegen unterlag nach älterer Rechtsprechung nicht der gerichtlichen Nachprüfung die Feststellung des zu beurteilenden Sachverhalts und die Subsumtion (Unterordnung) des festgestellten Sachverhalts unter die herangezogene Vorschrift, weil ein Verein in Ausübung seiner Verbandsgewalt diese Maßnahmen eigenverantwortlich zu treffen habe. Der BGH hat[93] diese Rechtsprechung insoweit aufgegeben, als es um die eingeschränkte Nachprüfung der Tatsachenermittlung im vereinsrechtlichen Disziplinarverfahren geht. Wird der Ausschluss nicht auf einen in der Satzung ausdrücklich benannten Ausschließungstatbestand gestützt, sondern auf Vorliegen eines wichtigen Grundes, müssen die Umstände, aus denen sich die Unzumutbarkeit der Fortführung des Mitgliedschaftsverhältnisses ergibt, bereits im vereinsinternen Ausschließungsverfahren eindeutig und konkret und in gerichtlich nachprüfbarer Weise festgestellt werden.[94] Dagegen bleibt die Beurteilung der festgestellten Tatsachen, soweit sie nicht gesetzwidrig ist, grundsätzlich Sache des Vereins. Die staatlichen Gerichte haben sie hinzunehmen, es sei denn, jene Bewertung des Sachverhalts sei unter Berücksichtigung der Interessen des Verbandes und der des ausgeschlossenen Mitglieds offenbar unbillig.[95] Das bedeutet jedoch nicht, dass der Verein im gerichtlichen Verfahren neue Tatsachen, die er im vereins-

---

[91] BGHZ 47, 172, 174 f.

[92] BayObLG, DNotZ 1989, 311.

[93] Urteil v. 30. 5. 1983, NJW 1984, 918, 919 (grundsätzlich).

[94] BGH, NJW 1989, 40.

[95] BGH, NJW 1984, 918, 919 (wie Fn. 93); lehrreich auch BGH, NJW 1994, 43 m. w. N. Diese Grundsätze sind zusammengefasst und bekräftigt in BGH, NJW 1997, 3368.

internen Verfahren nicht festgestellt hat, und damit neue Ausschlussgründe nachschieben darf.[96]

Auch Entscheidungen von Parteigerichten politischer Parteien können nicht direkt mit der Verfassungsbeschwerde zum Bundesverfassungsgericht angegriffen werden, weil sie nicht Akte der öffentlichen Gewalt im Sinn von Art. 93 Abs. 1 Nr. 4a GG, § 90 Abs. 1 BVerfGG sind. Auch sie sind im Zivilprozess nachprüfbar.[97] Das OLG Köln hat den Beschluss der CDU über die Unvereinbarkeit der Mitgliedschaft bei Scientology und bei der CDU als Konkretisierung eines Grundsatzes der CDU im Sinn von § 10 Abs. 4 ParteienG angesehen und für sachlich gerechtfertigt gehalten.[98]

Strafbeschlüsse von Religionsgesellschaften in Vereinsform unterliegen nicht der Nachprüfung durch die staatlichen Gerichte (Art. 140 GG i.V.m. Art. 137 Abs. 3 WRV);[99] das gilt in gleicher Weise nicht für Vereine mit lediglich kirchlichen Zwecken, deren eigene Tätigkeit also nicht Religionsausübung ist, sondern die selbstlose Förderung einer Religionsgemeinschaft.

Eine weiter eingeschränkte Überprüfung durch staatliche Gerichte lässt sich nur erzielen durch Begründung eines Schiedsgerichts nach §§ 1025 ff. ZPO, das aber – aus der Sicht der Vereinsautonomie – den „Nachteil" größerer Unabhängigkeit hat, beispielsweise sich nicht als Instrument einer Richtliniensetzung eignet. Ferner erfordert es größeren organisatorischen Aufwand.

F. Die Mitgliederversammlung

In der Mitgliederversammlung bzw. in der sie (weitgehend) ersetzenden Delegiertenversammlung haben die Mitglieder die – oft einzige – Möglichkeit, auf die Leitung und Verwaltung des Vereins Einfluss zu nehmen. Die Wahrnehmung dieser Chance setzt je-

---

[96] BGH, NJW 1988, 552, 554.
[97] BVerfG (Kammer), NJW 1988, 3260.
[98] OLG Köln, NJW 1998, 3721.
[99] Vgl. OVG Magdeburg, NJW 1998, 3070 und OLG Naumburg, NJW 1998, 3060 zu Rechtsstreitigkeiten zur Besetzung von Vorständen Jüdischer Gemeinden.

doch entsprechende Vorbereitung voraus. Der Vorstand, andere Vereinsorgane mit Leitungs-, Verwaltungs- oder Überwachungsfunktion, werden durch geeignete Regie versuchen, die ihnen richtig erscheinende Vereinspolitik durchzusetzen. Andere Gruppen von Mitgliedern werden Strategien entwickeln, um ihnen wichtige Entscheidungen herbeizuführen. Die Mitgliederversammlung bildet daher – soweit ihr nicht die Satzung wesentliche Aufgaben entzogen hat – ein Geflecht unterschiedlichster Interessen und Einflüsse. Die Versammlungsleitung muss versuchen, es zumindest formal in den Griff zu bekommen: mit Hilfe der Tagesordnung, von Antrags- und Wahlkommissionen. In der Regel werden zur Durchsetzung von Personal- und Sachentscheidungen lange vor der Versammlung, oft aber auch in letzter Minute unter dem Druck neuer Konstellationen, Absprachen getroffen, Zweckkoalitionen geschlossen. Der Vorstand und die Versammlungsleitung müssen zudem dafür sorgen, dass über alle nach dem Gesetz und der Satzung der Mitgliederversammlung zugewiesenen Aufgaben Beschlüsse zustande kommen, insbesondere die notwendigen Wahlen durchgeführt werden. Hier spätestens rächt es sich, wenn die Satzung einen Verein unnötig mit einer Vielzahl von Organen ausgestattet hat. Es ist nicht selten, dass Rechenschaftsberichte, die Entlastung des amtierenden Vorstands und Neuwahlen so viel Zeit in Anspruch nehmen, dass die Sachdiskussion zu kurz kommt. Für politische Parteien gilt § 9 ParteienG.

1. Zuständigkeit der Mitgliederversammlung

Nach § 32 Abs. 1 S. 1 BGB werden die Angelegenheiten des Vereins durch Beschlussfassung in einer Versammlung der Mitglieder geordnet, „soweit sie nicht von dem Vorstand oder einem anderen Vereinsorgan zu besorgen sind". Die Satzung kann Aufgaben, die das (dispositive) Gesetz der Mitgliederversammlung zugewiesen hat, dem Vorstand oder einem anderen Vereinsorgan übertragen; die Mitgliederversammlung kann dann diese Aufgaben ohne Satzungsänderung nicht an sich ziehen. Die Zuständigkeit der Mitglieder- und Delegiertenversammlung ergibt sich daher in erster Linie aus der Satzung. In der Regel enthalten Vereinssatzungen zur

Klarstellung einen Katalog der Aufgaben, für die die Mitglieder-
oder Delegiertenversammlung zuständig ist, zweckmäßigerweise in
der Form von (nicht abschließenden) Regelbeispielen.

Beispiel: „Die Mitgliederversammlung ist insbesondere zuständig zur
Bestimmung der Grundsätze der Vereinspolitik, für die Wahl des Vorstands, seine Entlastung, die Genehmigung des Haushaltsplans, die
Festsetzung der Mitgliederbeiträge und für Satzungsänderungen. Sie
kann Ehrenmitglieder ernennen und entscheidet über die Auflösung
des Vereins."

Der Beschluss über die Auflösung des Vereins kann der Mitgliederversammlung auch durch Satzung nicht entzogen werden (§ 41
S. 1 BGB ist nicht dispositiv), doch kann die Satzung eine vom
Gesetz abweichende höhere oder geringere Mehrheit für diesen
Beschluss vorsehen (§ 41 S. 2 BGB; siehe vorstehend S. 133).
Enthält die Satzung für eine Angelegenheit des Vereins keine ausdrückliche Zuständigkeitsregelung, ist nach § 32 Abs. 1 BGB hierfür die Mitgliederversammlung zuständig. Diese oder die Delegiertenversammlung hat auch das Recht, die übrigen Vereinsorgane zu
überwachen und ihnen Weisungen zu erteilen, sofern die Satzung
nicht ausdrücklich etwas anderes bestimmt. In der Praxis häufig ist
ferner die Überweisung von Anträgen an den Vorstand oder ein
anderes Vereinsorgan, wenn die Mitgliederversammlung hierüber
aus Zeitgründen oder mangels fachlicher Kompetenz nicht sofort
selbst entscheiden kann.

2. Berufung der Mitgliederversammlung

Die Satzung des rechtsfähigen Idealvereins muss, die Satzung
des nicht rechtsfähigen Vereins sollte Bestimmungen über die Voraussetzungen enthalten, unter denen die Mitgliederversammlung
zu berufen ist, sowie über die Form der Berufung: siehe hierzu
oben S. 92 und über die Formalien hierfür, soweit sie in der
Satzung geregelt sind, oben S. 108. Fehler bei der Einberufung der
Mitgliederversammlung können zur Ungültigkeit der Beschlüsse
und Wahlen führen, daher ist hier Sorgfalt angebracht (vgl. unten
S. 171 ff.).

a) Zuständigkeit zur Einberufung

Die Zuständigkeit zur Einberufung der Mitgliederversammlung ergibt sich aus der Satzung. Es wird regelmäßig der Vorstand sein, die Satzung kann aber auch ein anderes Vereinsorgan damit betrauen. Enthält die Satzung ausnahmsweise keine Vorschrift, so ist der Vorstand im Sinn des § 26 Abs. 1 S. 2 BGB, also das Vertretungsorgan, hierfür zuständig (nicht ein „erweiterter", „Gesamtvorstand" – vgl. oben S. 95 ff.). Demgemäß gilt – sofern die Satzung nichts anderes bestimmt – auch die Vertretungsregelung in der Satzung: Ist beim mehrgliedrigen Vorstand nach der Satzung jedes Vorstandsmitglied einzelvertretungsberechtigt, so kann jedes Vorstandsmitglied die Mitgliederversammlung wirksam einberufen; sind nach der Satzung nur mehrere Vorstandsmitglieder gemeinschaftlich vertretungsbefugt, müssen auch für die Einberufung mehrere Vorstandsmitglieder in der von der Satzung bestimmten Weise zusammenwirken. Fehlt eine Satzungsregelung, so wird die Mehrheit der Vorstandsmitglieder zuständig sein (§ 26 Abs. 2 S. 1 BGB). Allerdings müssen das oder die Vorstandsmitglieder, die die Berufung der Mitgliederversammlung vornehmen, sich ihrerseits an eine interne Vereinsordnung, etwa eine Geschäftsordnung des Vorstands, halten.

Das Vereinsorgan, das nach der Satzung die Berufung der Mitgliederversammlung vorzunehmen hat, muss zum Zeitpunkt der Einberufung noch im Amt sein. Für den Vorstand gilt jedoch, dass er noch wirksam einberufen kann, solange er noch im Vereinsregister als amtierender Vorstand eingetragen ist. Zulässig ist, dass die jeweils nach der Satzung erforderlichen Maßnahmen (Einladungsschreiben, Aushang, öffentliche Bekanntmachung) von einem Beauftragten durchgeführt werden.

Voraussetzung für die Rechtswirksamkeit der Einberufung ist, dass das zuständige Vereinsorgan rechtmäßig bestellt ist. Eine fehlerhafte Berufung der Mitgliederversammlung hat regelmäßig die Nichtigkeit der dort gefassten Beschlüsse zur Folge.

Ist der nach der Satzung oder dem Gesetz zur Einberufung der Mitgliederversammlung zuständige Vorstand handlungsunfähig, weil ein für die Berufung der Mitgliederversammlung erforderliches Vorstandsmitglied fehlt, ist ein Notvorstand zu bestellen, näheres siehe S. 186. Von der Bestellung eines Notvorstands nach § 29 BGB zu unterscheiden ist die Ermächtigung einer Minderheit (der durch die Satzung bestimmte Teil oder in Ermangelung einer Bestimmung der zehnte Teil) der Vereinsmitglieder durch das Amtsgericht, die Mitgliederversammlung einzuberufen, wenn das Einberufungsorgan ihrem unter schriftlicher Angabe des Zwecks und der Gründe gestellten Verlangen nicht entspricht. Das Amtsgericht kann in diesem Fall Bestimmungen über die Führung des Vorsitzes in der Versammlung treffen (§ 37 BGB). Die Minderheit muss also zunächst dem Einberufungsorgan gegenüber den Antrag auf Einberufung einer (außerordentlichen) Mitgliederversammlung stellen; wird diesem Verlangen nicht entsprochen, ermächtigt das zuständige Amtsgericht die Mitglieder, die das Verlangen zulässigerweise gestellt haben. Auch diese Vorschrift gilt für nicht eingetragene Vereine (bestritten) und politische Parteien entsprechend.

b) Pflicht zur Einberufung

Eine Mitglieder- oder Delegiertenversammlung ist in den in der Satzung genannten Fällen einzuberufen sowie stets (als außerordentliche Versammlung), wenn das Interesse des Vereins es erfordert (§ 36 BGB). Schuldhafte Nichteinberufung kann zur Schadensersatzpflicht des Einberufungsorgans führen. Ferner ist die Mitglieder- oder Delegiertenversammlung einzuberufen, wenn der zehnte Teil der Mitglieder (oder ein in der Satzung bestimmter größerer oder kleinerer Minderheitenteil) die Berufung schriftlich unter Angabe des Zwecks und der Gründe verlangt. Der Antrag muss also den Gegenstand der beabsichtigten Beschlussfassung, die Tagesordnung, enthalten, und, wenn die Einberufung einer außerordentlichen Mitgliederversammlung verlangt wird, auch eine Begründung dafür, dass die Einberufung im Interesse des Vereins geboten ist (§ 37 Abs. 1 BGB). Das Einberufungsorgan darf keine sachliche Prüfung der Gründe vornehmen. Es kann nur einberufen oder ablehnen. Lehnt es ab oder bleibt es untätig, kann die Minderheit, die das Verlangen gestellt hat, beim Amtsgericht beantragen, sie zur Berufung der Versammlung zu ermächtigen. Zuständig ist das Amtsgericht, in dessen Vereinsregister der Verein eingetragen ist (§ 37 Abs. 2 BGB), bei nicht eingetragenen Vereinen (entsprechende Anwendung ist umstritten) das Amtsgericht des Verwaltungssitzes des Vereins. Es hat die formellen Voraussetzungen des Antrags zu prüfen und ferner, ob der Antrag missbräuchlich ist, nicht jedoch die Zweckmäßigkeit der Versammlung. Zur Einberufung muss nicht die Gesamtheit der Antragsteller ermächtigt werden, die Ermächtigung kann auch auf einzelne beschränkt werden und wird in der Regel befristet erteilt. Das Einberufungsrecht des Vorstands bleibt jedoch unberührt davon, dass das Gericht Mitglieder des Vereins nach § 37 Abs. 2 BGB zur Einberufung der Mitgliederversammlung ermächtigt hat.[100] Gehen aber den Mitgliedern zeitgleich zwei Einladungen zu, so können beide Einladungen wegen der damit verbundenen Verwirrung der Mitglieder unwirksam sein.

c) Formalien der Einberufung

Nach § 58 Nr. 4 BGB soll die Satzung des eingetragenen Idealvereins Bestimmungen über die Form der Berufung der Mitgliederversammlung enthalten. Da Formverstöße zur Nichtigkeit oder Anfechtbarkeit von Beschlüssen führen können, gilt dies auch für die Satzung des nicht eingetragenen Vereins. Welche Form der Verein wählt, stellt das Gesetz frei. In erster Linie sind also für die bei der Einberufung der Mitgliederversammlung zu beachtenden Formalien (Frist und Form, Ort und Zeit, Tagesordnung) die Satzungsbestimmungen maßgebend. Zu den Gestaltungsmöglichkeiten siehe oben S. 106. Enthält die Satzung (etwa eines nicht eingetragenen Vereins) keine oder nur unzureichende Bestimmungen hierüber, gelten folgende Grundsätze:

Die **Form und Frist** der Einberufung muss sicherstellen, dass sämtliche Mitglieder des Vereins Gelegenheit erhalten, von Ort, Zeit und Gegenstand der Versammlung rechtzeitig Kenntnis zu nehmen. Fehlt (beim nicht eingetragenen Verein) eine Satzungsbestimmung über die **Form** der Einladung, wird diese schriftlich durch die Post zu erfolgen haben. Eine längere andersartige Übung kann jedoch die Zulässigkeit einer anderen Einberufungsform begrün-

---

[100]   OLG Stuttgart, NJW-RR 2004, 249.

den. Steht sie allerdings im Gegensatz zu einer ausdrücklichen Satzungsbestimmung, kann selbst eine ständige Übung zur Fehlerhaftigkeit der gefassten Beschlüsse und ihrer Anfechtbarkeit führen. Enthält die Satzung keine Bestimmung über die **Frist** der Einberufung (Ladungsfrist), muss diese angemessen sein und sämtlichen Mitgliedern die Gelegenheit der Kenntnisnahme von und der Teilnahme an der Versammlung gewährleisten. Wenn die Satzung nichts anderes bestimmt, beginnt die Frist erst mit Zugang der Einladung zu laufen. Es empfiehlt sich daher, in der Satzung vorzusehen, dass der Tag der Absendung der Einladung (und zwar: an die letztbekannte Anschrift der Mitglieder) maßgebend ist.

Erforderlich ist ferner, dass mit der Einladung die **Tagesordnung** mitgeteilt wird (§ 32 Abs. 1 S. 2 BGB), es sei denn, dass die Satzung etwas anderes bestimmt; auch sie kann jedoch nicht völlig von der Mitteilung der Tagesordnung befreien, sondern nur Modalitäten festlegen. Die Mitteilung der Tagesordnung hat den Zweck, den Mitgliedern Gelegenheit zu geben, sich auf die Versammlung vorzubereiten, auch Entscheidungshilfe hinsichtlich der Notwendigkeit einer Teilnahme zu geben und die Mitglieder vor Überraschungen zu schützen. Die Tagesordnung muss daher so detailliert sein, dass daraus der Gegenstand der beabsichtigten Beschlussfassung zu entnehmen ist.

So deutet z.B. der Tagesordnungspunkt „Verkauf Clubhaus" nur auf einen Grundsatzbeschluss hin, der gefasst werden soll, nicht auf die Zustimmung zu einem bis in alle Einzelheiten ausgehandelten Kaufvertrag. Falls Gegenstand der Beschlussfassung die Durchführung eines Vertrags bildet, so soll sowohl der Vertragspartner als auch der Inhalt des Vertrags in der Tagesordnung schlagwortartig anzugeben sein, weil nur so dem Zweck der vorherigen Mitteilung entsprochen werden kann.

Insbesondere bei der Ankündigung von Anträgen zur Satzungsänderung müssen diese so genau bezeichnet sein, dass sich aus der Tagesordnung entnehmen lässt, welche Bestimmungen der Satzung geändert werden sollen. Nicht erforderlich – aber empfehlenswert – ist die Angabe des Inhalts der beabsichtigten Änderung; ungenügend ist jedenfalls die bloße Bezeichnung „Satzungsänderung" . Auch der Ausschluss eines Mitglieds oder die Verhängung einer Vereinsstrafe muss ausdrücklich angekündigt werden (wenn die Entscheidung hierüber der Mitgliederversammlung obliegt). Dabei ist es nach neuerer Rechtsprechung jedenfalls bei einer nichtöffentlichen Einladung erforderlich, den Namen der betroffenen Mitglieder zu nennen. Dagegen sollen auch nicht Gründe des Persönlichkeitsschutzes sprechen, da eine Bloßstellung in der Mitgliederversammlung ohnehin nicht vermieden werden könne. Soll ein Mitglied des Vorstands oder eines anderen Vereinsorgans, das von der Mitgliederversammlung gewählt wird, abberufen werden, genügt die Angabe „Abberufung eines Vorstandsmitglieds" oder „Abberufung eines Kuratoriumsmitglieds", der Grund für die Abberufung braucht in der Tagesordnung nicht mitgeteilt zu werden; ungenügend, weil falsch, wäre in einem solchen Fall jedoch die Ankündigung „Neuwahl des Vorstands" oder „Neuwahl von Vereinsorganen", weil sich daraus nicht die Absicht einer „Abwahl", also einer außerordentlichen Maßnahme, ergibt.

Beispiel einer Tagesordnung:

1. Eröffnung der Versammlung durch den Vorsitzenden
2. Feststellung der Beschlussfähigkeit (soweit nach der Satzung erforderlich; bei Verbänden: Feststellung der Stimm- und Vertretungsrechte)
3. Rechenschaftsbericht des Vorstands
4. Berichte der Revisoren (Kassenprüfer, des Aufsichtsrats) und sonstiger Vereinsorgane
5. Entlastung des Vorstands
6. Neuwahl des Vorstands, der Revisoren, der Mitglieder des Schiedsausschusses (und sonstiger Organe und Gremien)
7. Satzungsänderung: § 5, Zusammensetzung des Vorstands
8. Beschluss über den Ausschluss eines Mitglieds aus dem Verein
9. Sonstige Anträge
10. Verschiedenes.

Stellt die Satzung höhere Anforderungen an den Inhalt der Tagesordnung, bestimmt sie insbesondere die wörtliche Mitteilung der fristgerecht eingereichten Anträge, sind zusätzlich diese Satzungsbestimmungen zu beachten. Die Tagesordnung wird, wenn die Satzung nichts anderes bestimmt, vom Einberufungsorgan (vorläufig) aufgestellt, sie kann von der Mitglieder- bzw. Delegiertenversammlung geändert werden, insbesondere kann die Versammlung eine andere Reihenfolge oder die Absetzung eines Punktes von der Tagesordnung beschließen. Dagegen kann die Versammlung nicht einen Punkt neu auf die Tagesordnung setzen, der der vorherigen Ankündigung bedarf. Anträge, derartige Punkte auf die Tagesordnung zu setzen, müssen daher rechtzeitig vor der Einladung gestellt werden; weigert sich das Einberufungsorgan, kann die in der Satzung oder im Gesetz genannte Minderheit im Verfahren nach § 37 BGB die Einberufung einer Mitgliederversammlung mit diesen Tagesordnungspunkten erzwingen. Die Satzung kann zulassen, dass Gegenstände zur Beschlussfassung noch nach der Einberufung der Mitgliederversammlung auf die Tagesordnung gesetzt werden. Bedürfen sie der vorherigen Ankündigung, müssen sie den Mitgliedern dann so rechtzeitig mitgeteilt werden, dass genügend Zeit zur sachgerechten Vorbereitung bleibt. Das gilt auch für eilbedürftige Angelegenheiten.[101]

Über den **Ort** der Mitgliederversammlung wird die Satzung in der Regel keine Bestimmung enthalten, über den **Zeitpunkt** wird sie meist nur einen Zeitraum nennen („alle zwei Jahre"; „im ersten Vierteljahr eines Kalenderjahres"). In diesen Fällen kann zunächst die Mitgliederversammlung beschließen, wo und wann die nächste Versammlung stattfinden soll; trifft sie keine Bestimmung, obliegt diese dem Einberufungsorgan, in der Regel also dem Vorstand nach § 26 BGB. Die Wahl von Ort und Zeit darf nicht zu einer Benachteiligung oder Erschwerung der Teilnahme an der Mitgliederversammlung führen. Im Einzelfall kann daher die Einberufung in der Ferienzeit unzulässig sein. Auch eine ungewöhnliche Dauer der Versammlung muss angekündigt werden. Bei Vereinen und Verbänden mit überregionaler Mitgliederstruktur kann es sinnvoll sein, Mitglieder- oder Delegiertenversammlungen an wechselnden, verkehrsgünstig gelegenen Orten abzuhalten. Im Übrigen können die unterschiedlichsten Kriterien für die Wahl des Versammlungsorts sprechen: eine gleichzeitig stattfindende andere Veranstaltung (wirtschaftlicher, wissenschaftlicher, politischer, religiöser Art),

---

[101] BGHZ 99, 119.

eine besondere Affinität anderer Art, das Vorhandensein eines Versammlungslokals in ausreichender Größe usw. Nur für den Verein mit ausschließlich örtlicher Mitgliedschaft gilt, dass der gegebene Ort für die Mitgliederversammlung der Ort ist, an welchem die Mitglieder ansässig sind.

Ist die Mitglieder- durch eine **Delegiertenversammlung** ersetzt, muss die Satzung auch die Modalitäten für die Wahl der Delegierten enthalten. Satzungsbestimmungen sind objektiv auszulegen, maßgebend ist der Empfängerhorizont. Es gilt der Grundsatz „ein Mitglied eine Stimme"; Modifizierungen bedürfen nach § 40 BGB einer Satzungsgrundlage. Streitigkeiten über die Rechtmäßigkeit einer Wahl sind ihrer Natur nach eilbedürftig, der vereinsinterne Instanzenzug muss daher nicht ausgeschöpft werden. Das gilt auch für politische Parteien.[102]

3. Leitung der Mitgliederversammlung

Die Leitung der Mitgliederversammlung bestimmt in erster Linie die Satzung. Enthält sie keine Bestimmung hierüber, steht die Leitung dem Vorstand zu. Allerdings fehlt eine gesetzliche Regelung: das BGB schweigt, lediglich § 7 Abs. 2 und 3 VersammlG bestimmt, dass Leiter der Versammlung der Veranstalter ist, bei einer Vereinigung ihr Vorsitzender, der die Leitung jedoch einer anderen Person übertragen kann. § 7 VersammlG gilt jedoch nur für öffentliche Versammlungen, Mitgliederversammlungen eines Vereins können öffentliche Versammlungen sein, oft sind sie es nicht. Selbst wenn die Satzung den Vorsitz in der Mitgliederversammlung regelt, nimmt man an, dass diese Regelung nur ein Vorrecht darstellt; die nach der Satzung zur Versammlungsleitung berufene Person muss davon nicht Gebrauch machen und kann die Leitung anderen überlassen (Argument aus § 7 Abs. 3 VersammlG). Insbesondere hindert die Abwesenheit der durch die Satzung zur Versammlungsleitung berufenen Person nicht die Durchführung der Versammlung.

Es hat sich ferner seit Jahrzehnten eine Übung herausgebildet, dass die Versammlungsleitung von der Mitgliederversammlung ge-

---

[102] BGHZ 106, 67 (grundsätzlich).

wählt werden kann. Das gilt lediglich dann nicht, wenn die Satzung den Vorsitz bestimmt und der so Berufene dieses Vorrecht auch in Anspruch nimmt. Eine Versammlungsleitung ist auch entbehrlich, wenn die Versammlung glaubt, auf sie verzichten zu können: so bei Mitgliederversammlungen kleiner Vereine, zu der wenige Personen kommen, unter denen weitgehend Konsens über den Ablauf der Versammlung besteht oder jedenfalls herzustellen ist.

Wird ein Versammlungsleiter bestellt oder gewählt, so sollte er stets auch einen oder mehrere Stellvertreter haben. Die Rechte und Pflichten des Versammlungsleiters sind nur für öffentliche Versammlung gesetzlich geregelt: in §§ 7 Abs. 4, 8 bis 12 VersammlG. Mitgliederversammlungen eines Vereins sind – entgegen einer älteren Rechtsprechung zum Reichsvereinsgesetz – jedenfalls dann keine öffentlichen Versammlungen im Sinn dieser Vorschriften, wenn die Mitgliedseigenschaft der Teilnehmer kontrolliert wird und Gäste nicht oder nur im Ausnahmefall zugelassen werden. Werden in die Mitgliederversammlung eines Vereins allerdings wahllos Gäste aufgenommen oder überwiegt die Anzahl der Gäste die der Vereinsmitglieder, so kann eine öffentliche Versammlung vorliegen (sofern die Veranstaltung überhaupt eine Versammlung im Sinn des Versammlungsgesetzes und nicht nur eine gesellige Zusammenkunft ist; zur Entscheidung muss auf die Literatur zum Versammlungsgesetz verwiesen werden). Es haben sich jedoch – auch in Anlehnung an das Parlamentsrecht – eine Reihe von Grundsätzen gebildet, die (unter besonderer Berücksichtigung der Besonderheiten des BGB-Vereins) bei der Leitung einer Mitgliederversammlung beachtet werden sollten. In erster Linie gelten natürlich ausdrückliche Vorschriften in der Satzung, sodann solche in einer Vereinsordnung, die jedoch in der Regel ebenfalls den allgemein üblichen Grundsätzen entsprechen werden. Um Geschäftsordnungs-Streitigkeiten nach Möglichkeit zu vermeiden, sollten größere Vereine stets eine Geschäftsordnung für die Mitglieder- oder Delegiertenversammlung schaffen. Soweit ausdrücklich nichts anderes geregelt ist, gelten für die Versammlungsleitung folgende Grundsätze:

Der Versammlungsleiter **eröffnet** die Versammlung förmlich; er dokumentiert damit, dass die Mitglieder von nun an rechtserheblich handeln. Zur Eröffnung gehört auch erforderlichenfalls die

Feststellung der Beschlussfähigkeit und bei Delegiertenversammlungen die Mandatsprüfung, die einer besonderen Kommission übertragen werden kann.

Die **Leitung** der Versammlung beginnt mit der Bekanntgabe und Feststellung der Tagesordnung, die – soweit der Gegenstand der Beratung nicht vorheriger Mitteilung bedarf – ergänzt und deren Reihenfolge geändert werden kann. Hierzu sollte stets ein Beschluss der Mitgliederversammlung herbeigeführt werden. Der Versammlungsleiter ist auch für die Zeiteinteilung verantwortlich, insbesondere dafür, dass die Tagesordnung in der zur Verfügung stehenden Zeit vollständig abgewickelt werden kann. Erforderlichenfalls sollte daher bereits zu Beginn der Versammlung eine **Redezeitbegrenzung** festgesetzt werden (besser ist es, sie generell in der Geschäftsordnung zu regeln). Auch hierüber sollte ein Beschluss der Mitgliederversammlung herbeigeführt werden; ob der Versammlungsleiter einseitig die Redezeit festsetzen kann, ist zweifelhaft. Bei einer umfangreichen Tagesordnung – insbesondere, wenn auch noch Wahlen abzuhalten sind – kann eine Beschränkung der Redezeit auf drei Minuten, für die Begründung von Anträgen auf fünf Minuten ausreichend sein. Die Redezeitbegrenzung muss nicht für sämtliche Tagesordnungspunkte einheitlich sein. Es empfiehlt sich jedoch, zunächst eine generelle Begrenzung zu beschließen und sie im Einzelfall – wenn ein Tagesordnungspunkt besonders eingehender Erörterung bedarf – aufzuheben oder zu erweitern. Der Versammlungsleiter ruft sodann die einzelnen Tagesordnungspunkte in der festgelegten Reihenfolge (die die Versammlung jederzeit durch Beschluss ändern kann, wenn sich das als zweckmäßig erweist) auf. Er erteilt das Wort und kann es auch entziehen, wenn berechtigte Gründe dafür vorliegen.

Beispiele: Wenn ein Redner nicht zur Sache spricht, die festgesetzte Redezeit erheblich überzieht, durch Dauerreden (Filibustern) Obstruktion betreibt, ausfällig wird, insbesondere andere Vereinsmitglieder beleidigt oder sonstige strafbare Handlungen begeht.

Vor einem Wortentzug sollte der Redner jedoch (zwei- oder dreimal) gemahnt oder zur Ordnung gerufen und auf die Folgen hingewiesen werden. Denn ein unzulässiger Eingriff in die Debatte kann zur Nichtigkeit oder Anfechtbarkeit eines darauf folgenden Beschlusses führen.

Der Versammlungsleiter wird das Wort in der Regel nach dem Eingang der Wortmeldungen erteilen, weshalb eine Rednerliste geführt werden sollte. Er kann nach seinem Ermessen jedoch Wortmeldungen vorziehen, nach sachlichen Gesichtspunkten zusammenstellen, insbesondere abweichend von der Reihenfolge Vorstandsmitgliedern oder anderen Betroffenen zu einer Erklärung das Wort erteilen. Er kann auch – empfehlenswert insbesondere bei Großveranstaltungen – ein bestimmtes Meldeverfahren verfügen (persönliche Meldung beim Protokollführer oder einem Beisitzer; Ausgabe von Meldezetteln). Er ist überhaupt für die Führung der Rednerliste zuständig; er selbst sollte sich, während er das Amt des Versammlungsleiters ausübt, jedoch nicht an der Debatte beteiligen (mit Ausnahme von kurzen Bemerkungen), sondern, wenn er zur Sache sprechen will, die Versammlungsleitung an einen Stellvertreter abgeben.

Der Versammlungsleiter entscheidet, ob ein während der Debatte gestellter Antrag ein vorrangig zu behandelnder **Antrag zur Geschäftsordnung** ist; er kann im Zweifelsfall (muss jedoch nicht und sollte hierüber möglichst selbst entscheiden) den Beschluss der Versammlung herbeiführen. Anträge zur Geschäftsordnung sind insbesondere

Beispiele für Anträge zur Geschäftsordnung:
- Antrag, die Redezeit zu begrenzen;
- Antrag, die Tagesordnung zu ändern;
- Antrag, einen Tagesordnungspunkt abzusetzen;
- Antrag, gleichartige oder im Zusammenhang stehende Verhandlungsgegenstände zu verbinden;
- Antrag, einen teilbaren Verhandlungsgegenstand zu trennen;
- Antrag, die Sitzung zu unterbrechen;
- Antrag, ein Rauchverbot zu beschließen;
- Antrag auf Schluss der Rednerliste;
- Antrag auf Schluss der Debatte;
- Antrag, einen Verhandlungsgegenstand an den Vorstand oder einen Ausschuss zu verweisen.

Wer zur Geschäftsordnung sprechen will, erhält das Wort außerhalb der Reihe. Werden Wortmeldungen mit einem Handzeichen angekündigt, ist es üblich für Geschäftsordnungsanträge beide Arme zu erheben. Ferner ist es üblich, dass zu Geschäftsordnungsanträgen lediglich eine Gegenrede zugelassen wird und über diese Anträge anschließend ohne weitere Debatte sofort abgestimmt wird.

Der Versammlungsleiter muss sämtliche **Anträge zur Abstimmung** stellen und sie erforderlichenfalls zu diesem Zweck noch einmal bekannt machen. Liegen kontroverse, Abänderungs- und Ergänzungsanträge zu einem Verhandlungsgegenstand vor, muss er entscheiden, in welcher Reihenfolge sie zur Abstimmung zu stellen sind. Hierbei ist er nicht frei. Es gelten folgende Grundsätze:

- Geschäftsordnungsanträge gehen stets den Sachanträgen vor.
- Sowohl bei den Geschäftsordnungs- wie bei den Sachanträgen ist, wenn mehrere Anträge zum gleichen Gegenstand vorliegen, zuerst über den weitestgehenden Antrag abzustimmen, das ist der, der andere Anträge überflüssig macht (die richtige Entscheidung kann im Einzelfall schwierig sein); Zusatz- und Abänderungsanträge werden in der Regel als weitergehende Anträge vorzuziehen sein.

Beispiele:
- Der Antrag auf Schluss der Debatte ist weitergehend als der Antrag auf Schluss der Rednerliste.
- Der Antrag, künftig auf Beiträge zu verzichten, geht dem Antrag vor, den Jahresbeitrag auf einen bestimmten Betrag festzusetzen.

Im Einzelfall kann jedoch auch der Antrag zuerst zur Abstimmung gestellt werden, der voraussichtlich die meisten Stimmen auf sich vereinigen wird (im vorherigen Beispiel also der Antrag auf Beitragsfestsetzung, wenn die Debatte gezeigt hat, dass der Verzicht auf Beiträge nur von einer Minderheit gefordert wird).

- Hauptanträge gehen Hilfsanträgen hierzu vor.

Beispiel: Für den Fall, dass der Jahresbeitrag auf DM 200,– festgesetzt wird, der Hilfsantrag, Schülern und Studenten eine Ermäßigung von 50% zu gewähren.

- Im Übrigen werden die Anträge nach der zeitlichen Reihenfolge zur Abstimmung gestellt.

Ist mit einer Vielzahl von Anträgen zum gleichen Verhandlungsgegenstand zu rechnen, kann eine Antragskommission gebildet werden. Ihre Aufgabe ist es, Anträge mit gleicher Zielrichtung – erforderlichenfalls im Zusammenwirken mit den Antragstellern – in einen einheitlichen Wortlaut zu fassen, dem Versammlungsleiter unter Beachtung der vorstehenden Grundsätze die Reihenfolge vorzuschlagen, in der die Anträge zur Abstimmung zu stellen sind, die Anträge in Sachgruppen zu gliedern usw. sowie auch die Zulässigkeit der Anträge vorzuprüfen. Die Entscheidung hierüber steht dem Versammlungsleiter zu. Zuzulassen sind alle Sachanträge, die in einem inneren Zusammenhang mit dem angekündigten Tagesordnungspunkt stehen. Sie dürfen nicht wesentlich über ihn hinausgehen. Ist ein Zusammenhang **offensichtlich** nicht mehr vorhanden, muss der Antrag (von der nachstehenden Ausnahme abgesehen) nicht zur Abstimmung gestellt werden; fehlt der Zusammenhang aber nicht offensichtlich, ist im Zweifel über den Antrag abzustimmen. Zur Abstimmung zuzulassen sind daher auch Anträge, die auf Grund der Debatte oder vorhergehender Beschlüsse abgeändert wurden, die geteilt oder zusammengefasst wurden, sofern die Abänderung nicht soweit geht, dass offensichtlich der Zusammenhang zum Tagesordnungspunkt entfallen ist. Wenn die Satzung dies zulässt, können jedoch – unter Einhaltung der in der Satzung vorgeschriebenen Modalitäten, in der Regel auf Grund ausdrücklicher Zustimmung, die oft an eine qualifizierte Mehrheit gebunden ist – Dringlichkeits- und Initiativanträge ohne vorherige Ankündigung eingebracht werden, über sie ist ggf. abzustimmen.

Die **Art der Abstimmung** bestimmt in erster Linie die Satzung oder eine Vereinsordnung, mangels einer solchen Regelung die Versammlung durch Beschluss. Sie kann auch dem Ermessen des Versammlungsleiters überlassen werden. Üblich sind:

- Akklamation bei offensichtlicher allgemeiner Zustimmung („Erhebt sich Widerspruch?");
- offene Abstimmung durch Handzeichen;
- namentliche Abstimmung (selten);

- geheime Abstimmung (meist bei Wahlen, jedoch nicht zwingend).

Sind Gäste zugelassen, empfiehlt es sich, für offene Abstimmungen an die Stimmberechtigten farbige Stimmkarten auszugeben. Einen Rechtssatz des Inhalts, dass namentlich abgestimmt werden müsse, wenn auch nur ein Mitglied einen solchen Antrag stellt, gibt es nicht. Schweigt die Satzung, entscheidet der Versammlungsleiter. Er kann auch die Mitgliederversammlung entscheiden lassen.

Der Versammlungsleiter hat allgemein für die **Einhaltung der Förmlichkeiten** nach der Satzung, einer Vereinsordnung oder der Übung zu achten und auch für die erforderliche Beurkundung von Vereinsbeschlüssen zu sorgen. Er muss die Abstimmungsergebnisse bekannt geben. Für Wahlen ist es üblich, dass ein besonderer Wahlausschuss gebildet wird (insbesondere darf ein Versammlungsleiter, der sich selbst zur Wahl stellt, diese nicht leiten), das Wahlergebnis verkündet dann der Leiter des Wahlausschusses. Der Versammlungsleiter hat ferner etwaige Widersprüche gegen Beschlüsse entgegenzunehmen und – soweit dies möglich ist – zu klären. Er kann eine Abstimmung wiederholen lassen, jedoch nur, wenn zwischenzeitlich keiner der Abstimmenden den Saal verlassen hat. Dem Versammlungsleiter steht auch **Ordnungsgewalt** zu, soweit er sie benötigt, um einen ordnungsgemäßen Ablauf der Versammlung herbeizuführen. Er kann hierzu insbesondere – neben dem bereits erwähnten Wortentzug – auch ein Mitglied des Saales verweisen oder ganz von der Versammlung ausschließen, sofern es die Versammlung stört und die Störung nicht auf andere Weise behoben werden kann.[103] Diese Befugnis obliegt dem Versammlungsleiter unabhängig davon, ob ihm das Hausrecht übertragen ist (dessen er insbesondere Nichtmitgliedern gegenüber bedarf). Der Versammlungsleiter kann sich zur Aufrechterhaltung der Ordnung, aber auch für die Zählung bei Abstimmungen Gehilfen bedienen. Nach Erledigung der Tagesordnung **schließt** er die Versammlung.

---

[103] BGHZ 44, 245, 248 ff. (zur Hauptversammlung der AG).

4. Beurkundung der Beschlüsse

Die Rechtsgültigkeit der Vereinsbeschlüsse und auch der Wahlen ist nicht von ihrer Beurkundung abhängig. Das Protokoll ist lediglich **Beweismittel** für den Ablauf der Mitglieder- oder Delegiertenversammlung sowie für den Inhalt der gefassten Beschlüsse und das Ergebnis der Wahlen. Für den eingetragenen Idealverein bestimmt § 58 Nr. 4 BGB, dass die Satzung eine Bestimmung über die Beurkundung der Beschlüsse enthalten soll; fehlt sie, ist die Anmeldung zurückzuweisen. Ferner bestimmt § 59 Abs. 2 Nr. 2 BGB, dass der Anmeldung zum Vereinsregister eine Abschrift der Urkunde über die Bestellung (die Wahl) des Vorstandes beizufügen ist und § 67 Abs. 1 BGB, dass der Anmeldung der Änderung des Vorstands zum Vereinsregister ebenfalls eine Abschrift der Urkunde über die Änderung (die Neuwahl) beizufügen ist. Aus § 71 BGB folgt schließlich, dass auch Satzungsänderungen protokolliert werden müssen, denn sie sind vom Vorstand zur Eintragung anzumelden und der Anmeldung ist eine Abschrift des die Änderung enthaltenden Beschlusses beizufügen. Insoweit enthält also das Gesetz eine indirekte Verpflichtung zur Beurkundung der wichtigsten Vereinsbeschlüsse. Im Übrigen bestimmt die Satzung Form und Inhalt der Beurkundung, eine Vereinsordnung (Geschäftsordnung für die Mitgliederversammlung) kann ergänzende Bestimmungen enthalten. In der Regel beschränkt sich die Satzung jedoch auf die Bestimmung, dass die Beschlüsse der Mitgliederversammlung (privat-)schriftlich zu beurkunden sind und das Protokoll vom Versammlungsleiter und dem Protokollführer zu unterzeichnen ist.

Das Protokoll sollte, auch wenn nähere Regelungen in der Satzung oder einer Vereinsordnung fehlen, folgende Angaben enthalten:

- Ordentliche oder außerordentliche Mitgliederversammlung des (Name des Vereins);
- Ort und Datum der Versammlung sowie die Stunde ihres Beginns;
- die Namen des Versammlungsleiters und des Protokollführers sowie jeweils den personellen Wechsel in diesen Ämtern;

- die Feststellung, dass die Versammlung satzungsgemäß einberufen wurde;
- die Anzahl der erschienen Mitglieder (Delegierten), erforderlichenfalls die Feststellung der Beschlussfähigkeit und bei Delegiertenversammlungen die Feststellung der ordnungsgemäßen Vertretung;
- die Feststellung der Tagesordnung und, soweit erforderlich, deren vorherige Mitteilung;
- die zur Abstimmung gestellten Anträge (nicht ihre Begründung), und zwar sowohl Geschäftsordnungs- sowie Sachanträge;
- die Art der Abstimmung (Akklamation, Handzeichen, schriftlich);
- das Abstimmungsergebnis, getrennt nach Ja-, Nein- und ungültigen Stimmen (Stimmenthaltungen zählen überhaupt nicht!), bei nur wenigen Nein- und ungültigen Stimmen kann es ausreichen, festzustellen „mit Mehrheit bei drei Nein-Stimmen", wenn deren Anzahl die erforderliche Mehrheit eindeutig und ausreichend kennzeichnet;
- bei Wahlen: die Namen der Gewählten und deren Erklärung, dass sie die Wahl annehmen;
- Schließung der Versammlung;
- Unterschriften des Versammlungsleiters und des Protokollführers sowie etwaiger nach der Satzung oder einer Vereinsordnung erforderlicher weiterer Personen.

Ein solches Ergebnisprotokoll kann zum Ablaufprotokoll erweitert werden, indem zusätzlich aufgenommen wird, wer welche Erklärungen abgegeben hat (Bericht des Vorstands, des Kassenwarts, der Revisoren usw.), die Wiedergabe des Inhalts dieser Erklärungen wird jedoch in aller Regel entbehrlich sein.

Das Protokoll kann später erforderlichenfalls ergänzt werden, jedoch nur mit Zustimmung der Personen, die es unterzeichnet haben.

5. Mangelhafte Beschlüsse

Beschlüsse der Mitgliederversammlung werden rechtlich unterschiedlich qualifiziert: als Rechtsgeschäfte oder als korporationsrechtliche Akte. Umstritten ist, ob fehlerhafte Beschlüsse nichtig oder anfechtbar sind. Man wird zu unterscheiden haben: Nichtig (absolut rechtsunwirksam) sind Beschlüsse, die gegen zwingende gesetzliche Bestimmungen (§ 134 BGB) oder gegen die guten Sitten (§ 138 BGB) oder gegen grundlegende Verfassungsbestimmungen der Satzung verstoßen, das sind „die das Vereinsleben bestimmenden Grundentscheidungen".[104] Grundsätzlich ungültig ist auch ein Vereinsbeschluss oder eine Wahl, wenn nicht alle Mitglieder zur Mitgliederversammlung entsprechend den Bestimmungen der Satzung eingeladen worden waren, es sei denn, es werde nachgewiesen, dass der Beschluss nicht auf diesem Mangel beruhen könne.[105] Auch wenn der Gegenstand der Beschlussfassung nicht oder so ungenau bestimmt ist, dass den Mitgliedern eine sachgerechte Vorbereitung der Versammlung und eine Entscheidung, ob sie an der Versammlung teilnehmen wollen, nicht möglich ist, so sind die auf der Versammlung gefassten Beschlüsse gem. § 32 Abs. 1 S. 2 BGB nichtig.

Nach früherer Auffassung des BGH führte ein Verfahrensfehler nur dann zur Ungültigkeit eines Beschlusses, wenn das Abstimmungsergebnis darauf beruht. An Stelle von Kausalitätserwägungen ist nach neuerer Rechtsprechung bei der Rechtmäßigkeitskontrolle auf die Relevanz des Verfahrensfehlers für die Ausübung der Mitwirkungsrechte durch ein objektiv urteilendes Verbandsmitglied abzustellen. Es kommt daher darauf an, ob die Entschließung eines Mitglieds, an einer Versammlung teilzunehmen oder nicht, beeinträchtigt ist.

Als (grundsätzlich gültig, jedoch) **anfechtbar** werden dagegen Beschlüsse angesehen, die unter Verstoß gegen minderwichtige Verfahrensvorschriften, die in erster Linie dem Schutz der einzelnen Mitglieder dienen, zustande kamen, wobei anfechtungsberechtigt diejenigen Mitglieder sind, denen gegenüber die Schutzvorschriften verletzt wurden; sind sie in der Mitgliederversammlung anwesend, haben sie zu Protokoll sofort zu **widersprechen,** andernfalls dem Vorstand oder dem Registergericht gegenüber den Widerspruch zu erklären.

---

[104] BGHZ 47, 172, 177.
[105] BayObLG, NJW-RR 1997, 289 = FGPrax 1996, 232.

Nichtige Beschlüsse darf der Vorstand nicht aus**führen,** andernfalls kann er sich schadensersatzpflichtig machen. Die Ungültigkeit eines Beschlusses der Mitgliederversammlung kann durch Feststellungsklage geltend gemacht werden; Kläger kann jeder sein, der ein Rechtsschutzbedürfnis und das Feststellungsinteresse des § 256 ZPO hat. Auch der Verein selbst kann im Zweifelsfall die Gültigkeit eines Beschlusses durch Feststellungsklage klären lassen.

G. Der Vorstand

Nach der zwingenden Vorschrift des § 26 Abs. 1 S. 1 BGB muss der Verein einen Vorstand haben. Für den nicht eingetragenen Verein gilt Gleiches, auf ihn sind deshalb die Bestimmungen der §§ 26 bis 28 BGB entsprechend anzuwenden. Das gilt auch für § 29 BGB (Bestellung eines Notvorstands), doch ist letzteres umstritten. Für politische Parteien gilt § 11 ParteienG.

1. Rechtsstellung des Vorstands

Er ist kraft Gesetzes notwendiges Organ des Vereins. Dieser kann (abgesehen vom besonderen Vertreter nach § 30 BGB) nur durch den Vorstand handeln. Nur dieser kann ihn zur Eintragung in das Vereinsregister anmelden (§ 59 Abs. 1 BGB). Er ist sowohl Vertretungs- wie Geschäftsführungsorgan.

a) Vertretungsorgan

Der Vorstand vertritt den Verein gerichtlich und außergerichtlich; er ist jedoch nicht gesetzlicher Vertreter des Vereins, sondern hat nur die Stellung eines gesetzlichen Vertreters (§ 26 Abs. 1 S. 2 BGB). Das heißt, dass der Vorstand dem Verein nicht als Dritter gegenübersteht (wie der Vormund dem Mündel), sondern selbst Teil der Vereinsorganisation ist: durch den Vorstand tritt der Verein handelnd im Rechtsverkehr auf, wie eine gebräuchliche Formulierung lautet. Daher wird das Verhalten des Vorstands, sein Wissen (auch nur eines Vorstandsmitglieds) dem Verein als eigenes zugerechnet, auch über die Amtszeit des jeweiligen Vorstands hinaus, allerdings nur innerhalb seiner Amtsphäre.

Beispiel:

• Der alleinvertretungsberechtigte 1. Vorsitzende V des X-Vereins schließt für diesen einen Kaufvertrag über die Lieferung eines Fotokopiergerätes ab: der Verein als solcher wird aus diesem Rechtsgeschäft berechtigt (z. B. auf Lieferung, auf Mängelansprüche und Garantieleistungen) und verpflichtet (z. B. zur Zahlung des Kaufpreises).

• Wusste V allerdings, dass der Verkäufer nicht Eigentümer des Geräts war und auch nicht darüber verfügen durfte, kann der Verein nicht gutgläubig daran Eigentum erwerben (§ 932 BGB). Das Wissen des V wird dem Verein zugerechnet. Gleiches gilt, wenn nicht V, sondern sein Mit-Vorstandsmitglied M den Mangel der Verfügungsbefugnis kannte, auch wenn M an dem Erwerbsgeschäft nicht beteiligt war.

Die Kenntnis eines Vorstandsmitglieds (eines mehrgliedrigen Vorstands) reicht also aus, um ein rechtserhebliches Wissen des Vereins zu begründen, es ist „das Wissen des Vereins".[106] Gleichgültig ist dabei auch, ob das Wissen „als Vorstandsmitglied" oder privat erlangt wurde und auch, ob der Betreffende vor Abschluss des Rechtsgeschäfts aus dem Vorstand ausgeschieden ist, wenn er nur während seiner Amtszeit als Vorstandsmitglied Kenntnis erlangt hat. Die Grundsätze der §§ 164 ff. BGB (Stellvertretung, Vollmacht) gelten grundsätzlich für die rechtsgeschäftliche Vertretung durch den Vorstand entsprechend (nicht jedoch § 166 Abs. 2 BGB: Handeln nach Weisung; umstritten).

Der Umfang der Vertretungsmacht des Vorstands kann durch die Satzung mit Wirkung gegen Dritte beschränkt werden (einziger Fall der Außenwirkung der Satzung, § 26 Abs. 1 S. 3 BGB). Voraussetzung ist, dass die Beschränkung der Vertretungsmacht eindeutig aus der Satzung zu entnehmen ist. Insbesondere muss klargestellt sein, ob es sich um eine Beschränkung mit Wirkung gegen Dritte oder nur um eine vereinsinterne Bindung handelt.

Beispiele: „Die Vertretungsmacht des Vorstands wird mit Wirkung gegen Dritte in der Weise beschränkt, dass er über Grundstücke und grundstücksgleiche Rechte nur mit Zustimmung der Delegiertenversammlung verfügen darf." (Beschränkung mit Außenwirkung)

---

[106] BGHZ 41, 282, 287 für eine AG.

„Der Vorstand bedarf zur Verfügung über Grundstücke und grundstücksgleiche Rechte der Zustimmung der Mitgliederversammlung." (Lediglich interne Bindung)

Eine Beschränkung mit Außenwirkung wird beim eingetragenen Idealverein in das Vereinsregister eingetragen (§ 64 BGB); die Eintragung wirkt konstitutiv, die Beschränkung wird erst mit der Eintragung wirksam. Eine Beschränkung der Vertretungsmacht des Vorstands kann sich auch aus dem Vereinszweck ergeben: Geschäfte, die nach dem typischen Tätigkeitsbereich des Vereins für Dritte erkennbar ganz außerhalb des Vereinszwecks liegen, fallen nicht unter die Vertretungsmacht des Vorstands; es entscheiden die Umstände des Einzelfalls.

Der Vorstand kann rechtsgeschäftliche Handlungsvollmacht erteilen (z. B. einem „Geschäftsführer"), auch Generalvollmacht, wenn sie widerruflich ist. Er kann jedoch nicht seine Organstellung als Vorstand übertragen. Ferner kann die Satzung bestimmen, dass **neben** dem Vorstand für bestimmte Geschäfte besondere Vertreter zu bestellen sind (§ 30 BGB); die Vertretungsmacht eines solchen Vertreters ist auf seinen Geschäftsbereich beschränkt. Keinesfalls darf die Satzung dem Vorstand die Vertretungsmacht ganz entziehen. Zur Entgegennahme von Willenserklärungen (z. B. Kündigung eines Mietverhältnisses, eines Anstellungsverhältnisses, der Mitgliedschaft) ist stets die Abgabe gegenüber **einem** Vorstandsmitglied ausreichend, auch wenn bei einem mehrgliedrigen Vorstand Gesamt- oder Mehrheitsvertretung besteht (§ 26 Abs. 2 S. 2 BGB).

Beim mehrgliedrigen Vorstand (der also kraft Satzung aus mehreren Personen besteht) wird der Verein durch die Mehrheit der Vorstandsmitglieder vertreten (§ 26 Abs. 2 S. 1 BGB). Die Satzung kann jedoch eine andere Vertretungsregelung bestimmen: sie kann jedem Vorstandsmitglied Einzelvertretungsmacht erteilen oder bestimmen, dass jeweils zwei Vorstandsmitglieder den Verein gerichtlich und außergerichtlich vertreten. Diese Vertretungsregelung wird im Vereinsregister eingetragen (§ 64 BGB). Unzulässig ist jedoch Gesamtvertretung eines Vorstandsmitglieds mit einer nicht dem Vorstand angehörigen Person (etwa einem Geschäftsführer). Unwirksam ist eine Einschränkung der Vertretungsmacht von

Vorstandsmitgliedern durch Vorstandsbeschluss, wenn dieser in der Satzung keine Grundlage hat, und zwar auch im Verhältnis des Betroffenen, dem Beschluss zuwiderhandelnden Vorstandsmitglieds zum Verein. Wenn die Satzung den Vorstandsmitgliedern Alleinvertretungsmacht einräumt, kann diese daher auch im Innenverhältnis nicht durch Vorstandsbeschluss beschränkt werden.[107]

Der Vorstand vertritt den Verein auch gegenüber Verwaltungsbehörden. Er hat die steuerlichen Pflichten des Vereins zu erfüllen (§ 34 AO).[108] Im Prozess hat er die Stellung eines gesetzlichen Vertreters des Vereins und kann deshalb, wenn der Verein Prozesspartei ist, nicht Zeuge sein. Er ist verantwortlich für die Stellung des Antrags auf Eröffnung des Insolvenzverfahrens (§ 15 Abs. 1 InsO) sowie zur Abgabe der eidesstattlichen Versicherung.

Der Vorstand vertritt den Verein auch nach innen, gegenüber den Vereinsmitgliedern: er beruft die Mitgliederversammlung ein, er ist Adressat des Verlangens ihrer Einberufung durch eine Minderheit der Mitglieder (§ 37 BGB).

b) Geschäftsführungsorgan

Der Vorstand führt die Geschäfte des Vereins, ihm obliegt die Vereinsverwaltung, soweit die Satzung sie nicht einem anderen Organ zugewiesen hat. Hierzu gehört insbesondere die Bestimmung der Vereinspolitik, die Verwaltung des Vereinsvermögens, Kassen- und Buchführung, die Erfüllung öffentlich-rechtlicher Pflichten (Abgabe von Statistiken, Steuererklärungen, Einholung von Erlaubnissen usw.), Vorbereitung und Einberufung der Mitgliederversammlung, Erfüllung der Auskunfts- und Rechenschaftspflichten gegenüber den Mitgliedern (jedoch nur in der Mitglieder- oder Delegiertenversammlung) bzw. gegenüber hierfür besonders bestellten Organen (etwa einem Aufsichtsrat).

Die Satzung kann bestimmen, dass die Erledigung der laufenden Verwaltungsangelegenheiten einem „Geschäftsführer" übertragen

---

[107] BGH, NJW 1993, 191, 192 = BHGZ 119, 379 (grundsätzlich).

[108] Wird der Verein wirtschaftlich tätig (Beschäftigung eines Arbeitnehmers), haftet der ehrenamtlich tätige Geschäftsführer eines Vereins wie ein GmbH-Geschäftsführer: BFH, NJW 1998, 3374.

wird, der nicht Vorstandsmitglied sein muss, jedoch der Weisung und Aufsicht des Vorstands unterliegt. Enthält die Satzung keine entsprechende Bestimmung, darf der Vorstand nicht allgemein die gesamte laufende Geschäftsführung einem Dritten übertragen, doch kann er sich Hilfspersonen bedienen und muss das auch in der Regel (für die Bürotätigkeit, die Mitgliederverwaltung, die Buchführung usw.).

Nach § 27 Abs. 3 BGB finden auf die Geschäftsführung des Vorstands die für den Auftrag geltenden Vorschriften der §§ 664 bis 670 BGB entsprechende Anwendung; die Satzung kann ein anderes bestimmen (§ 40 BGB), doch kann sie trotz dieser Vorschrift nicht generell von der Auskunfts- und Rechenschaftspflicht des § 666 BGB und nicht von der Herausgabepflicht des § 667 BGB den Vorstand befreien. Aus der Verweisung auf die BGB-Vorschriften über den Auftrag folgt die Verpflichtung zur persönlichen Amtsführung (§ 664 Abs. 1 S. 1 BGB, soweit nicht ausdrücklich oder durch Herkommen im Rahmen des Zulässigen Übertragung gestattet ist) sowie bei zulässiger Zuziehung von Gehilfen die Beschränkung der Haftung auf ein Verschulden bei ihrer Auswahl (§ 664 Abs. 1 S. 2 BGB).

Ferner folgt daraus die Weisungsgebundenheit des Vorstands, doch ist er berechtigt, von Weisungen abzuweichen, wenn er den Umständen nach annehmen darf, dass die Abweichung gebilligt wird (§ 665 BGB). Allerdings wird der Vorstand durch seine Weisungsgebundenheit nicht von der Pflicht enthoben, die ihm erteilten Weisungen daraufhin zu überprüfen, ob sie mit dem Gesetz und der Satzung bzw. Vereinsordnungen vereinbar sind; einen nichtigen Vereinsbeschluss darf er trotz Weisung nicht ausführen, über fehlerhafte Beschlüsse darf er eine gerichtliche Entscheidung herbeiführen.

Die Auskunfts- und Rechenschaftspflicht des Vorstands sowie seine Pflicht zur Herausgabe dessen, was er aus der Amtsführung erlangt, also insbesondere des Vereinsvermögens (§§ 666, 667 BGB) wurde bereits erwähnt.

Auf die zur Amtsführung erforderlichen Aufwendungen kann er einen Vorschuss fordern (§ 669 BGB), ferner kann er den Ersatz seiner Aufwendungen im angemessenen Umfang verlangen (§ 670

BGB). Aufwendungsersatz bedeutet jedoch nicht, dass der Vorstand eine Vergütung verlangen kann. Vielmehr ist die Vorstandstätigkeit unentgeltlich und ehrenamtlich, wenn die Satzung nichts anderes vorsieht. Dabei stellt auch die seit 2007 steuerlich begünstigte sog. Ehrenamtspauschale (§ 3 Nr. 26a EStG) eine Vergütung dar. Wird sie ohne satzungsrechtliche Grundlage von einem i.S.d. § 51 ff. AO steuerbegünstigten Verein gezahlt, so liegt ein Satzungsverstoß vor, aufgrund dessen die Gemeinnützigkeit verloren gehen kann.

Das Geschäftsführungsorgan des Vereins muss nicht identisch sein mit dem Vertretungsorgan; die Satzung kann die interne Beschlussfassung (Geschäftsführung) einem anderen Organ als dem Vorstand im Sinn des § 26 Abs. 1 Satz 2 BGB (Vertretung nach außen) übertragen.[109] Insbesondere sehen Satzungen häufig vor, dass für die Geschäftsführung ein „erweiterter", „Gesamtvorstand", „Präsidium" oder ein ähnliches Gremium zuständig ist, dem die Mitglieder des Vorstands im Sinn des § 26 Abs. 1 S. 2 BGB meist angehören (jedoch nicht angehören müssen). Hierzu ausführlich S. 95 f.). Besteht der Vorstand des § 27 Abs. 3 BGB (Geschäftsführungsorgan) aus mehreren Personen, so gilt grundsätzlich Gesamtgeschäftsführung (auch wenn nach außen hin Einzelvertretungsbefugnis erteilt ist). Zu Vorstandssitzungen sind folglich sämtliche Vorstandsmitglieder einzuladen, Beschlüsse werden aber mit der Mehrheit der abgegebenen Stimmen gefasst (§§ 28, 32 BGB).

Bei der Geschäftsführung muss der Vorstand die allgemeinen rechtlichen Bestimmungen beachten. Immer wieder stellt sich dabei die Frage, ob ein Verein bestimmte Anforderungen bei den Angaben auf seinen Geschäftsbriefen erfüllen muss. Vergleichbare Vorschriften, wie sie § 35a GmbH für eine GmbH vorsieht, kennt das Vereinsrecht jedoch nicht. Es kann aber vorkommen, dass ein eingetragener Verein als Kaufmann i.S.d. HGB vergleichbaren Verpflichtungen unterliegt (§ 37a HGB). Gemeinnützige Organisationen sind keine Kaufleute, wenn sie nicht unternehmerisch organisiert sind und es sich um rein karitative Unternehmungen han-

---

[109] BGHZ 69, 250 ff. (grundsätzlich).

delt, die etwa bloß Sammeltätigkeiten ausüben. Hingegen kommt es nicht darauf an, für welche Zwecke ein etwaiger Gewinn verwendet werden muss.

Selbstverständlich sollte gleichwohl im Rechtsverkehr unmissverständlich zum Ausdruck gebracht werden, welcher Verein handelt und wer ihn vertritt. Die freiwillige Angabe der für die GmbH genannten Angaben ist daher zu empfehlen. Sie ist insbesondere bei den Vereinen zu empfehlen, deren Geschäftstätigkeit einen gewissen Umfang angenommen hat und für die das Vorliegen der Kaufmannseigenschaften in Betracht kommen könnte. Zu empfehlen sind damit in entsprechender Anwendung von § 37a HGB und § 35a GmbHG folgende Angaben:

- Name und Rechtsformzusatz („e.V.") des Vereins,
- Sitz des Vereins,
- Registergericht, in dessen Vereinsregister der Verein eingetragen ist sowie die VR-Nummer,
- alle Vorstandsmitglieder und besonderen Vertreter mit Familiennamen und mindestens einem ausgeschriebenen Vornamen.

Ferner gelten für einen eingetragenen Verein auch die allgemeinen Regelungen aus dem Umsatzsteuerrecht. Stellt ein Verein Rechnungen als umsatzsteuerlicher Unternehmer aus, so gelten für ihn die gleichen Anforderungen wie für alle Unternehmer: Die Rechnungen müssen die in § 14 UStG geforderten Angaben enthalten.

2. Willensbildung beim mehrgliedrigen Vorstand

Besteht der Vorstand aus mehreren Personen, so erfolgt nach § 28 BGB die Beschlussfassung nach den für die Beschlüsse der Mitglieder des Vereins geltenden Vorschriften der §§ 32, 34 BGB, doch kann die Satzung anderes bestimmen (§ 40 BGB). Der Ausschluss von Stimmrecht nach § 34 BGB ist jedoch zwingend (§ 40 S. 2 BGB). In erster Linie gelten folglich die Satzungsbestimmungen, ferner ist der Inhalt einer bestehenden Vereinsordnung (etwa einer Geschäftsordnung des Vorstands) zu beachten.

Schweigt die Satzung, so erfolgt die Geschäftsführung durch Beschluss in einer Versammlung der Vorstandsmitglieder, wobei entsprechend der Berufung der Mitgliederversammlung die Tagesordnung mitzuteilen ist (oben S. 159 f.). Bei der Beschlussfassung entscheidet die Mehrheit der abgegebenen Stimmen der Vorstandsmitglieder. Ohne Versammlung kann ein Beschluss gefasst werden, wenn alle Mitglieder ihre Zustimmung schriftlich erteilen (§§ 28, 32 Abs. 2 BGB). Auch im Übrigen sollten Vorstandsbeschlüsse beurkundet werden. Ein Mitglied ist nicht stimmberechtigt, wenn der Beschluss die Vornahme eines Rechtsgeschäfts mit ihm oder die Einleitung oder Erledigung eines Rechtsstreits zwischen ihm und dem Verein betrifft (§§ 28, 34 BGB).

3. Bestellung des Vorstands

Zu unterscheiden ist zwischen der Wahl des Vorstands und seiner Bestellung, ggf. auch seiner Anstellung.

a) Wahl des Vorstands

Der Vorstand wird nach den Vorschriften der Satzung bestimmt. In der Regel wird er von der Mitglieder- oder Delegiertenversammlung gewählt, doch kann die Wahl auch einem anderen Gremium obliegen (einem Aufsichtsrat, einem Kuratorium etwa), der Vorstand kann sich auch selbst durch Zuwahl neuer Mitglieder ergänzen, wenn die Satzung dies vorsieht, und im Ausnahmefall sogar von einem Dritten ausgewählt werden. Es ist umstritten, ob mit dieser Wahl oder Auswahl bereits die „Bestellung" im Sinn des § 27 Abs. 1 und 2 BGB erfolgt. Jedenfalls bedarf die Wahl, soll der Kandidat wirksam zum Vorstandsmitglied bestellt werden, der Annahme. In der Praxis wird man sich in der Regel zuvor der Zustimmung des Betroffenen versichern. Umstritten ist auch, ob die Bestellung ein vertragsähnlicher Vorgang oder ein korporationsähnlicher Akt ist; jedenfalls geht man davon aus, dass sich die Annahmefrist nach §§ 147 ff. BGB (sei es direkt, sei es analog) richtet: der einem Anwesenden gemachte Antrag kann nur sofort angenommen werden, der einem Abwesenden bis zu dem Zeitpunkt, in welchem der Antragende den Eingang der Antwort unter regelmäßigen Umständen erwarten darf. Erfolgt die Wahl durch die Mitglieder- oder Delegiertenversammlung, ist es aus praktischen Gründen unerlässlich, dass zuvor die Annahmebereitschaft des Kandidaten geklärt wird, weil andernfalls die Versammlung zur Wiederholung der Wahl erneut zusammentreten muss. Rechte und Pflichten kann der Gewählte jedenfalls erst mit seiner Annahmeerklärung haben.

Die Satzung kann Vereinsmitglieder nicht zur Annahme eines Vorstandsamts verpflichten, auch wenn die Übernahme von Ehrenämtern grundsätzlich zu den Mitgliederpflichten zählt. Falls die Satzung keine ausdrückliche gegenteilige Bestimmung enthält, kann auch ein Nichtmitglied zum Vorstand bestellt werden, ebenso ein Minderjähriger. Eine juristische Person kann hingegen nicht als Vorstand bestellt werden. Die Bestellung unter einer Bedingung ist unzulässig, doch kann, wer um eine Kandidatur gebeten wird, die Annahme des Amtes von einer Bedingung abhängig machen.

b) Anstellung des Vorstands

Das Vorstandsamt ist grundsätzlich Ehrenamt, insbesondere beim Idealverein. Doch kann zwischen dem Verein und dem Vorstand auch ein Anstellungsverhältnis begründet werden. Das geschieht durch gesonderten Dienstvertrag. Er beruht auf der Bestellung, ist mit ihr jedoch nicht gleichzusetzen und keines-wegs notwendig verbunden. Die Zuständigkeit für den Abschluss des Anstellungsvertrages mit einem Vorstandsmitglied liegt grundsätzlich bei dem Organ das zu dessen Bestellung berufen ist, nach dem Gesetz also bei der Mitgliederversammlung (§ 27 Abs. 1 BGB). Die Satzung kann allerdings davon abweichend die Zuständigkeit eines anderen Vereinsorgans bestimmen.[110] Weist sie die Zuständigkeit dem Vorstand oder „den übrigen Vorstandsmitgliedern" zu, muss in der Satzung sichergestellt werden, dass eine ausreichende Anzahl vertretungsberechtigter weiterer Vorstandsmitglieder vorhanden ist oder aber, das betreffende Vorstandsmitglied muss vom Verbot des Selbstkontrahierens (§ 181 BGB) in der Satzung befreit werden (was jedoch nicht zu empfehlen ist). Eine Umgehung durch Bestellung eines Unterbevollmächtigten zum Zweck des Abschlusses des Anstellungsvertrags ist unzulässig.

---

[110] BGHZ 113, 237, 246.

Bei i. S. d. §§ 51 ff. AO gemeinnützigen Vereinen darf an den Vorstand nur dann eine Vergütung bezahlt werden, wenn dies in der Satzung bestimmt ist. Andernfalls ist nur Aufwendungsersatz zulässig, die Zahlung einer Vergütung würde gegen die Satzung verstoßen, was die Gemeinnützigkeit gefährden kann. Auch die sog. Ehrenamtspauschale i. S. d. § 3 Nr. 26 a EStG darf nur auf satzungsrechtlicher Grundlage bezahlt werden (vgl. oben S. 178).

c) Eintragung im Vereinsregister

Beim Idealverein sind die Mitglieder des Vorstands wie auch jede Vorstandsänderung zur Eintragung in das Vereinsregister anzumelden (§§ 64, 67 BGB). Die Eintragung wirkt nur deklaratorisch. Wird jedoch zwischen den bisherigen Mitgliedern des Vorstands und einem Dritten ein Rechtsgeschäft vorgenommen, so kann die Änderung des Vorstands dem Dritten nur entgegengesetzt werden, wenn sie zurzeit der Vornahme des Rechtsgeschäfts im Vereinsregister eingetragen oder dem Dritten bekannt ist. Ist die Änderung eingetragen, so braucht der Dritte sie nicht gegen sich gelten zu lassen, wenn er sie nicht kennt und seine Unkenntnis auch nicht auf Fahrlässigkeit beruht (§ 68 BGB „negative Publizität des Vereinsregisters"). Die Bestimmung ist naturgemäß auf nicht eingetragene Vereine nicht anwendbar.

4. Rechtsverhältnis des Vorstands zum Verein und den Vereinsmitgliedern

Die Rechtsbeziehungen zwischen dem Vorstand (dem einzelnen Vorstandsmitglied) und dem Verein werden, wenn der Vorstand unentgeltlich tätig ist, etwas missverständlich als Geschäftsbesorgungsvertrag eigener Art bezeichnet. Auf ihn finden ausschließlich die BGB-Vorschriften über den Auftrag der §§ 664 bis 670 BGB entsprechende Anwendung (oben S. 176 f.). Erhält das Vorstandsmitglied dagegen eine Vergütung für seine Tätigkeit (also nicht nur Auslagenersatz), liegt ein entgeltlicher Geschäftsbesorgungsvertrag gem. § 675 BGB vor, auf den neben den Vorschriften des Auftragsrechts die des Dienstvertrags (§§ 611 ff. BGB) anzuwenden sind. Da Vorstandsmitglieder eines Vereins in der Regel nicht Arbeitnehmer sein werden, sondern entweder Arbeitgeber oder eine arbeitgeberähnliche Position haben, wird der Anstellungsvertrag in der Regel nicht dem Arbeitsrecht unterliegen.

Größere Vereine und Verbände gewähren Vorstandsmitgliedern eine **Aufwandsentschädigung**. Es ist nicht immer leicht, zu entscheiden, wo die rechtliche Grenze zwischen Auslagenersatz und Vergütung liegt. Als Faustregel gilt: **Aufwendungen** im Sinn der §§ 27 Abs. 3, 670 BGB sind alle Vermögensopfer mit Ausnahme der eigenen Arbeitszeit und Arbeitskraft des Vorstandsmitglieds, die es zum Zweck der Ausführung seiner Tätigkeit erbringt. Dazu zählen alle Auslagen für Telekommunikation und Reisekosten, soweit sie tatsächlich angefallen und angemessen sind.[110a] Ein Pauschalierungsverbot ist nicht mehr zeitgemäß (streitig), doch müssen auch Pauschalen dem tatsächlichen und angemessenem Aufwand entsprechen, um als Aufwendung anerkennbar zu sein. Alle darüber hinausgehenden finanziellen- oder Sachleistungen sind **Vergütungen** für Arbeitsleistungen und Zeitaufwand und steuerrechtlich auch so zu behandeln.

Wird ein bisheriger Arbeitnehmer eines Vereins zum Vorstandsmitglied bestellt und im Hinblick darauf ein Dienstvertrag mit höheren als den bisherigen Bezügen abgeschlossen, ist zu beachten, dass damit im Zweifel das bisherige Arbeitsverhältnis aufgehoben und ein Dienstvertrag nach § 611 BGB begründet wird mit der Folge, dass für künftige Rechtsstreitigkeiten der Zivilrechtsweg, nicht der zu den Arbeitsgerichten eröffnete wird und der ehemalige Arbeitnehmer auch nicht mehr unter die Bestimmungen des Kündigungsschutzgesetzes fällt.[111]

Auch besondere Vertreter eines Vereins nach § 30 BGB gelten nicht als Arbeitnehmer im Sinn des Arbeitsgerichtsgesetzes, wenn ihre Vertretungsmacht auf der Satzung beruht und die Satzung die Bestellung ausdrücklich zulässt.[112] Zweifel diesbezüglich konnten nur deshalb aufkommen, weil die Rechtsprechung sich zum Teil über das Erfordernis des § 30 BGB, wonach die Bestellung beson-

---

[110a] BGH, NJW-RR 1988, 745, 746 rechte Sp. ff. (mit nicht mehr zeitgemäßen Beträgen); vgl. auch Sauter/Schweyer/Waldner Rdnr. 288, Reichert Rdnr. 760 ff.

[111] BAG, NJW 1996, 614.

[112] BAG, NJW 1997, 3261.

derer Vertreter eine satzungsmäßige Grundlage haben müsse, in Einzelfällen hinweggesetzt hat, um die Haftung des Vereins nach § 31 BGB zu ermöglichen, wenn Vertretern eines Vereins eine selbstständige Stellung eingeräumt wurde, ohne dass die Satzung eine Bestellung nach § 30 BGB vorsah.

Zwischen dem Vorstand und den einzelnen Vereinsmitgliedern entstehen keine Rechtsbeziehungen.

5. Beendigung des Vorstandsamts

Gründe der Beendigung sind: Zeitablauf, Widerruf (Abwahl), Rücktritt, Tod, Ausschluss aus dem Verein (nicht dagegen ohne weiteres der Verlust der Mitgliedschaft aus anderen Gründen, weil der Vorstand nicht Mitglied des Vereins sein muss).

a) Zeitablauf

Enthält die Satzung oder der Beschluss (die Wahl) des bestellenden Organs eine zeitliche Beschränkung, erlischt das Vorstandsamt mit Ablauf der Frist.

> **Beispiel:** „Der Vorstand wird auf die Dauer von drei Jahren gewählt."

Die Frist beginnt mit dem Bestellungsakt. Es muss dann dafür gesorgt werden, dass rechtzeitig vor dem Amtsende des amtierenden Vorstands ein neuer Vorstand bestellt wird. Der Vorstand bleibt jedoch bis zur Neubestellung im Amt, wenn die Satzung dies ausdrücklich vorsieht. Ferner kann ein Vorstand auch nach Ablauf seiner Amtszeit noch eine Mitgliederversammlung wirksam einberufen, wenn er noch im Vereinsregister eingetragen ist.

b) Widerruf

In § 27 Abs. 2 BGB ist unabdingbar bestimmt, dass die Bestellung zum Vorstand jederzeit widerruflich ist, unabhängig vom etwaigen Anspruch des Vorstands auf eine vertragsmäßige Vergütung. Nach § 27 Abs. 2 S. 2 BGB kann die Satzung die Widerruflichkeit jedoch auf den Fall des Vorliegens eines wichtigen Grundes beschränken; ein solcher Grund ist nach dem Gesetzeswortlaut insbesondere grobe Pflichtverletzung oder Unfähigkeit zur ordnungsmäßigen Geschäftsführung. Weitere wichtige Gründe können sein: eine gravierende Bestrafung durch ein staatliches Gericht, auch wenn das Delikt nicht im Zusammenhang mit der Vereinstätigkeit begangen wurde, Entzug des Vertrauens durch das Bestellungsorgan, länger dauernde Erkrankung, Verdacht der Geschäftsunfähigkeit (da ein Geschäftsunfähiger nicht Vorstand sein kann), Verlust der Vereinsmitgliedschaft.

Zuständig für den Widerruf ist im Zweifel das für die Berufung des Vorstands zuständige Organ. Mit dem Widerruf endet die Organstellung, nicht aber ohne Weiteres ein Anstellungsvertrag, der jedoch möglicherweise ebenfalls aus wichtigem Grund vorzeitig gekündigt werden kann. Hierfür sind dann die Formalien des § 626 BGB zu beachten (Ausschlussfrist von zwei Wochen, Begründungspflicht auf Verlangen). Das abberufene Vorstandsmitglied kann gegen den Widerruf Klage erheben, jedoch kann das Gericht nicht den organschaftlichen Akt des Widerrufs aufheben, weshalb der abberufene Vorstand auch nicht durch einstweilige Verfügung wieder in sein Amt eingesetzt werden kann. Beim mehrgliedrigen Vorstand kann die Abberufung auf eines von mehreren Vorstandsmitgliedern beschränkt werden.

c) Rücktritt

Ein ehrenamtlich tätiger Vorstand (oder ein einzelnes Vorstandsmitglied) kann sein Amt jederzeit niederlegen, jedoch hat er darauf Rücksicht zu nehmen, dass der Verein Vorsorge für eine Ersatzbestellung treffen kann, es sei denn, dass ein wichtiger Grund für die Niederlegung zur Unzeit vorliegt (§ 671 Abs. 2 BGB). Besteht zwischen dem Verein und dem Vorstand ein Anstellungsvertrag, so kann dieser vorzeitig nur aus wichtigem Grund gem. § 626 BGB gekündigt werden. Wichtige Gründe dieser Art sind: längere Erkrankung, Vertrauensentzug durch das Bestellungsorgan, tiefgreifendes Zerwürfnis mit den übrigen Vorstandsmitgliedern, Zahlungsverzug des Vereins usw.

Die Erklärung der Amtsniederlegung ist einseitige empfangsbedürftige Willenserklärung, sie ist daher an eines der verbleibenden Vorstandsmitglieder zu richten (§ 26 Abs. 2 S. 2 BGB); scheidet das letzte oder einzige Vorstandsmitglied aus, an das Bestellungsorgan, im Zweifel an die Mitgliederversammlung (bestritten).

d) Folgen der Beendigung

Der ausscheidende Vorstand (das Vorstandsmitglied) ist verpflichtet, dem Verein die erforderlichen Auskünfte zu erteilen und Rechenschaft abzulegen (§§ 666, 259 BGB) sowie die dem Verein gehörenden Gegenstände, insbesondere das Vereinsvermögen, herauszugeben (§ 667 BGB).

Anspruch auf Entlastung hat der Vorstand jedoch nur, wenn die Satzung oder ein langjähriger Brauch einen solchen Anspruch begründet und die Voraussetzungen der Entlastung – einwandfreie Geschäftsführung – vorliegen. Für die Entlastung ist in der Regel die Mitglieder- oder Delegiertenversammlung zuständig. Sie bewirkt das Erlöschen aller bekannter oder aus dem Rechenschaftsbericht entnehmbarer Ersatzansprüche des Vereins. Sie ist einseitige organschaftliche Willenserklärung, die keiner Annahme bedarf und wie ein Verzicht oder ein negatives Schuldanerkenntnis wirkt. Beim mehrgliederigen Vorstand kann, wenn die Aufgabenbereiche auf die Mitglieder verteilt waren, die Entlastung auf einzelne Vorstandsmitglieder beschränkt werden. Sie kann wegen arglistiger Täuschung oder Drohung angefochten werden (§ 123 BGB). Die Vorstände selbst können bei ihrer Entlastung nicht mitstimmen. Auch wenn die Entlastung bei einem aus mehreren Personen bestehenden Vorstand jeweils einzeln erfolgt, können sie nur mitstimmen, wenn sich die Entlastung auf Vorgänge bezieht, an denen sie selbst vollständig unbeteiligt waren.

6. Der Notvorstand

Fehlt mindestens ein nach der Satzung für die Geschäftsführung (Beschlussfassung) oder Vertretung erforderliches Vorstandsmitglied, hat das Amtsgericht in dringenden Fällen für die Zeit bis zur Behebung des Mangels ein Hilfs-Vorstandsmitglied („Notvorstand") zu bestellen, § 29 BGB. Voraussetzung ist also, dass der Verein keinen funktionsfähigen Vorstand mehr besitzt, sei es, dass das Einzige (oder letzte) Vorstandsmitglied weggefallen ist oder dass nach der Satzung eine bestimmte Anzahl von Vorstandsmitgliedern für die Geschäftsführung oder die Vertretung des Vereins erforderlich jedoch nicht mehr vorhanden ist. Ein Vorstandsmitglied fehlt im Sinn des § 29 BGB, wenn es aus tatsächlichen oder rechtlichen Gründen verhindert ist, zu handeln. Das ist der Fall, wenn das Vorstandsamt erloschen ist infolge Zeitablaufs, Widerrufs (Abwahl), Rücktritts, Todes oder aus sonstigen Gründen, aber auch, wenn es handlungsunfähig ist wegen Geschäftsunfähigkeit, längerer Krankheit, längerer Abwesenheit, Ausschlusses von der Mitwirkung im Einzelfall (eigene Betroffenheit nach §§ 28, 34 BGB; Verbot des Selbstkontrahierens, § 181 BGB). Voraussetzung ist ferner, dass ein dringender Fall vorliegt: sofortiges Handeln unerlässlich ist, um Schaden von dem Verein oder anderen Beteiligten abzuwenden oder eine notwendige Handlung nur sofort vorgenommen werden kann.

Beispiele: Notwendigkeit der Einberufung einer Mitgliederversammlung, die anders rechtswirksam nicht berufen werden kann; Notwendigkeit sofortiger Prozessführung für oder gegen den Verein (etwa weil Verjährungseintritt oder Ablauf einer Ausschlussfrist droht); Ausschlagung einer Erbschaft innerhalb der Frist des § 1944 Abs. 1 BGB wegen Überschuldung des Nachlasses; Notwendigkeit, Antrag auf Eröffnung des Insolvenzverfahrens zu stellen.

Die Bestellung erfolgt grundsätzlich nur auf Antrag eines Beteiligten, das ist jedes Vereinsmitglied, jedes Vorstandsmitglied, jeder Gläubiger des Vereins und jeder, der gegen den Verein ein Recht verfolgen will, auch, wer sich gegen eine Klage des Vereins zu verteidigen hat. Ist im Vereinsregister ein Vorstand eingetragen, dessen Amtszeit seit langem abgelaufen ist und kommt eine Neubestellung durch das zuständige Vereinsorgan nicht zustande, kann, wenn mit Sicherheit von keinem Beteiligten ein dahingehender Antrag zu erwarten ist, auch von Amts wegen ein Notvorstand zur Anmeldung des Ausscheidens des eingetragenen Vorstands bestellt werden.[113]

Zuständig ist das Amtsgericht (Rechtspfleger), das für den Bezirk, in dem der Verein seinen Sitz hat, das Vereinsregister führt; das muss, wenn der statutarische und der Verwaltungssitz nicht

---

[113] BayObLGZ 1988, 410.

identisch sind, nicht das Gericht sein, in dessen Vereinsregister der Verein eingetragen ist (§ 24 BGB).

Das vom Gericht bestellte Vorstandsmitglied erhält die volle Rechtsstellung des fehlenden, das es zu ersetzen hat. Das Gericht kann jedoch die Befugnisse des Notvorstands auf einzelne Angelegenheiten oder einen bestimmten Gegenstand beschränken (Berufung der Mitgliederversammlung; Prozessführung). Die Bestellung kann zeitlich befristet werden. Dem bestellten Notvorstandsmitglied kann die Befugnis übertragen werden, mehrere fehlende Vorstandsmitglieder, die nach der Satzung notwendig sind, zu ersetzen. Die Amtsdauer des Notvorstandes endet automatisch mit dem Wegfall des Bestellungsgrundes, also jedenfalls mit der Neuwahl eines handlungsfähigen Vorstands. Er kann sein Amt niederlegen, das Gericht kann ihn vorzeitig abberufen.

Der Notvorstand erwirbt mit der Bestellung keinen Anspruch auf eine Vergütung, weder gegen den Staat noch gegen den Verein oder den Antragsteller. Ist ein Vereinsmitglied bereit, ein nach der Satzung ehrenamtlich auszuübendes Vorstandsamt als Notvorstand zu übernehmen, hat es in der Regel nur Anspruch auf Auslagenersatz. Wird eine Person zum Notvorstand bestellt, die von Berufs wegen fremde Geschäfte besorgt (ein Rechtsanwalt, Steuerberater, Rechtsbeistand), wird diese nur bereit sein, gegen Vergütung tätig zu werden. Das Amtsgericht (Rechtspfleger) darf in diesem Fall mit dem Notvorstand eine Vergütung zulasten des Vereins vereinbaren, die Vergütung kann auch auf Antrag festgesetzt werden.

Es besteht kein Hindernis, § 29 BGB auf den nicht eingetragenen Verein entsprechend anzuwenden, doch ist die Anwendung umstritten.

H. Haftungsfragen

Zivilrechtlich bestehen wesentliche Unterschiede zwischen dem eingetragenen und dem nicht eingetragenen Verein.

1. Eingetragener Verein und Verein kraft Verleihung

Nach § 31 BGB ist der Verein für den Schaden verantwortlich, den der Vorstand, ein Mitglied des Vorstands oder ein anderer verfassungsmäßig berufener Vertreter durch eine in Ausführung der ihm zustehenden Verrichtungen begangene, zum Schadensersatz verpflichtende Handlung einem Dritten zufügt. Die Fassung des Gesetzestextes ist wenig glücklich. Die Rechtsprechung hat zudem die Haftung des Vereins für Handlungen seiner Vertreter über den Gesetzeswortlaut hinaus ausgedehnt. § 31 BGB enthält jedoch keinen eigenständigen Haftungstatbestand; er begründet lediglich die Mithaftung der juristischen Person „Verein" für einen Sachverhalt, den eine für ihn handelnde natürliche Person (Vorstand, sonstiger Vertreter) gesetzt hat und der nach den allgemeinen gesetzlichen Vorschriften eine Schadenshaftung begründet.

Der voll rechtsfähige Verein haftet für Handlungen:

- des Vorstands,
- einzelner Vorstandsmitglieder,
- besonderer Vertreter nach § 30 BGB, aber auch
- aller leitender Angestellten mit selbstständiger verantwortlicher Stellung, wenn sie auch nur begrenzt mit Außenwirkung handeln,
- und sogar für Beschlüsse der Mitgliederversammlung, wenn ihre Ausführung unmittelbar einen Dritten schädigt.

Die Rechtsprechung hat als „verfassungsmäßig berufene Vertreter" im Sinn des § 31 BGB nicht nur Personen angesehen, deren Tätigkeit in der Satzung der juristischen Person vorgesehen ist, auch müssen sie nicht mit rechtsgeschäftlicher Vertretungsmacht für den Verein ausgestattet sein. Es muss sich auch nicht um einen Aufgabenbereich innerhalb der geschäftsführenden Verwaltungstätigkeit der juristischen Person (des Vereins) handeln. Vielmehr genügt es, dass dem Vertreter durch die allgemeine Betriebsregelung und Handhabung bedeutsame, wesensmäßige Funktionen der juristischen Person (des Vereins) zur selbstständigen, eigenverantwortlichen Erfüllung zugewiesen sind, dass er (der Vertreter) also die juristische Person auf diese Weise repräsentiert.[114] Dem nach § 31 BGB haftenden rechtsfähigen Verein wird auch der Ent-

---

[114] BGHZ 49, 19, 21 (grundsätzlich).

lastungsbeweis nach § 831 BGB abgeschnitten. Er haftet auch für Organisationsmängel.

Der rechtsfähige Verein haftet im Rahmen des § 31 BGB für alle rechtsgeschäftlichen und tatsächlichen Handlungen seiner „Organe" (im untechnischen Sinn entsprechend der vorstehenden Definition), die auf Grund Privatrechts zum Schadensersatz verpflichten: für eine unerlaubte Handlung ebenso wie für Vertragsverletzung, Verschulden beim Vertragsschluss, Haftung auf Grund Vertragsanfechtung, für Unterlassungen wie Aufsichtspflichtverletzung, für reine Gefährdungshaftung und auch für rechtswidrig schuldhafte Eingriffe in das Mitgliedschaftsrecht eines Vereinsmitglieds.[115]

Beispiele: Das Vorstandsmitglied V sagt der Sekretärin S die Anstellung durch den Verein zu und veranlasst sie, ihr bisheriges Arbeitsverhältnis zu kündigen, der Gesamtvorstand entscheidet sich jedoch für Frau T (Haftung aus Verschulden bei Vertragsverhandlungen); der Geschäftsführer G redigiert die Vereinszeitschrift und lässt einen D beleidigenden, geschäftsschädigenden Beitrag einrücken (Haftung aus unerlaubter Handlung); ein über das Vereinsgrundstück führender öffentlich zugänglicher und allgemein benutzter Weg wird im Winter weder gesperrt noch gestreut, D gleitet deshalb aus und erleidet einen Beinbruch (Gefährdungshaftung).

In diesem Zusammenhang ist darauf hinzuweisen, dass seit 1. 1. 2002 ein neues Verjährungsrecht und vor allem ein in Teilen neues Schuldrecht gilt. Insbesondere ist das System der Haftung für Leistungsstörungen völlig neu. Es knüpft Schadensersatzpflichten an **Pflichtverletzungen durch den Schuldner** aus dem Schuldverhältnis. Auch wenn der Idealverein des § 21 BGB nicht auf einen wirtschaftlichen Geschäftsbetrieb gerichtet sein darf und der nicht eingetragene Verein ihn nicht betreiben darf, wenn er nicht riskieren will, dass seine Mitglieder als OHG-Gesellschafter haften, so nehmen doch beide am Geschäftsverkehr teil, können zivilrechtliche Pflichten eingehen, für deren Verletzung sie nun nach §§ 280 ff. BGB haften. Der eingetragene Verein darf zudem Zweckbetriebe unterhalten. Die Organe eines jeden Vereins

---

[115]   Hierzu BGH, NJW 1990, 2877.

sollten daher auch an die zivilrechtlichen Haftungen denken, denen sie ihren Verein bzw. (beim nicht eingetragenen Verein) sich selbst aussetzen, wenn sie sich am Rechtsverkehr beteiligen, und sei es nur, dass sie eine gebrauchte Büromaschine an einen Verbraucher (§ 13 BGB) veräußern und als Unternehmer (§ 14 Abs. 2 BGB: „rechtsfähige Personengesellschaft") nach den Vorschriften über den Gebrauchsgüterkauf (§§ 474 ff. BGB) Haftungen auslösen.

Bei rechtsgeschäftlichen Handlungen haftet der Verein auch, wenn der für ihn Handelnde nicht die nach der Satzung erforderliche Vertretungsmacht besitzt, aber innerhalb des Aufgabenbereichs tätig wird, die seine „Organstellung" (im untechnischen Sinn) gewöhnlich mit sich bringt, es sei denn, dass der Geschäftsgegner den Missbrauch der Vertretungsmacht kennt oder die Handlung erkennbar ganz außerhalb der Vertretungsmacht des „Organs" liegt. Für haftungsbegründendes tatsächliches Verhalten und unerlaubte Handlungen kommt es naturgemäß auf die Vertretungsmacht des Handelnden nicht an.

Der Verein haftet nach § 31 BGB auch für Fehler seiner selbstständig handelnden leitenden Angestellten, gleichgültig, ob sie Organstellung im vereinsrechtlichen Sinn haben. Die Notwendigkeit, § 31 BGB ausdehnend auszulegen, ergibt sich nach der Rechtsprechung des BGH daraus, der juristischen Person könne es nicht frei stehen, selbst darüber zu entscheiden, für wen und wessen Handlungen sie ohne Entlastungsmöglichkeit haften wolle.[116]

Dritter, demgegenüber der Verein haftet, ist jeder, der außerhalb des Vereins steht, aber auch jedes andere Vereinsorgan und jedes Vereinsmitglied, das an der schädigenden Handlungsweise nicht beteiligt war. Neben der Haftung des Vereins bleibt die Haftung des Handelnden bestehen, der jedoch einen Ausgleichsanspruch gegen den Verein (§ 27 Abs. 3 BGB) oder aus dem Anstellungsverhältnis haben kann.

---

[116] BGH, NJW 1972, 334; BGHZ 77, 74, 78 f.; BGHZ 101, 215, 218 für die Haftung von Chefärzten städtischer Krankenhäuser, also Organhaftung außerhalb des vereinsrechtlichen Bereichs; vgl. hierzu Kleindiek, S. 338 f.

2. Der nicht eingetragene Verein

Würden, wie § 54 S. 1 BGB bestimmt, auf nicht eingetragene
Vereine die Vorschriften über die Gesellschaft Anwendung finden,
würden für Verbindlichkeiten eines nicht eingetragenen Vereins
sämtliche Vereinsmitglieder als Gesamtschuldner mit ihrem gesamten privaten Vermögen haften. Da eine solche weitgehende
Haftung weder dem Willen der Vereinsmitglieder entspricht noch
der Rechtsverkehr sie erwartet, hat die Rechtsprechung nach folgenden Grundsätzen eine Haftungsbeschränkung auf das Vereinsvermögen anerkannt:

Beim **nicht eingetragenen Idealverein** im Sinn des § 21 BGB
haftet für Verbindlichkeiten jeglicher Art, die durch das Bestehen
des Vereins, Handlungen oder Unterlassungen seiner Organe oder
sonstige ihm zurechenbare haftungsbegründende Tatbestände entstehen, nur das Vereinsvermögen (Ausnahme: die besondere Haftung des § 54 S. 2 BGB des für den Verein Handelnden). Beim
nicht eingetragenen wirtschaftlichen Verein im Sinn des § 22
BGB haften dagegen neben dem Vereinsvermögen sämtliche Mitglieder persönlich; betreibt ein solcher Verein ein vollkaufmänni-
sches Handelsgewerbe, haftet er nach dem Recht der OHG sonst
nach dem Recht der BGB-Gesellschaft. Die Haftung kann jedoch
im Einzelfall durch Rechtsgeschäft auf das Vereinsvermögen beschränkt werden.

Anders als beim unbeschränkt rechtsfähigen Verein und auch
nach Gesellschaftsrecht haftet jedoch beim nicht eingetragenen
Verein **neben** dem Verein als solchem aus einem Rechtsgeschäft,
das im Namen eines nicht eingetragenen Vereins einem Dritten
(das ist nicht: ein Vereinsmitglied[117]) gegenüber vorgenommen
wird, **zusätzlich** der Handelnde persönlich; handeln mehrere, so
haften sie als Gesamtschuldner (§ 54 S. 2 BGB). Voraussetzung
für diese besondere Haftung des Handelnden ist, dass er im Namen des Vereins auftritt, unerheblich ist jedoch, ob er Vertretungsmacht besitzt (besitzt er sie nicht, kann er natürlich nicht

---

[117] BGH, NJW-RR 2003, 1265.

den Verein verpflichten). Voraussetzung ist ferner die Gültigkeit des Rechtsgeschäfts. Handelnder im Sinn dieser Vorschrift ist, wer im Rechtsverkehr unmittelbar und nach außen erkennbar für den Verein in Erscheinung tritt. Es haftet daher persönlich nicht der Auftraggeber (etwa der Vorstand), sondern der Beauftragte. Umstritten ist, ob dieser die Haftung von sich abwenden und den Vorstand verpflichten kann, wenn er ausdrücklich „im Namen des Vorstands" (also nicht nur: im Namen des Vereins) handelt. Insbesondere in der Rechtsprechung zum GmbH-Recht wurde der Kreis derjenigen, die als Handelnde anzusehen sind, eingeengt: danach gehört hierzu nicht, wer nur (intern) sein Einverständnis mit der Vornahme des Rechtsgeschäfts erteilt oder in sonstiger Weise das Rechtsgeschäft veranlasst, gefördert oder erst ermöglicht hat, jedoch nach außen nicht in Erscheinung getreten ist. Die Haftung besteht unabhängig davon, ob der Handelnde Vorstandsmitglied oder ob er überhaupt Vereinsmitglied ist, auch unabhängig davon, ob er zur Vertretung des Vereins berechtigt war.[117a] Wichtig ist, dass die Haftung des persönlich Handelnden **vertraglich ausgeschlossen** werden kann, und zwar durch Vereinbarung des Vertreters des Vereins mit dem Geschäftsgegner. Zur Wirksamkeit bedarf es eines ausdrücklichen Haftungsausschlusses, ein stillschweigender Haftungsausschluss wird nicht unterstellt.

Die Haftung für einen vom Vorstand oder einem sonstigen Organ des Vereins im Rahmen seiner Amtsführung verursachten Schaden richtet sich nach heute herrschender Meinung auch beim körperschaftlich strukturierten nicht eingetragenen Verein analog nach § 31 BGB: hierzu vorstehend S. 188 f. Das gilt insbesondere auch für große Organisationen, wie Gewerkschaften.

Hinsichtlich § 31 BGB wurde insoweit auch von einer „Brückenfunktion" gesprochen. Die Vorschrift soll sowohl die Mithaft des Vereinsvermögens bei Eigendelikten des Vorstands sichern, als auch die Exklusivhaft bei der Verletzung von Verkehrspflichten, die nur den Vermögensträger treffen, begründen: ein Brückenschlag zwischen dem Deliktssystem der §§ 823 ff. BGB, das am

---

[117a] Vgl. BGHZ 47, 25; 65, 378.

Leitbild der unerlaubt handelnden Einzelperson orientiert ist, und der deliktischen Verantwortlichkeit kollektiver Rechtssubjekte, wie sie auch der körperschaftlich strukturierte nicht rechtsfähige Verein darstellt.

Die Teilrechtsfähigkeit der Außen-GbR hat dazu geführt, dass sie sich auch zu Schadensersatz verpflichtendes Handeln ihrer Geschäftsführer nach § 31 BGB zurechnen lassen muss.[117b] Infolge der Akzessorietät müssen die Gesellschafter einer Außen-GbR auch für gesetzlich begründete Verbindlichkeiten der Gesellschaft persönlich einstehen.[117c] Das alles wird analog auch für den nicht eingetragenen Verein zu gelten haben.

3. Strafrechtliche Haftung

Organe von Vereinen sind sich oft nicht bewusst, dass sie in ihrer Tätigkeit für den Verein persönlich in eine nicht unerhebliche strafrechtliche Haftung geraten können, wobei vor allem Vermögensdelikte in Betracht kommen. Ein Unterschied zwischen dem eingetragenen und dem nicht eingetragenen Verein ist dabei nicht zu machen. Zwar hat die strafrechtliche Rechtsprechung und Literatur bislang eine Untreue zum Nachteil des Gesamthandsvermögens einer Gesellschaft rechtlich nicht für möglich gehalten. Doch wird auch hier die Rechtsprechung des 2. Zivilsenats zur beschränkten Rechtsfähigkeit der Außen-GbR möglicherweise eine Änderung der Strafrechtsprechung erforderlich machen.[117d]

Nach § 266 StGB macht sich wegen Untreue strafbar, wer die ihm durch Gesetz, behördlichen Auftrag (Notvorstand!) oder Rechtsgeschäft eingeräumte Befugnis, über fremdes Vermögen zu verfügen oder einen anderen zu verpflichten, missbraucht (Missbrauchstatbestand) oder die ihm kraft Gesetzes, behördlichen Auftrags, Rechtsgeschäfts oder eines Treueverhältnisses obliegende Pflicht, fremde Vermögensinteressen (z.B. die des Vereins) wahr-

---

[117b] BGH, NJW 2003, 1445, 1446 f.; zust. K. Schmidt, NJW 2003, 1445 ff.
[117c] BGH, NJW 2003, 1445, 1446 f.
[117d] Vgl. Gunst, BB 2001, 1537 ff.

zunehmen, verletzt (Treubruchstatbestand) und dadurch dem, dessen Vermögensinteressen er zu betreuen hat, Nachteil zufügt.

Vor allem den Treubruchstatbestand kann erfüllen, wer als Mitglied eines Vereinsorgans mit Vermögen des Vereins unsachgemäß umgeht und dem Verein dadurch Schaden zufügt. Einzelheiten: siehe strafrechtliche Literatur.

4. Eingeschränkte Haftung ehrenamtlicher Vorstände

Auf Initiative der Länder Baden-Würtemberg und Saarland im Bundesrat wurde 2009 die Haftung von ehrenamtlichen bzw. gering vergüteten Vereinsvorständen beschränkt. Dadurch sollten die Haftungsrisiken für diese Vereinsvorstände auf ein zumutbares Maß begrenzt werden. Dies soll die ehrenamtliche Übernahme von Leitungsfunktionen in Vereinen und damit das bürgerschaftliche Engagement fördern.

Hierzu wurde ein neuer § 31 a BGB eingefügt, der die Haftung solcher Vorstände auf Vorsatz und grobe Fahrlässigkeit beschränkt, die unentgeltlich tätig sind oder für ihre Tätigkeit nur die durch § 3 Nr. 26 a EStG in vielen Fällen steuerfrei gestellten Einnahmen von 500 € im Jahr erhalten. Die Beschränkung gilt sowohl gegenüber dem Verein als auch gegenüber den Vereinsmitgliedern. Sie gilt zwar nicht gegenüber Dritten, die Vorstände können aber unter bestimmten Voraussetzungen verlangen, von den Verpflichtungen gegenüber diesen Dritten vom Verein freigestellt zu werden.

Zunächst waren auch Haftungserleichterungen im Zusammenhang mit der Abführung von Gesamtsozialversicherungsbeiträgen und im Zusammenhang mit steuerlichen Pflichten geplant. Zu diesen Haftungserleichterungen kam es aber nicht. Es wurde auch versäumt, die Haftungsbegrenzungen über die Vorstände hinaus auf andere ehrenamtlich engagierte Personen (etwa Übungsleiter bei Sportvereinen) zu erweitern.

J. Das Ende des Vereins

Es ist zu unterscheiden zwischen der Auflösung des Vereins (das heißt: dem Beschluss oder dem sonstigen Rechtsakt, der die Auflösung zur Folge hat), dem Erlöschen der Rechtsfähigkeit des rechtsfähigen Vereins (das zur Auflösung führen kann, jedoch nicht muss) und den Folgen der Auflösung (Liquidation oder sonstige Abwicklung).

1. Auflösung des Vereins

Die Auflösungsgründe sind beim rechtsfähigen und beim nicht rechtsfähigen Verein gleich; beim rechtsfähigen Verein kann ferner der Verlust der Rechtsfähigkeit zur Auflösung führen. Auflösungsgründe sind:

- Zeitablauf, wenn der Verein nach der Satzung nur für eine bestimmte Zeitdauer gegründet wurde, was in der Praxis jedoch selten ist (§ 74 Abs. 2 BGB).
- Eintritt eines anderen Ereignisses oder Zustands, die nach der Satzung zur Auflösung des Vereins führen sollen (z.B. Unterschreitung einer bestimmten Mitgliederzahl), nicht jedoch führt die Erreichung eines bestimmten Zwecks oder deren Unmöglichkeit zur automatischen Auflösung.
- Auflösungsbeschluss der Mitglieder- oder Delegiertenversammlung (§ 41 BGB).
- Sitzverlegung in das Ausland (sie gilt allgemein als Auflösungsbeschluss für das Inland und Neugründung im Ausland).
- Verschmelzung (Fusion) des Vereins mit einem anderen Verein.
- Staatsakt: Verbot nach § 3 VereinsG (der Verein erlischt mit dem Eintritt der Unanfechtbarkeit des Verbots); Anordnung der Auflösung des Vereins durch das Bundesverfassungsgericht im Zusammenhang mit der Feststellung, dass der Verein (nicht: eines seiner Mitglieder) ein Grundrecht verwirkt hat, Art. 18 GG, §§ 13 Nr. 1, 36 ff., 39 Abs. 2 BVerfGG (es ist bisher keine Entscheidung dieser Art ergangen); gegenüber politischen Parteien **nur** Entscheidung des Bundesverfassungsgerichts nach Art. 21 Abs. 2 GG, §§ 13 Nr. 2, 43 ff., 46 Abs. 3 BVerfGG (mit der Feststellung der Verfassungswidrigkeit einer politischen Partei ist – zwingend – die Auflösung der Partei und das Verbot, eine Ersatzorganisation zu schaffen, zu verbinden).
- Wegfall sämtlicher Mitglieder: in diesem Sonderfall erlischt der Verein ohne Liquidation; für das Vereinsvermögen gilt

§ 45 BGB entsprechend (hierzu nachstehend S. 198 f.), erforderlichenfalls kann nach § 1913 BGB ein Pfleger bestellt werden.

2. Erlöschen der Rechtsfähigkeit, Insolvenz des Vereins

Die Tatbestände, die zum Erlöschen der Rechtsfähigkeit eines Vereins führen, wurden bereits oben S. 68 f. dargelegt. In allen Fällen, in denen die Entziehung oder der Verlust der Rechtsfähigkeit nicht die Auflösung des Vereins zur notwendigen Folge hat, kann der Verein als nicht eingetragener fortgesetzt werden. Die Entscheidung bedarf einer Satzungsänderung. Der nunmehr nicht mehr eingetragene Verein ist identisch mit der juristischen Person, aus der er entstanden ist.

Die **Eröffnung des Insolvenzverfahrens** über das Vermögen eines rechtsfähigen Vereins und die Rechtskraft des Beschlusses, durch den die Eröffnung des Insolvenzverfahrens mangels Masse abgewiesen worden ist, führt nach § 42 Abs. 1 BGB nicht zum Verlust der Rechtsfähigkeit, sondern nur zur Auflösung des Vereins.

Damit ist die Rechtslage des rechtsfähigen und des nicht eingetragenen Vereins im Insolvenzfall gleich: Insolvenzgrund ist Zahlungsunfähigkeit und Überschuldung, auf Antrag des Vereins als Schuldner nach § 18 Abs. 1 InsO auch drohende Zahlungsunfähigkeit. Schuldner ist jeweils der Verein als solcher. Nach der Auflösung des Vereins ist die Eröffnung des Verfahrens so lange zulässig, als die Verteilung des Vermögens nicht vollzogen ist. Antragsberechtigt sind außer den Gläubigern jedes Vorstandsmitglied und jeder Liquidator, nach § 15 Abs. 1 InsO beim nicht eingetragenen Verein auch jeder persönlich Haftende. Wird der Antrag nicht von allen Vorstandsmitgliedern oder Liquidatoren gestellt, ist er zuzulassen, wenn der oder die Antragsteller zur Vertretung des Vereins berechtigt sind (§ 18 Abs. 3 InsO) und Zahlungsunfähigkeit droht (§ 18 Abs. 1 InsO). Im Fall der Überschuldung des Vereins ist der Vorstand verpflichtet, die Eröffnung des Insolvenzverfahrens zu beantragen. Wird die Antragstellung verzögert, so sind die Vorstandsmitglieder, denen ein Verschulden zur Last fällt, den Gläubigern für den daraus entstehenden Schaden verantwortlich, sie haften als Gesamtschuldner (§ 42 Abs. 2 BGB).

Rückständige Mitgliederbeiträge gehören zur Insolvenzmasse. Im Übrigen endet die Beitragspflicht der Mitglieder eines eingetragenen Vereins mit der Eröffnung des Insolvenzverfahrens, wenn die Satzung nichts anderes bestimmt.[118] Mit der Eröffnung des Insolvenzverfahrens verliert der Verein als Schuldner die Befugnis, sein zur Insolvenzmasse gehöriges Vermögen zu verwalten und darüber zu verfügen; dieses Recht wird durch den Insolvenzverwalter ausgeübt (§ 80 Abs. 1 InsO). Die Zuständigkeit des Insolvenzverwalters beschränkt sich jedoch auf diese Tätigkeit. Er wird nicht Vereinsorgan. Er erwirbt keine Zuständigkeit in der Verwaltung des Vereins außerhalb des Vermögensbereichs, er kann also nicht etwa eine Mitgliederversammlung einberufen.

Wird das Insolvenzverfahren eingestellt oder ein Insolvenzplan bestätigt, der den Fortbestand des Vereins vorsieht (§§ 217 ff. InsO), kann dessen Fortsetzung beschlossen werden (§ 42 Abs. 1 S. 2 BGB). Die Satzung kann für den Insolvenzfall den Fortbestand des Vereins ausdrücklich vorsehen (§ 42 Abs. 1 S. 3 BGB). In diesem Fall besteht die Pflicht zur Stellung des Insolvenzantrags auch im Fall der Zahlungseinstellung (§ 42 Abs. 2 S. 1 BGB), also wenn der Verein nicht in der Lage ist, die fälligen Zahlungspflichten zu erfüllen. Das ist in der Regel anzunehmen, wenn er seine Zahlungen eingestellt hat (§ 17 Abs. 2 InsO). Eine Verletzung dieser Pflicht hat die Haftung auf Schadensersatz zur Folge.

3. Rechtsfolgen der Auflösung des Vereins

Die Rechtsfolgen sind je nach den Beendigungsgründen unterschiedlich.

a) Liquidation

Fällt das Vereinsvermögen nicht an den Fiskus, so muss eine Liquidation stattfinden (§ 47 BGB). Sie ist also der Regelfall. Ihr

---

[118]   BGH, NJW 1986, 1604.

Zweck ist es, die Rechte der Vereinsgläubiger zu sichern und die Überleitung des Vermögens auf die Anfallberechtigten zu gewährleisten. Die Liquidation findet also insbesondere statt in den Fällen der Selbstauflösung des Vereins durch Beschluss der Mitgliederversammlung und bei Beendigung durch Zeitablauf. Eine Liquidation ist entbehrlich, wenn der Verein durch Sitzverlegung ins Ausland aufgelöst wird und das gesamte Vereinsvermögen auf den nun ausländischen Verein übertragen wird, wobei natürlich das Vereinsrecht des Staates zu beachten ist, in dem der Verein nunmehr seinen Sitz hat.

An wen das Vereinsvermögen fällt, bestimmt in erster Linie die Satzung (oben S. 133 f.). Das Vermögen darf dem Anfallberechtigten jedoch nicht vor dem Ablauf eines Jahres nach der Bekanntmachung der Auflösung des Vereins oder der Entziehung seiner Rechtsfähigkeit übertragen werden ("Sperrjahr", § 51 BGB). Fehlt eine Satzungsbestimmung darüber, an wen das Vereinsvermögen im Fall der Auflösung fällt, so fällt es, wenn der Verein nach der Satzung ausschließlich den Interessen seiner Mitglieder diente, an die zurzeit der Auflösung oder der Entziehung der Rechtsfähigkeit vorhandenen Mitglieder zu gleichen Teilen, andernfalls an den Fiskus des Bundesstaats, in dessen Gebiet der Verein seinen Sitz hatte (§ 45 Abs. 3 BGB).

Die bisherigen Vereinsorgane bleiben auch während der Liquidation bestehen, der Vorstand wird jedoch durch Liquidatoren ersetzt. Das Gesetz geht in § 48 Abs. 1 BGB davon aus, dass die Liquidation durch den Vorstand erfolgt; der Vorstand ändert dann nur seinen Namen, ohne dass ein personeller Wechsel erfolgt. Doch können zu Liquidatoren auch andere Personen bestellt werden, und zwar nach den für die Bestellung des Vorstands geltenden Vorschriften (§ 48 Abs. 1 S. 2 BGB). Die Liquidatoren haben die rechtliche Stellung des Vorstands, soweit sich nicht aus dem Zweck der Liquidation ein anderes ergibt. Sind mehrere Liquidatoren vorhanden, so gilt jedoch abweichend von § 28 BGB für die Beschlussfassung nicht das Mehrheitsprinzip, sondern es ist Einstimmigkeit erforderlich, wenn nicht die Satzung ein anderes ergibt oder die Mitgliederversammlung anderes beschließt (§ 48 Abs. 3 BGB). Die Liquidatoren sowie eine von § 48 Abs. 3 BGB abweichende Beschlussregelung sind beim eingetragenen Idealverein in das Vereinsregister einzutragen (§ 76 BGB). Der Zweck des Vereins ändert sich stillschweigend – ohne dass es einer Satzungsänderung bedarf – dahin, dass er nur noch auf Abwicklung gerichtet ist. Ein Beitritt neuer Mitglieder kommt daher in der Regel nicht mehr in Betracht; Satzungsänderungen sind nur noch beschränkt zulässig. Die Rechte und Pflichten der Mitglieder bleiben – im Rahmen des Abwicklungszwecks – bestehen.

Die Liquidatoren (Abwickler) haben die Aufgabe, die laufenden Geschäfte zu beendigen, die Forderungen einzuziehen, das übrige Vermögen in Geld umzusetzen („Versilberung"), die Gläubiger zu befriedigen und den Überschuss dem Anfallberechtigten auszuhändigen. Von einer Versilberung von Vermögenswerten und der Einziehung von Forderungen kann jedoch abgesehen werden, wenn das zur Befriedigung der Gläubiger oder zur Verteilung des Überschusses unter mehrere Anfallberechtigte nicht erforderlich ist. Zur Beendigung schwebender Geschäfte dürfen die Liquidatoren auch neue Geschäfte eingehen. Bis zur Beendigung der Liquidation gilt der Verein als fortbestehend, soweit der Zweck der Liquidation es erfordert (§ 49 BGB). Diese Grundsätze gelten für den nicht eingetragenen Verein in gleicher Weise, jedenfalls dann, wenn eine Auseinandersetzung nach § 730 BGB (Gesellschaftsrecht) in der Satzung dadurch ausgeschlossen ist, dass eine bestimmte (natürliche oder juristische) Person als Anfallberechtigter für den Fall der Auflösung bestimmt ist. Keinesfalls fällt jedoch das Vermögen des nicht eingetragenen Vereins an den Fiskus, solange Mitglieder des Vereins oder Rechtsnachfolger von ihnen vorhanden sind.

Die Liquidatoren haben die Auflösung des Vereins oder die Entziehung der Rechtsfähigkeit öffentlich bekanntzumachen. In der Bekanntmachung sind die Gläubiger zur Anmeldung ihrer Ansprüche aufzufordern, bekannten Gläubigern gegenüber hat das durch besondere (direkte) Mitteilung zu geschehen. Weder die Bekanntmachung noch die direkte Mitteilung haben jedoch Ausschlusswirkung. Die öffentliche Bekanntmachung erfolgt durch das in der Satzung zu Veröffentlichungen bestimmte Blatt, fehlt eine solche Satzungsbestimmung, das für Bekanntmachungen des registerführenden Amtsgerichts bestimmte Blatt. Die Bekanntmachung gilt mit dem Ablauf des zweiten Tages nach der (ersten) Einrückung als bewirkt (§ 50 BGB), von diesem Tag an ist das Sperrjahr des § 51 BGB zu berechnen. Meldet sich ein den Liquidatoren bekannter Gläubiger nicht, so ist der geschuldete Betrag für ihn bei der Hinterlegungsstelle des Amtsgerichts zu hinterlegen, sofern Hinterlegung zulässig ist (so, wenn sich der Gläubiger im Annahmeverzug befindet, § 293 BGB, wenn er unbekannten Aufenthalts oder verschollen ist). Ist die Berichtigung einer Verbindlichkeit zurzeit nicht ausführbar oder ist sie streitig, so darf das Vermögen dem Anfallberechtigten nur übertragen werden, wenn dem Gläubiger Sicherheit geleistet ist (§ 52 BGB). Liquidatoren, die die ihnen nach §§ 42 Abs. 2, 50 bis 52 BGB obliegenden Verpflichtungen verletzen oder vor Befriedigung der Gläubiger Vermögen dem Anfallberechtigten übertragen, sind, wenn ihnen Verschulden zur Last fällt, den Gläubigern für den daraus entstehenden Schaden verantwortlich; sie haften als Gesamtschuldner (§ 53 BGB). Auch diese Bestimmungen sind, wenn eine Auseinandersetzung nach Gesellschaftsrecht in der Satzung ausgeschlossen ist, für nicht eingetragenen Vereine entsprechend anwendbar. Bei völliger Vermögenslosigkeit ist jedoch die Liquidation entbehrlich.

Beim eingetragenen Idealverein hat der Vorstand die Liquidatoren zur Eintragung im Vereinsregister anzumelden, spätere Anmeldungen haben die im Amt befindlichen Liquidatoren vorzunehmen (§ 76 Abs. 2 BGB). Diese haben eine Liquidationseröffnungsbilanz (oder eine entsprechende Gewinn- und Verlustrechnung) zu erstellen. Nach Befriedigung der Gläubiger oder der Sicherstellung ihrer Forderungen und Übertragung des restlichen Vereinsvermögens auf die Anfallberechtigten (nach den allgemeinen Vorschriften der Eigentumsübertragung, Forderungsabtretung) haben die Liquidatoren eine Schlussrechnung vorzulegen: der Mitgliederversammlung oder, falls sie nicht mehr einberufen werden kann, beim eingetragenen Verein dem Registergericht. Sie haben Anspruch auf Entlastung. Die Beendigung der Liquidation ist ggf. im Vereinsregister einzutragen.

b) Vermögensübergang an den Fiskus

Fällt das Vermögen gem. § 45 Abs. 3 BGB, 2. Alternative an den Fiskus, findet keine Liquidation statt. Der Fiskus wird Gesamtrechtsnachfolger, es finden die Vorschriften über eine dem Fiskus als gesetzlichem Erben anfallende Erbschaft entsprechende Anwendung, und zwar nicht nur materiell, sondern auch formell (ihm muss ein Erbschein erteilt werden). Der Fiskus hat das Vereinsvermögen nach Möglichkeit in einer den Zwecken des Vereins entsprechenden Weise zu verwenden (§ 46 BGB).

Ganz anders ist die Rechtsfolge, wenn ein Verein nach § 3 des Vereinsgesetzes verboten wird. In diesem Fall wird das Vermögen des verbotenen Vereins eingezogen, doch kann die Verbotsbehörde von der Einziehung absehen, wenn keine Gefahr besteht, dass das Vereinsvermögen erneut zur Förderung der Handlungen verwendet wird, die zum Verbot des Vereins führten (§ 11 VereinsG). Gläubiger, die ihre Forderungen innerhalb der von der Verbotsbehörde oder Einziehungsbehörde gesetzten Ausschlussfrist angemeldet haben, sind aus der besonderen Vermögensmasse zu befriedigen, die das eingezogene Vermögen bildet. Reicht das Vermögen zur Befriedigung aller Ansprüche nicht aus, findet auf Antrag der Verbots- oder Einziehungsbehörde ein Insolvenzverfahren über die besondere Vermögensmasse statt (§ 13 VereinsG).

Wird eine politische Partei oder der selbstständige Teil einer politischen Partei durch Entscheidung des Bundesverfassungsgerichts aufgelöst, kann dieses die Einziehung des Vermögens der betroffenen Partei oder ihres selbstständigen Teils zugunsten des Bundes oder des Landes zu gemeinnützigen Zwecken aussprechen (§ 46 Abs. 3 BVerfGG).

c) Anhängige Rechtsstreite

Die Liquidation hat auf anhängige Rechtsstreite keinen Einfluss. Erlischt jedoch ein rechtsfähiger Verein während eines Rechtsstreits, weil die Liquidation beendet und sein Vermögen verteilt ist, so wird die gegen ihn gerichtete Klage unzulässig.[119] Für einen

---

[119] BGHZ 74, 212.

nicht eingetragenen Verein, wird gleiches gelten. Auch ein Aktivprozess des Vereins muss mit Beendigung der Liquidation unzulässig werden.

K. Fusion, Spaltung und Formwechsel von Vereinen

An der Verschmelzung, Spaltung und dem Formwechsel von Vereinen können **nur rechtsfähige Vereine** kraft Eintragung im Vereinsregister oder staatlicher Verleihung teilnehmen, nicht also nicht eingetragene Vereine. Die Eintragung im Vereinsregister ist konstitutiv für die Möglichkeit der Teilnahme an Umwandlungen. Das Umwandlungsgesetz ist zwingendes Recht (§ 1 Abs. 3 UmwG). Eine Umwandlung im Sinne des Gesetzes darf nur in den vom UmwG geregelten Fällen stattfinden, in anderen Fällen nur, wenn sie durch ein Bundes- oder Landesgesetz ausdrücklich vorgesehen ist (§ 1 Abs. 2 UmwG).

Auch wenn der nicht eingetragene Verein nach dem Urteil des BGH vom 29. 1. 2001 (Fn. 6) jetzt beschränkt rechtsfähig ist, folgt die Terminologie des Umwandlungsgesetzes der der §§ 21, 22 BGB, so dass es unter einem „rechtsfähigen Verein" versteht „jeden Verein, der nicht unter § 54 BGB fällt".[120] Auch die BGB-Gesellschaft kann nicht an einem Formwandel nach dem Umwandlungsgesetz teilnehmen.[121] Der Gesetzgeber sollte zumindest die Verschmelzungsfähigkeit auch für die GbR und den nicht eingetragenen Verein mit körperschaftlicher Struktur öffnen.

1. Systematik des Umwandlungsgesetzes

Nach § 1 Abs. 1 UmwG können **Rechtsträger mit Sitz im Inland** umgewandelt werden:
- durch Verschmelzung,
- durch Spaltung (Aufspaltung, Abspaltung, Ausgliederung),
- durch Vermögensübertragung (scheidet für Vereine aus),
- durch Formwechsel.

---

[120] Schmitt/Hörtnagl/Stratz, Rdnr. 1 zu § 99 UmwG.
[121] Schmitt/Hörtnagl/Stratz, Rdnrn. 12 ff. zu § 3 UmwG mit deutlicher Kritik.

Unter Umwandlung im Sinne dieses Gesetzes versteht man eine Umstrukturierung, in deren Rahmen von einem oder mehreren Rechtsträgern **Vermögen** auf einen oder mehrere andere Rechtsträger im Wege der Gesamt- oder Sonderrechtsnachfolge übertragen wird und im Gegenzug Anteile an die übertragenden Rechtsträger bzw. deren Mitglieder und/oder eine sonstige Gegenleistung gewährt wird (Umwandlung im Wege der Verschmelzung oder Spaltung) oder durch den sich unter Beibehaltung der Identität und ohne Vermögensübertragung die Rechtsform des formwechselnden Rechtsträgers ändert (Formwechsel). Eine Verschmelzung oder Spaltung ohne Vermögensübertragung ist nach dem Gesetz also nicht vorgesehen. Die Umwandlung kann – gegenüber anderen Formen der Fusion oder Spaltung, sofern sie zulässig sind – nicht unerhebliche Vorteile haben. Für den Verein beispielsweise die Vermeidung einer Selbstauflösung im Fall der Verschmelzung oder die Wahrung der Identität der Mitglieder im Fall der Spaltung.

Bei allen vom Gesetz zugelassenen Umwandlungsformen finden sich im Wesentlichen gleiche Strukturen für den Vollzug der Umwandlung:

- Es ist von den Leitungsorganen der beteiligten Rechtsträger (beim Verein also in der Regel vom Vorstand) ein ausführlicher schriftlicher **Bericht** zu erstatten (Verschmelzungsbericht, § 8 UmwG; Spaltungsbericht, § 127 UmwG), in dem die Umwandlung, der Vertrag oder sein Entwurf im Einzelnen erläutert und begründet werden und der den sonstigen im Gesetz vorgesehenen Inhalt haben muss.

- Abschluss eines **Vertrages in notarieller Form** mit dem gesetzlich bestimmten Mindestinhalt. **Ausnahmen:** Bei der Spaltung durch Neugründung tritt der Spaltungsplan anstelle des Spaltungs- oder Übernahmevertrags, weil es an einem Vertragspartner fehlt (§ 136 UmwG), beim Formwechsel tritt – ebenfalls mangels eines Vertragspartners – der Umwandlungsbeschluss an die Stelle des Vertrags, der den in § 194 UmwG bestimmten Mindestinhalt haben muss.

- Ein Prüfungsbericht ist im Falle der übertragenden Umwandlung (Verschmelzung oder Spaltung) erforderlich.

- Beschlussfassung, beim Verein durch die Mitgliederversammlung(en) in notarieller Form.
- Anmeldung durch Eintragung in die zuständigen Vereinsregister, die konstitutiv wirkt; die Umwandlung wird also erst mit Eintragung in das/die Vereinsregister wirksam.

Gesetzestechnisch sind die §§ 4 bis 35 UmwG eine Art Allgemeiner Teil für das Zweite, Dritte und (hier nicht interessierende) Vierte Buch des Umwandlungsgesetzes, auf die jeweils verwiesen wird.

Im Fall der Verschmelzung und der Spaltung von Ideal-Vereinen bedarf also ausnahmsweise auch die (neue) Satzung der **notariellen Beurkundung** (§§ 6, 125 UmwG). Das Erfordernis der Beurkundung dient dabei der Beweissicherung, der Sicherstellung der ordnungsgemäßen Beratung und der materiellen Richtigkeit wie auch der Erleichterung der Richtigkeitskontrolle durch die Gerichte.[122]

Das führt zur Frage der Zulässigkeit der **Auslandsbeurkundung,** die oft preisgünstiger ist als die Beurkundung durch einen deutschen Notar, dem Beurkundungstätigkeit im Ausland untersagt ist. Dabei sind zwei Rechtsfragen zu prüfen: Richtet sich die Formgültigkeit nach dem Recht des (ausländischen) Staates, in dem die Beurkundung vorgenommen wird („Ortsstatut") oder nach deutschem Recht („Geschäftsstatut"). Und ferner: wird die Beurkundung durch einen ausländischen Notar von den deutschen Registergerichten anerkannt? Die richtige Antwort ist umstritten, doch geht die herrschende Meinung dahin, dass nach Art. 11 EGBGB das Geschäftsstatut maßgebend und somit deutsches Recht anzuwenden ist. Dann ist zu prüfen, ob die ausländische Beurkundungsperson das Formerfordernis der §§ 6, 125 UmwG erfüllt, also ob sie einem deutschen Notar gleich steht. Das wird i. d. R. danach entschieden, ob die ausländische Urkundsperson nach Vorbildung, Funktion und Stellung im Rechtsleben der Qualifikation eines deutschen Notars gleichwertig ist (verfahrensrechtliche und persönliche **Gleichwertigkeit**). Auch das ist vielfach umstritten. Bei der Beurkundung von Umwandlungen wird eine Gleich-

---

[122] Katschinski, S. 77.

wertigkeit häufig abgelehnt[123], obwohl die Gleichwertigkeit von Notaren in Österreich, der Schweiz und das lateinische Notariat des romanischen Rechtskreises sonst für Beurkundungen einem deutschen Notar gleichgestellt werden.

2. Verschmelzung

Nach § 2 UmwG können unter Auflösung ohne Abwicklung (also ohne Liquidation) verschmolzen werden:

- im Wege der Aufnahme durch Übertragung des Vermögens eines Rechtsträgers oder mehrerer Rechtsträger (übertragende Rechtsträger) als Ganzes auf einen anderen bestehenden Rechtsträger (übernehmender Rechtsträger) oder
- im Wege der Neugründung durch Übertragung der Vermögen zweier oder mehrerer Rechtsträger (übertragende Rechtsträger) jeweils als Ganzes auf einen neuen, von ihnen dadurch gegründeten Rechtsträger,
- und zwar gegen Gewährung von Mitgliedschaften des übernehmenden oder neuen Rechtsträgers an die Mitglieder der übertragenden Rechtsträger.

Rechtsfähige Idealvereine nach § 21 BGB und wirtschaftliche Vereine nach § 22 BGB sind unterschiedlich verschmelzungsfähig.

Rechtsfähige Idealvereine nach § 21 BGB können gem. § 3 Abs. 1 Nr. 4 UmwG umfassend an Verschmelzungen (Fusionen) beteiligt sein, und zwar sowohl als übertragende, übernehmende oder neu zu gründende Rechtsträger.

Wirtschaftliche Vereine nach § 22 BGB können nach § 3 Abs. 2 Nr. 1 UmwG dagegen nur als übertragende Rechtsträger an einem Verschmelzungsvorgang beteiligt sein.

Ein rechtsfähiger (Ideal- oder wirtschaftlicher) Verein kann sich an einer Verschmelzung nur beteiligen, wenn die Satzung des Vereins oder Vorschriften des Landesrechts nicht entgegenstehen (§ 99 Abs. 1 UmwG).

Eingetragene Idealvereine nach § 21 BGB können nicht mit genossenschaftlichen Prüfungsverbänden (§ 105 UmwG) und nicht

---

[123] Katschinski, S. 79.

mit Versicherungsvereinen auf Gegenseitigkeit (§ 109 UmwG) verschmolzen werden. Die Verschmelzung auf einen eingetragenen Verein ist nur einem anderen eingetragenen Verein gestattet, die Verschmelzung durch Neugründung ist jedoch zulässig, wenn sich ausschließlich der eingetragene Verein als übertragender Rechtsträger beteiligt, wobei die Rechtsform des neu zu gründenden Vereins dann unerheblich ist: es kann eine GmbH (§§ 56 bis 59 UmwG), eine Aktiengesellschaft oder eine Kommanditgesellschaft auf Aktien (§§ 60 bis 78 UmwG) oder eine eingetragene Genossenschaft (§§ 79 bis 98 UmwG) sein.

Der wirtschaftliche Verein des § 22 BGB kann nur als übertragender Rechtsträger fungieren, um eine Vergrößerung oder Neugründung im Wege der Verschmelzung zu vermeiden. Die Rechtsform des aufnehmenden Rechtsträgers ist freigestellt: GmbH, Aktiengesellschaft, Kommanditgesellschaft auf Aktien, Personenhandelsgesellschaft (OHG, KG), eingetragene Genossenschaft; nicht: Idealverein nach § 21 BGB (§ 99 Abs. 2 UmwG), genossenschaftlicher Prüfungsverband und Versicherungsverein auf Gegenseitigkeit.

3. Spaltung

Das Gesetz unterscheidet drei Arten der Spaltung:
- die Aufspaltung (§ 123 Abs. 1 UmwG),
- die Abspaltung von Teilen eines Rechtsträgers (§ 123 Abs. 2 UmwG) und
- die Ausgliederung eines Teils oder mehrerer Teile des übertragenden Rechtsträgers (§ 123 Abs. 3 UmwG).

Die Spaltung kann auch durch gleichzeitige Übertragung auf bereits bestehende sowie auf neue Rechtsträger erfolgen.

Ein eingetragener Verein kann grundsätzlich auf allen Seiten an einer Spaltung beteiligt sein. Ein rechtsfähiger (Ideal- oder wirtschaftlicher) Verein nach §§ 21, 22 BGB kann jedoch als übernehmender Rechtsträger im Wege der Spaltung nur andere eingetragene Vereine aufnehmen oder mit ihnen einen neuen eingetragenen Verein gründen, § 149 Abs. 2 UmwG. „Aus dem Verein heraus stehen also alle Möglichkeiten offen, den Weg in den Verein können nur e. V. gehen" (Dehmer).

4. Formwechsel

Nach § 191 Abs. 1 Nr. 4 UmwG können rechtsfähige (Ideal- und wirtschaftliche) Vereine (nur) in die Rechtsform einer Kapitalgesellschaft (GmbH, Aktiengesellschaft, Kommanditgesellschaft auf Aktien) oder einer eingetragenen Genossenschaft umgewandelt werden, § 272 Abs. 1 UmwG.

5. Umwandlungen außerhalb des Umwandlungsgesetzes

Nicht eingetragene Vereine oder rechtsfähige Vereine nach §§ 21, 22 BGB, die kein Vermögen übertragen können oder wollen, steht wie bisher die Möglichkeit der Umwandlung frei. Die Verschmelzung des Vereins mit einem anderen stellt dabei rechtlich eine Selbstauflösung dar. Das Vereinsvermögen wird in der Regel auf den Verein, mit dem die Fusion erfolgt, durch Vertrag (der der notariellen Form bedarf: § 311 Abs. 3 BGB) übertragen werden. Eine Liquidation ist in diesem Fall entbehrlich.

Schwieriger ist die Spaltung außerhalb der Formen des Umwandlungsgesetzes durchzuführen. Sie lässt sich wohl nur dadurch vollziehen, dass einzelne Mitglieder oder eine Gruppe von Mitgliedern aus dem bisherigen Verein austritt und einen neuen (eingetragenen oder nicht eingetragenen) Verein gründet.

L. Der Verein im Prozess

Der eingetragene Verein ist als juristische Person aktiv und passiv parteifähig, § 50 Abs. 1 ZPO. Der nicht eingetragene Verein galt bislang als nur passiv parteifähig und hatte dann im Rechtsstreit die Stellung eines rechtsfähigen Vereins. Seit 2009 ist er auch aktiv parteifähig und kann nicht nur verklagt werden, sondern auch selbst klagen, § 50 Abs. 2 ZPO. Das galt schon immer für Gewerkschaften – denen der BGH entgegen dem Gesetzeswortlaut die aktive Parteifähigkeit zuerkannt hat – und politische Parteien, die kraft ausdrücklicher gesetzlicher Regelung aktiv parteifähig sind, soweit für sie das Parteiengesetz gilt.

Besonderheiten gelten noch für den Gerichtsstand der Vereine. Nach § 17 Abs. 1 ZPO wird der allgemeine Gerichtsstand der Korporationen (juristische Personen) oder anderen Vereine, die als solche verklagt werden können, durch ihren Sitz bestimmt. Die Vorschrift gilt also sowohl für den eingetragenen oder kraft Verleihung rechtsfähigen wie für den nicht eingetragenen Verein. Das Gericht, bei dem Korporationen oder andere Vereine (also alle unter § 17 ZPO fallenden rechtsfähigen und nicht eingetragenen Vereine) den allgemeinen Gerichtsstand haben, ist für die Klagen zuständig, die von ihnen gegen ihre Mitglieder als solche oder von den Mitgliedern in dieser Eigenschaft gegeneinander erhoben werden. Sollte die Satzung keinen statutarischen Sitz vorsehen – was an sich nur bei nicht eingetragenen Vereinen der Fall sein kann, weil nach § 57 Abs. 1 BGB bei eingetragenen Vereinen die Satzung zwingend den Sitz des Vereins enthalten muss –, gilt ausnahmsweise als Sitz der Ort, an dem die Verwaltung geführt wird (§ 17 Abs. 1 S. 2 ZPO).

Die Vorschrift des § 22 ZPO ist zusammen mit § 17 ZPO zu sehen, den sie ergänzt. Zweck der Vorschrift ist es, Streitigkeiten, die die inneren Rechtsbeziehungen eines Vereins betreffen, am statutarischen Vereinssitz zu konzentrieren, also an dem der Satzung.[124] Der BGH hat in der zitierten Entscheidung den Anwendungsbereich des § 22 ZPO weit und analog ausgelegt.

Nach allgemeiner Meinung muss die Mitgliedschaft im Zeitpunkt der Klageerhebung nicht mehr bestehen; § 22 ZPO gilt auch bei Klagen gegen ausgeschiedene Mitglieder. Die Klage des Vereins gegen frühere Vereinsmitglieder im Gerichtsstand der §§ 22, 17 ZPO muss sich auf Ansprüche richten, die dem Verein „gegen ihre Mitglieder als solche" zustehen. Der Streitgegenstand muss sich also aus dem Mitgliedschaftsverhältnis ergeben. In Betracht kommen Ansprüche des Vereins auf rückständige Beiträge, Zahlung verhängter Geldbußen, auf Feststellung der Unwirksamkeit eines Austritts oder der Wirksamkeit eines Ausschlusses aus dem Verein. Der Verein kann auch im Gerichtsstand der §§ 22, 17 ZPO

---

[124]   BGHZ 76, 231, 235 = NJW 1980, 1470 (für Prospekthaftungsansprüche einer Publikums-KG).

Schadensersatzansprüche gegen (frühere) Organmitglieder wegen schuldhaft schlechter Amtsführung erheben, auch wegen etwaiger Bereicherungsansprüche, auf Auskunft und Rechenschaft sowie Herausgabe des aus der Geschäftsbesorgung Erlangten (§§ 666, 667 BGB).

M. Registergericht und Kosten

Der Idealverein, der seine Eintragung in das Vereinsregister anstrebt und schließlich durch Eintragung unbeschränkt rechtsfähig wurde, hat gegenüber dem Registergericht eine Reihe von Pflichten zu erfüllen. Gegen dessen Entscheidungen sind Rechtsmittel zulässig. Die Eintragung und das sonstige Verfahren ist grundsätzlich kostenpflichtig. Schließlich können insbesondere weitere Kosten entstehen, wenn zur Gründung, insbesondere für den Satzungsentwurf, ein Rechtsanwalt beigezogen wird.

Die **Führung des Vereinsregisters** wird durch die Verordnung über das Vereinsregister und andere Fragen des Registerrechts (VRV) geregelt. Sie enthält vor allem Bestimmungen über die Form der Eintragungen und das sonstige Verfahren des Registergerichts, soweit es nicht im FamFG (früher FGG) geregelt ist. In § 16 und § 31 VRV ist die öffentliche Einsicht in das Vereinsregister und die Registerakten geregelt, und zwar sowohl in das in Papierform geführte Register wie auch in das maschinell geführte. Die Bestimmungen der VRV wurden 2009 durch das „Gesetz zur Erleichterung elektronischer Anmeldungen zum Vereinsregister und anderer vereinsrechtlicher Änderungen" umfassend geändert, um auch den elektronischen Verkehr mit dem Registergericht zuzulassen. Anders als beim Handelsregister ist aber alternativ die Einreichung von Unterlagen in Papierform für Vereine erhalten geblieben.

Nach § 15 VRV kann das Registergericht den Verein auffordern, die Änderung der ladungsfähigen Vereinsanschrift unverzüglich mitzuteilen. Die Nichtbefolgung ist indes sanktionslos. Eine Ermächtigung zur Einleitung eines Zwangsgeldverfahrens ist unterblieben.

1. Anmeldungen zum Vereinsregister

Rechtsfähige Idealvereine haben folgende Tatsachen zum Vereinsregister anzumelden (der Zusatz „zwingend" bedeutet, dass die Anmeldung erzwingbar ist, der Zusatz „fakultativ", dass sie im Ermessen des Vereins steht):

- den Verein durch den ersten Vorstand i. S. d. § 26 Abs. 1 S. 2 BGB (als Vertretungsorgan), der Anmeldung sind beizufügen: Abschriften der Satzung, die von mindestens sieben Mitgliedern unterzeichnet sein und die Angabe des Tages der Errichtung enthalten soll, sowie eine Abschrift der Urkunde über die Bestellung des Vorstands (§ 59), dessen Mitglieder mit Familiennamen, Vornamen, Geburtsdatum, Beruf und Wohnort zu bezeichnen sind (landesrechtlich unterschiedlich, wie hier: in Bayern); die Anmeldung ist insofern fakultativ, als sie nicht erzwingbar ist und der Verein mangels Anmeldung nicht in das Vereinsregister eingetragen wird, folglich auch nicht die unbeschränkte Rechtsfähigkeit erlangt.
- Änderungen des Vorstands i. S. d. § 26 Abs. 1 S. 2 BGB (§ 67 Abs. 1 BGB), auch wenn dieselben Personen nur in andere Vorstandsämter wechseln, sofern das Einfluss auf ihre Vertretungsmacht hat (zwingend).
- Beschränkungen des Umfangs der Vertretungsmacht des Vorstands (nur fakultativ, § 68 BGB).
- Abweichung der Beschlussfassung des Vorstands von der Vorschrift des § 28 BGB (Mehrheitsprinzip – nur fakultativ, § 68 BGB).
- Satzungsänderungen, § 71 Abs. 1 BGB (zwingend). Seit 2009 muss der Anmeldung einer Satzungsänderung der Wortlaut der Satzung beigefügt werden, so dass dem Registergericht der vollständige Wortlaut der geänderten Satzung vorliegt.
- Auflösung des Vereins, § 74 Abs. 2 BGB (zwingend).
- Verzicht auf die Rechtsfähigkeit als Satzungsänderung (§ 71 Abs. 1 BGB) – zwingend.
- Fortsetzung des Vereins nach dem Ende des Insolvenzverfahrens gem. § 42 Abs. 1 S. 2 BGB, § 75 Abs. 2 BGB (zwingend).
- Bestellung von Liquidatoren, § 76 BGB (zwingend).

- Abweichung der Beschlussfassung der Liquidatoren von § 48 Abs. 3 BGB (Einstimmigkeitsprinzip – zwingend, § 76 BGB).
- Wechsel der Liquidatoren, § 76 BGB (zwingend).
- Beendigung der Liquidation (fakultativ auf Grund landesrechtlicher Vorschriften über die Einführung des Vereinsregister in Karteikartenform).
- Bescheinigung über die Anzahl der Vereinsmitglieder, § 72 BGB (zwingend – terminologisch an sich keine „Anmeldung").

  Von Amts wegen werden eingetragen:
- gerichtlich bestellte Vorstandsmitglieder (§§ 29, 67 Abs. 2 BGB),
- gerichtlich bestellte Liquidatoren und ihr Wechsel (§§ 29, 76 Abs. 3 BGB),
- die Entziehung der Rechtsfähigkeit nach § 43 BGB (§ 74 Abs. 1 BGB),
- die Eröffnung des Insolvenzverfahrens und die Aufhebung des Eröffnungsbeschlusses (§ 75 Abs. 1 BGB, § 31 InsO),
- im Falle eines Verbotsverfahrens nach dem Vereinsgesetz:
- – die Beschlagnahme des Vereinsvermögens und ihre Aufhebung,
- – die Bestellung und Abberufung von für das beschlagnahmte Vermögen bestellten Verwaltern,
- – die Auflösung des Vereins, nachdem das Verbot unanfechtbar wurde,
- – das Erlöschen des Vereins,
- Löschungen von Amts wegen, weil die Eintragung wegen des Mangels einer wesentlichen Voraussetzung unzulässig war, § 395 FamFG (früher §§ 159, 142, 143 FGG).

Anmeldungen zum Vereinsregister sind von den Mitgliedern des Vorstands in vertretungsberechtigter Zahl zu bewirken. Dies gilt auch für die Anmeldung der ersten Liquidatoren, spätere Anmeldungen einschließlich der Beendigung der Liquidation erfolgen durch die Liquidatoren. Die teilweise vertretene Auffassung, dass in bestimmten Fällen alle Vorstandmitglieder handeln müssen, ist seit 2009 durch die Neufassung des § 77 BGB überholt: die Anmeldung muss durch die Vorstandsmitglieder oder Liquidatoren erfolgen, die insoweit zur Vertretung des Vereins berechtigt sind. Ist Einzelvertretung vorgesehen, so reicht z. B. die Anmeldung durch das dazu berechtigte Vorstandsmitglied. Anders als bei den Kapitalgesellschaften und den Genossenschaften besteht für den Verein kein Bedürfnis, z. B. die Erstanmeldung des Vereins durch alle Vorstandsmitglieder vorzusehen. Die Anmeldungen müssen in öffentlich (notariell oder gerichtlich, soweit die Zuständigkeit landesrechtlich nicht abweichend geregelt) beglaubigter Form erfolgen.

Stellvertretung ist zulässig, doch ist dann eine öffentlich beglaubigte Vollmacht vorzulegen, der Notar gilt jedoch bei erzwingbaren Anmeldungen auch ohne besondere Vollmacht als ermächtigt (§ 129 FGG). Ist die Wahl des Vorstands eines Vereins durch die Satzung einem besonderen Vereinsorgan (etwa: einem Kuratorium oder Präsidium) übertragen, so ist der Anmeldung des Vereins zur Eintragung in das Vereinsregister auch die Urkunde über die Bestellung dieses Vereinsorgans beizufügen.[125] Das Registergericht (Rechtspfleger) kann die Vorstandsmitglieder und Liquidatoren zur Vornahme der als „zwingend" bezeichneten Anmeldungen durch Festsetzung eines Zwangsgeldes anhalten (§ 78 BGB).

2. Verfahren und Rechtsmittel

Vereinssachen sind dem Rechtspfleger zur Entscheidung übertragen. Er hat sie dem Richter zur Entscheidung vorzulegen, wenn er von einer ihm bekannten Stellungnahme des Richters abweichen will oder sich bei der Bearbeitung der Sache rechtliche Schwierigkeiten ergeben. Gegen Entscheidungen des Rechtspflegers ist das Rechtsmittel gegeben, das nach den allgemeinen verfahrensrechtlichen Vorschriften zulässig ist (§ 11 RPflG), also in der Regel die Beschwerde, die innerhalb einer Frist von einem Monat ab Bekanntmachung einzulegen ist (§ 63 Abs. 1 FamFG). Über sie entscheidet das Beschwerdegericht, das Erstgericht ist zur Abänderung seiner Entscheidung nicht befugt.

Ist gegen die Entscheidung des Rechtspflegers nach den allgemeinen verfahrensrechtlichen Vorschriften ein Rechtsmittel nicht gegeben, so findet die Erinnerung statt, die ebenfalls innerhalb einer Frist von einem Monat einzulegen ist. Der Rechtspfleger kann der Erinnerung abhelfen, andernfalls legt er sie dem Richter

---

[125] BayObLGZ 1984, 1.

zur Entscheidung vor (§ 11 Abs. 2 RPflG). Dieser kann die Entscheidung des Rechtspflegers abändern.

Das Gericht (Rechtspfleger und Richter) hat von Amts wegen die zur Feststellung der Tatsachen erforderlichen Ermittlungen zu veranstalten und die geeignet erscheinenden Beweise zu erheben (§ 26 FamFG). Es kann, wenn eine vom Gericht zu erlassende Verfügung von der Beurteilung eines streitigen Rechtsverhältnisses abhängig ist, die Verfügung aussetzen, bis über das Verhältnis im Wege des Rechtsstreits entschieden ist und, wenn ein Rechtsstreit nicht anhängig ist, einem Beteiligten eine Frist zur Erhebung der Klage setzen (§§ 21, 381 FamFG).

Die Beschwerde (Erinnerung) steht jedem zu, dessen Recht durch die Verfügung beeinträchtigt ist, bei Zurückweisung der Anmeldung des Vereins auch dem Vorverein.[126] Soweit eine Verfügung nur auf Antrag erlassen werden kann und der Antrag zurückgewiesen wurde, steht die Beschwerde nur dem Antragsteller zu (§ 59 FamFG).

Beispiele: Weist der Rechtspfleger die Anmeldung des Vereins zur Eintragung in das Vereinsregister zurück mit der Begründung, es sei einem der Erfordernisse der §§ 56 bis 59 BGB nicht genügt (§ 60 BGB), steht dem antragstellenden Verein die Beschwerde zu (§ 58 Abs. 1 FamFG, § 11 Abs. 1 RPflG), nicht dagegen einem Gründungsmitglied des Vereins. Denn die Eintragung kann nur auf Antrag erfolgen.

Bestellt das Gericht einen Notvorstand nach § 29 BGB, ist (falls die Vorstandswahl der Mitgliederversammlung obliegt) jedes Vereinsmitglied in seinem Wahlrecht beeinträchtigt und damit beschwerdeberechtigt.

Einem Beschwerdeführer, der ohne sein Verschulden verhindert war, eine Erinnerungs- oder Beschwerdefrist einzuhalten, ist auf Antrag vom Beschwerdegericht die Wiedereinsetzung in den vorigen Stand zu erteilen, wenn die Beschwerde binnen 2 Wochen nach der Beseitigung des Hindernisses eingelegt und die Tatsachen, welche die Wiedereinsetzung begründen, glaubhaft gemacht sind (§§ 17, 18 FamFG).

---

[126] BayObLGZ 1991, 53.

Gegen die Festsetzung von Zwangsgeld ist nur der Einspruch innerhalb der Frist zulässig, die zur Vornahme der zu erzwingenden Handlung gesetzt wurde (§§ 389, 390 FamFG). Das Zwangsgeld muss unter genauer Bezeichnung der zu erfüllenden Verpflichtung unter Einräumung einer ausreichenden Frist zuvor zahlenmäßig angedroht sein. Es beträgt mindestens 5 Euro und höchstens 1.000,– Euro (Art. 6 Abs. 1 S. 1 EGStGB).

3. Kosten

Gericht, Notar und Rechtsanwalt berechnen ihre Kosten nach einem Gegenstandswert. Er beträgt für Gericht und Notar in Ermangelung genügender tatsächlicher Anhaltspunkte für eine Schätzung regelmäßig 3.000,– Euro kann nach Lage des Falles niedriger oder höher sein, jedoch nicht über 500.000,– Euro angenommen werden (§ 30 Abs. 2 KostO).

a) Gerichts- und Notarkosten

Die Gerichtskosten betragen für die erste Eintragung des Vereins das Doppelte der vollen Gebühr, für alle späteren Eintragungen die volle Gebühr (bei gleichzeitiger Anmeldung mehrerer Eintragungen nur eine Gebühr), für die Löschung der Gesamteintragung die Hälfte der vollen Gebühr (§ 80 KostO). Wird in Fällen, in denen das Gericht nur auf Antrag tätig wird, ein Antrag (Anmeldung) zurückgewiesen, so wird die Hälfte der vollen Gebühr, höchstens ein Betrag von 35,– Euro erhoben. Wird ein Antrag zurückgenommen, bevor über ihn entschieden ist, wird ein Viertel der vollen Gebühr, höchstens ein Betrag von 20,– Euro erhoben (§ 130 Abs. 1 und 2 KostO). Eine volle Gebühr nach der Kostenordnung aus dem Regel-Geschäftswert nach §§ 29, 30 Abs. 2 von 3.000,– Euro beträgt derzeit 26,– Euro. Dieser „Regel-Geschäftswert" wird angenommen, wenn in Ermangelung genügender tatsächlicher Anhaltspunkte eine andere Schätzung nicht möglich ist. Die Eintragung eines Idealvereins ohne erkennbare höhere Kapitalausstattung kostet folglich 52,– Euro, eine Änderungseintragung (Satzungsänderung, Vorstandsänderung) 26,– Euro, die Gesamtlöschung 13,– Euro. Dient ein Verein gemeinnützigen oder mildtätigen Zwecken im Sinn des Steuerrechts, ist er in den meisten

Bundesländern (Baden-Württemberg, Berlin, Hamburg, Niedersachsen, Nordrhein-Westfalen, Saarland, Schleswig-Holstein und Thüringen) von der Zahlung von Gerichtskosten befreit, soweit die Angelegenheit nicht einen steuerpflichtigen wirtschaftlichen Geschäftsbetrieb betrifft. In Hessen gilt eine ähnliche Regelung, in Bremen können auf Antrag die Kosten in diesen Fällen erlassen werden. Die steuerliche Behandlung ist durch einen Freistellungsbescheid oder eine ähnliche Bestätigung nachzuweisen.

Die Kosten des Notars (§§ 140, 33, 45 KostO) betragen für die Beglaubigung einer Unterschrift ein Viertel der vollen Gebühr, mindestens 10 Euro (Mindestgebühr nach der KostO) und höchstens 130,– Euro im Regelfall also 10,– Euro zuzüglich Mehrwertsteuer. Hat der Notar den Text der Anmeldung zu entwerfen, so steht ihm die Hälfte der vollen Gebühr zu (13,– Euro zuzüglich Mehrwertsteuer). Entwirft er eine Satzung, so soll ihm das Doppelte der vollen Gebühr zustehen, das sind 52,– Euro zuzüglich Mehrwertsteuer. Niemand wird erwarten, für diesen Betrag eine individuell zugeschnittene Satzung zu erhalten.

Im Einzelfall – bei Wirtschaftsverbänden, Vereinen mit bedeutender Kapitalausstattung – können die Kosten entsprechend einem höheren Gegenstandswert erheblich höher sein.

Der bisher in den neuen Bundesländern (Beitrittsgebiet) geltende Gebührenabschlag von zuletzt 10 % ist seit 1. 7. 2004 entfallen (§ 162 S. 2 KostO). Es gelten daher nun in Deutschland einheitliche Gebühren.

b) Rechtsanwaltskosten

Soweit sich Gerichtsgebühren nach dem Wert richten, bestimmt sich der Gegenstandswert für die Anwaltsgebühren im gerichtlichen Verfahren nach den für die Gerichtsgebühren geltenden Wertvorschriften (§ 23 Abs. 1 S. 1 RVG). Soweit sich der Gegenstandswert nicht aus anderen Wertvorschriften (z. B. der KostO) ergibt und auch sonst nicht feststeht, ist er nach billigem Ermessen zu bestimmen, in Ermangelung genügender tatsächlicher Anhaltspunkte für eine Schätzung und **bei nicht vermögensrechtlichen Gegenständen** ist der Gegenstandswert mit 4.000,– Euro anzunehmen, nach Lage des Falles niedriger oder höher, jedoch nicht über 500.000,– Euro (§ 23 Abs. 3 S. 2 RVG). Für die Antragstellung beim Registergericht erhält der Rechtsanwalt eine Gebühr von 0,8 nach Nr. 3101 Ziff. 3 VV RVG, bei einem Gegenstandswert von 4.000,– Euro also 196,– Euro. Wird der Antrag begründet, entsteht dagegen die Verfahrensgebühr der Nr. 3100 VV RVG in Höhe von 1,3, bei einem Gegenstandswert von 4.000,– Euro 318,50 Euro. Hinzu kommen jeweils die Auslagen sowie die gesetzliche Umsatzsteuer.

In der Praxis wichtiger sind die Kosten der Gründung, also des Entwurfs der Satzung. Ihm werden ausführliche Besprechungen vorausgehen, vielleicht auch mehrere Entwürfe. Die Anwaltskosten hierfür unterliegen seit dem 1. 7. 2006 keiner gesetzlichen Regelung mehr, sondern müssen frei vereinbart werden (§ 34 Abs. 1 RVG), während dem Notar Honorarvereinbarungen untersagt sind (§ 140 KostO). Der Rechtsanwalt soll auf eine Gebührenvereinbarung hinwirken. Wird keine Vereinbarung geschlossen, so gilt nach dem Gesetz die übliche Vergütung als vereinbart. Weil sich eine solche für die Gründungsberatung in der Praxis kaum zuverlässig ermitteln lässt, sollten auch die Gründer von vornherein auf eine klare Vereinbarung mit dem Rechtsanwalt dringen.

III. Hinweise zum Steuerrecht

Die steuerrechtlichen Pflichten der Vereine richten sich nach den allgemeinen Steuergesetzen. Es muss daher hierzu auf die Literatur zum Steuerrecht verwiesen werden. Im Literaturverzeichnis ist ferner auf Titel verwiesen, die ausführlichere Darstellungen zur Vereinsbesteuerung enthalten. Nachstehend können lediglich einige Hinweise gegeben werden.

A. Steuerrechtliche Pflichten

Eingetragene und nicht eingetragene Vereine sind grundsätzlich steuerpflichtig. Ihnen obliegen daher auch Anzeige- und Mitwirkungspflichten. Sie haben nach § 137 AO dem zuständigen Finanzamt sowie den für die Erhebung der Realsteuern (das sind die Grundsteuer und die Gewerbesteuer, § 3 Abs. 2 AO) zuständigen Gemeinden die Umstände anzuzeigen, die für die steuerliche Erfassung von Bedeutung sind, insbesondere die Gründung, den Erwerb der Rechtsfähigkeit durch Eintragung oder Verleihung, die Änderung der Rechtsform, die Verlegung der Geschäftsleitung oder des Sitzes und die Auflösung. Diese Mitteilungen sind innerhalb eines Monats seit dem meldepflichtigen Ereignis zu erstatten. Für die Besteuerung des Einkommens und Vermögens örtlich zuständig ist nach § 20 AO das Finanzamt, in dessen Bezirk sich die „Geschäftsleitung" des Vereins befindet, das ist nach § 10 AO der Mittelpunkt der geschäftlichen Oberleitung. Dieser befindet sich dort, wo der für die Geschäftsführung maßgebende Wille gebildet wird. Das wird in der Regel der Ort des Verwaltungssitzes (oben S. 85f.) sein. Fehlt eine inländische „Geschäftsleitung" oder lässt sich der Ort nicht feststellen, so ist das Finanzamt örtlich zuständig, in dessen Bezirk der Verein seinen statutarischen Sitz hat.

Vereine sind auch verpflichtet, Aufzeichnungen über ihre Ein- und Ausgaben zu machen. Das ergibt sich aus der Rechenschaftspflicht der Vereinsorgane (§§ 27 Abs. 3, 666 BGB i.V.m. § 259 BGB): wer zur Rechenschaft verpflichtet ist, hat eine Rechnung vorzulegen, die eine geordnete Zusammenstellung der Einnahmen und der Ausgaben enthält, eine besondere Form muss hierbei in der Regel nicht eingehalten werden. Aus § 140 AO folgt, dass diese Verpflichtung auch für die Besteuerung zu erfüllen ist. Auch für teilweise von der Steuer befreite gemeinnützige Vereine ist dies von Bedeutung, denn sie müssen durch diese Aufzeichnungen nachweisen, dass ihre Geschäftsführung auf die ausschließliche und unmittelbare Erfüllung der steuerbegünstigten Zwecke gerichtet und satzungskonform ist (§ 63 AO). Hinzu kommen besondere Anforderungen, die sich z.B. aus dem Recht ergeben, Zuwendungsbescheinigungen auszustellen (hierzu unten S. 230, 232).

Daneben kann ein Verein mit wirtschaftlicher (Neben-)Tätigkeit auch nach den Vorschriften des HGB sowie nach § 141 AO zur Buchführung verpflichtet sein. Auch die Satzung kann besondere Bestimmungen zur Buchführung vorsehen. Nach § 145 AO muss die Buchführung in diesen Fällen so beschaffen sein, dass sie einem sachverständigen Dritten innerhalb angemessener Zeit einen Überblick über die Geschäftsvorfälle und über die Vermögenslage vermitteln kann. Die Geschäftsvorfälle müssen sich in ihrer Entstehung und Abwicklung verfolgen lassen. Aufzeichnungen sind so vorzunehmen, dass der Zweck, den sie für die Besteuerung erfüllen sollen, erreicht wird. Es muss die Ordnungsmäßigkeit der Buchführung gewährleistet sein. Die Buchungen und die sonst erforderlichen Aufzeichnungen sind vollständig, richtig, zeitgerecht und geordnet vorzunehmen. Kasseneinnahmen und Kassenausgaben sollen täglich festgehalten werden. Die Bücher und sonst erforderlichen Aufzeichnungen, die im Inland zu führen und aufzubewahren sind, können auch in der geordneten Ablage von Belegen bestehen und auch auf Datenträgern geführt werden, soweit dadurch die Grundsätze der ordnungsmäßigen Buchführung gewahrt werden (§ 146 Abs. 1, 2 und 5 AO).

Steuererklärungen sind unter Verwendung der amtlich vorgeschriebenen Vordrucke abzugeben, sie sind vom Vertretungsorgan des Vereins zu unterzeichnen und fristgerecht einzureichen, die

Steuern sind zur Vermeidung von Säumniszuschlägen fristgerecht abzuführen. Nach § 34 Abs. 1 AO hat der Vorstand des Vereins dessen steuerliche Pflichten zu erfüllen und insbesondere dafür zu sorgen, dass die Steuern aus den Mitteln entrichtet werden, die er verwaltet.[127]

B. Hinweise auf einige Steuerarten

Die für den Verein wichtigste Steuerart ist neben der Umsatzsteuer die **Körperschaftsteuer.** Sie ist die besondere Einkommensteuer für juristische Personen des privaten Rechts und nicht eingetragene Vereine (§ 1 Abs. 1 Nr. 4 und 5 KStG 1999). Vereine sind dann unbeschränkt körperschaftsteuerpflichtig, wenn sie ihren Sitz oder ihre Geschäftsleitung im Inland haben. Jedoch gibt es weitreichende Steuerbefreiungen für nichtwirtschaftliche Vereine. Teilweise befreit sind z. B. Berufsverbände ohne öffentlich-rechtlichen Charakter, deren Zweck aber nicht auf einen wirtschaftlichen Geschäftsbetrieb gerichtet sein darf und die auch Parteien nur geringfügig unterstützen dürfen (§ 5 Abs. 1 Nr. 5 KStG). Nach § 5 Abs. 1 Nr. 7 KStG sind politische Parteien im Sinn des § 2 ParteienG und ihre Gebietsverbände sowie kommunale Wählervereinigungen und ihre Dachverbände von der Körperschaftsteuer teilweise befreit. In beiden Fällen sind die Vereine jedoch mit wirtschaftlichen Geschäftsbetrieben steuerpflichtig.

Ebenfalls teilweise von der Körperschaftsteuer befreit sind gem. § 5 Abs. 1 Nr. 9 KStG die sog. gemeinnützigen Vereine, also Vereine, die nach der Satzung und nach der tatsächlichen Geschäftsführung ausschließlich und unmittelbar gemeinnützigen, mildtätigen oder kirchlichen Zwecken dienen. Einzelheiten zur Gemeinnützigkeit sind in den §§ 51 bis 68 AO geregelt (dazu auch oben S. 125 ff.). Auch diese Vereine sind mit ihren wirtschaftlichen Geschäftsbetrieben steuerpflichtig, jedoch nur wenn die Einnah-

---

[127] BFH, NJW 1998, 3373; 2003, 1117.

men einschließlich der Umsatzsteuer aus diesen wirtschaftlichen Geschäftsbetrieben (ausgenommen Zweckbetriebe) 35 000,– Euro im Jahr nicht übersteigen (§ 64 Abs. 3 AO).

Für die gemeinnützigen Vereine gilt der allgemeine Grundsatz der Sparsamkeit. Das Ausgabeverhalten des Vereins muss danach angemessen sein, es muss also wirtschaftlich sinnvoll sein und dazu beitragen, dass ein möglichst hoher Anteil der Mittel unmittelbar und effektiv den steuerbegünstigten Zwecken zugute kommt. Ein gemeinnütziger Verein verliert deshalb eine Steuerbefreiung, wenn seine Ausgaben für die Verwaltung und die Spendenwerbung einen angemessenen Rahmen übersteigen.

Was als Einkommen gilt und wie das Einkommen zu ermitteln ist, bestimmt sich für alle Vereine nach den Vorschriften des Körperschaftsteuergesetzes, welches wiederum für weite Teile auf das Einkommensteuergesetz verweist. Die Regelungen zur Abgeltungssteuer finden auf Vereine jedoch keine Anwendung. Für Vereine von besonderer Bedeutung ist, dass Beiträge, die auf Grund der Satzung von den Mitgliedern lediglich in ihrer Eigenschaft als Mitglieder erhoben werden und die kein Entgelt für Leistungen des Vereins darstellen, für die Ermittlung des Einkommens außer Ansatz bleiben (§ 8 Abs. 5 KStG). Voraussetzung ist, dass die Satzung:

- Art und Höhe der Mitgliederbeiträge bestimmt oder
- einen bestimmten Berechnungsmaßstab vorsieht oder
- ein Organ bezeichnet, das die Beiträge der Höhe nach erkennbar festsetzt.

Freiwillige Leistungen (Zuwendungen) sind keine Beiträge und unterliegen daher grundsätzlich der Besteuerung. Meist werden sie jedoch in den steuerbefreiten Bereich des Vereins fallen. Dient ein Verein auch der wirtschaftlichen Förderung der Einzelmitglieder, entfällt die Steuerfreiheit insoweit, als eine pauschalierte Gegenleistung für die Förderung durch den Verein vorliegt, und zwar auch dann, wenn der Verein selbst keinen wirtschaftlichen Geschäftsbetrieb ausübt. In diesem Fall sind die Mitgliederbeiträge im Weg der Schätzung in einen steuerfreien Teil (reine Mitgliederbeiträge) und in einen steuerpflichtigen Teil (pauschalierte Gegenleistungen) aufzuteilen.

Beispiele: Mitgliederbeiträge zu Haus- und Grundeigentümervereinen, zu Mietervereinen (wirtschaftliche Vorteile: Rechtsberatung, Prozessvertretung), zu Obst- und Gartenbauvereinen, zu Kleingärtner- und Siedlervereinen, zu Tierzuchtverbänden und Vatertierhaltungsvereinen, zu Einrichtungen zur Förderung des Fremdenverkehrs.

Gemeinnützige Vereine schließen häufig Gruppenversicherungen für die Mitglieder des Vereins und ihre Familienangehörigen ab. Übernehmen die Vereine das Inkasso der Beiträge und andere Verwaltungsaufgaben in diesem Zusammenhang und räumen die Versicherer den Vereinsmitgliedern als Gegenleistung hierfür Vorzugskonditionen ein und einen Anspruch auf Gewinnbeteiligung, so gehören letztere, wenn die Vereinsmitglieder zu Gunsten des Vereins in einer Zuwendungserklärung hierauf verzichten, zu den steuerpflichtigen Einnahmen des Vereins aus einem wirtschaftlichen Geschäftsbetrieb. Die Versteuerung kann vermieden werden, wenn Verein und Mitglieder eine gesonderte Vergütung für die Verwaltung des Gruppenversicherungsvertrages vereinbaren, z. B. einen Verwaltungskostenbeitrag oder einen gesonderten Mitgliedsbeitrag.

Bei bestimmten Vereinen ist von dem Einkommen ein Freibetrag von 3835,– Euro abzuziehen. Der Steuersatz auf das Einkommen des Vereins beträgt seit 1. 1. 2008 15 %, von 2004 bis 2007 betrug er 25 % (§ 23 Abs. 1 KStG).

Seit 1995 haben steuerpflichtige Vereine ferner den durch Gesetz vom 23. 6. 1993 eingeführten Solidaritätszuschlag in Höhe von derzeit 5,5 % der festgesetzten Körperschaftsteuer, abzüglich anrechenbarer Körperschaftsteuer zu zahlen.

Vereine unterliegen auch der **Erbschaft-** und **Schenkungsteuer.** Steuerfrei bleiben jedoch unter anderem Zuwendungen:
• an inländische Vereine, die nach der Satzung und ihrer tatsächlichen Geschäftsführung ausschließlich und unmittelbar kirchlichen, gemeinnützigen oder mildtätigen Zwecken dienen (jedoch entfällt die Steuerbefreiung rückwirkend, wenn diese Voraussetzungen innerhalb von zehn Jahren nach der Zuwendung entfallen und das Vermögen nicht begünstigten Zwecken zugeführt wird),

- die ausschließlich kirchlichen, gemeinnützigen oder mildtätigen Zwecken gewidmet sind, sofern die Verwendung zu dem bestimmten Zweck gesichert ist;
- an politische Parteien im Sinne von § 2 ParteienG.

Mitgliedsbeiträge an Personenvereinigungen, die nicht lediglich die Förderung ihrer Mitglieder zum Zweck haben, sind auch in der Erbschafts- und Schenkungssteuer steuerfrei, soweit die von einem Mitglied im Kalenderjahr geleisteten Beiträge 300,– Euro nicht übersteigen (§ 18 ErbStG).

Der **Umsatzsteuer** unterliegen auch die Umsätze der Vereine nach Maßgabe des Umsatzsteuergesetzes. Mitgliedsbeiträge, Zuwendungen und Zuschüsse sind meist kein Entgelt für umsatzsteuerpflichtigen Leistungen, soweit sie nicht im Rahmen eines Leistungsaustausches gezahlt werden. Die Abgrenzung ist hier teilweise sehr schwierig, so dass frühzeitig ein Steuerberater hinzugezogen werden sollte. Auch sind Änderungen geplant, da nach der Entscheidung des EuGH vom 21. 3. 2003 (Kennemer Golf & Country Club) die bisher in Deutschland übliche Unterscheidung zwischen echten Mitgliederbeiträgen und Beiträgen, die den Sonderbelangen der Mitglieder dienen, nicht mehr uneingeschränkt aufrechterhalten werden kann. Die deutschen Finanzgerichte und teilweise wohl auch die Finanzämter folgen dem EuGH zwischenzeitlich, so dass derzeit in bestimmten Fällen für die Vereine ein Wahlrecht besteht, die Mitgliedsbeiträge mit Umsatzsteuer zu belasten und im Gegenzug die Vorsteuer für Eingangsleistungen geltend zu machen. Besonders für Berufsverbände, deren Mitglieder ihrerseits meist zum Vorsteuerabzug berechtigt sind, ist dies interessant.

In vielen Fällen können die Leistungen des Vereins aber umsatzsteuerfrei sein. So ist etwa die Vermietung und die Verpachtung von Grundstücken umsatzsteuerfrei, nicht aber die Vermietung von Wohn- und Schlafräumen, die zur kurzfristigen Beherbergung bereitgehalten werden oder die Vermietung von Plätzen für das Abstellen von Fahrzeugen (§ 4 Nr. 12 UStG). Umsatzsteuerfrei sind unter bestimmten Voraussetzungen Leistungen der amtlich anerkannten Verbände der freien Wohlfahrtspflege und der der freien Wohlfahrtspflege dienenden Körperschaften und Vereine sowie

Umsätze bestimmter kultureller Veranstaltungen unter den im Gesetz genannten Voraussetzungen (§ 4 Nr. 18 und Nr. 20 UStG). Umsatzsteuerfrei ist ferner die ehrenamtliche Tätigkeit, wenn das Entgelt für diese Tätigkeit nur in Auslagenersatz und einer angemessenen Entschädigung für Zeitversäumnis besteht, ferner die Leistungen zwischen den selbstständigen Gliederungen einer politischen Partei, soweit diese Leistungen im Rahmen der satzungsgemäßen Aufgaben gegen Kostenerstattung ausgeführt werden (§ 4 Nr. 26 und Nr. 18a UStG).

Für die steuerpflichtigen Leistungen der Vereine, die ausschließlich und unmittelbar gemeinnützige, mildtätige oder kirchliche Zwecke verfolgen (§§ 51 bis 68 AO) ermäßigt sich die Steuer auf 7%, soweit diese Leistungen nicht im Rahmen eines steuerpflichtigen wirtschaftlichen Geschäftsbetriebs ausgeführt werden (§ 12 Abs. 2 Nr. 8 UStG). Dem ermäßigten Steuersatz unterliegen aber unabhängig von der Gemeinnützigkeit auch andere Leistungen, etwa die Veranstaltung von Theatervorführungen und Konzerten, die Überlassung von Filmen zur Auswertung und Vorführung sowie Filmvorführungen oder Zirkusvorführungen (§ 12 Abs. 2 Nr. 7 UStG).

Der Pflicht, in bestimmten Fällen Umsatzsteuer abführen zu müssen, steht das Recht gegenüber, die Vorsteuer aus Rechnungen an den Verein abzuziehen. Dieses Recht ist aber nicht unbeschränkt (§ 15 UStG). Soweit der Verein z. B. ideell tätig ist oder steuerfreie Leistungen erbringt, steht ihm kein Vorsteuerabzug zu. Vereine, die nach der Satzung und tatsächlichen Geschäftsführung ausschließlich und unmittelbar gemeinnützigen, mildtätigen oder kirchlichen Zwecken dienen und die nicht verpflichtet sind, Bücher zu führen und Jahresabschlüsse zu machen, können ferner die abziehbare Vorsteuer unabhängig von der tatsächlich bezahlten Vorsteuer nach einem Durchschnittssatz von 7% des steuerpflichtigen Umsatzes in Ansatz bringen, wenn im vorausgegangenen Kalenderjahr ihr steuerpflichtiger Umsatz 35 000,– Euro nicht überstiegen hat (§ 23a UStG).

Vereine unterliegen der **Grundsteuer und der Grunderwerbsteuer.** Übernehmen sie für bestimmte Zwecke von öffentlich-rechtlichen Körperschaften Grundbesitz, so kann dies im Einzelfall von der Grundsteuer und der Grunderwerbsteuer befreit sein (vgl. § 4 Nr. 9 GrEStG, § 3 Abs. 1 S. 3 GrStG). Im Übrigen bestehen in der Grunderwerbsteuer keine besonderen Befreiungsvorschriften für gemeinnützige Vereine. In der Grundsteuer kommt hingegen eine Befreiung in Betracht, die an die tatsächliche Benutzung des Grundbesitzes für gemeinnützige Zwecke anknüpft. Deshalb kann z.B. die Befreiung entfallen, wenn der Verein den Grundbesitz lediglich vermietet. Vereine können ferner auch der **Gewerbesteuer** unterliegen (von ihr befreit sind gemeinnützige Vereine nach §§ 51 bis 68 AO, doch ist die Steuerfreiheit für einen wirtschaftlichen Geschäftsbetrieb – ausgenommen Land- und Forstwirtschaft – ausgeschlossen).

Der Verein hat schließlich für seine Arbeitnehmer **Lohnsteuer und den Solidaritätszuschlag**, ggf. auch Kirchenlohnsteuer abzuführen. Dabei kommt es nicht darauf an, von wem der Arbeitslohn gezahlt wird. Besondere Aufmerksamkeit muss daher allen Leistungen z.B. von Sponsoren an Mitarbeiter des Vereins gewidmet werden, um hier nicht für nichtbezahlte Lohnsteuer haften zu müssen (vgl. § 38 Abs. 1 S. 3 EStG).

Schließlich sei noch darauf hingewiesen, dass der Verein auch besonderen steuerlichen Pflichten unterliegen kann, wenn er ausländische Personen engagiert. Die steuerlichen Folgen von Geschäftsbeziehungen des Vereins mit Ausländern sind kein spezifisches Thema der Vereinsbesteuerung, jedoch werden Vereine häufiger mit Personen zu tun haben, die nicht in Deutschland wohnen. Steuerlich geht es nicht um die Staatsbürgerschaft, sondern darum, ob die betreffende Person ihren Wohnsitz oder gewöhnlichen Aufenthalt oder – z.B. bei Gesellschaften – die Geschäftsleitung oder der Sitz im Ausland hat. Auch solche Personen oder Gesellschaften können in Deutschland steuerlichen Pflichten unterliegen. Weil der Fiskus häufig diese Pflichten nur schwer durchsetzen kann, nimmt er in besonderer Weise die deutschen Geschäftspartner in Anspruch. Dies ist z.B. der Fall bei der sog. Aufsichtsratsvergütung, die der Verein an eine beschränkt steuerpflichtige Person bezahlt, weil diese Mitglied eines Verwaltungsrats oder eines anderen Aufsichtsorgans im Verein ist, bei Vergütungen im Zusammenhang mit einer in Deutschland ausgeübten oder verwerteten künstlerischen, sportlichen, artistischen, unterhaltenden oder ähnlichen Darbietung oder bei Vergütungen für die Überlassung der Nutzung oder des Rechts auf Nutzung von Rechten, insbesondere von Urheberrechten und gewerblichen Schutzrechten (§ 50 a EStG).

C. Die steuerliche Behandlung von Spenden und Mitgliedsbeiträgen

Kennzeichnend für das Spendenwesen in Deutschland sind die steuerlichen Abzugsmöglichkeiten auf Seiten der Gebenden. Ausgaben für bestimmte steuerbegünstigte Zwecke (vgl. oben S. 125 ff. zu §§ 51 bis 68 AO) sowie Zuwendungen an politische Parteien können bis zu eine gewissen Höhe vom steuerpflichtigen Einkommen des Spenders als Sonderausgaben abgezogen und somit steuermindernd geltend gemacht werden; sie sind beim Empfän-ger (Verein, politische Partei) teils steuerfrei, teils steuerbegünstigt entsprechend den steuerlichen Einzelgesetzen (§ 10 b EStG, § 9 Abs. 1 Nr. 2 KStG, § 9 Nr. 5 GewStG).

Im Rahmen der Abgeltungssteuer, die mit Wirkung ab dem 1. 1. 2009 eingeführt wurde, können zwar Zuwendungen insoweit nicht mehr steuermindernd geltend gemacht werden. Die Zuwendenden können aber auf die Anwendung der Abgeltungssteuer verzichten und dann auch den Sonderausgabenabzug wieder uneingeschränkt geltend machen, wenn dies für sie zu einer niedrigeren Einkommensteuer führt.

Steuerlich abzugsfähige Spenden und Mitgliedsbeiträge an Vereine und Parteien werden steuerlich unter dem Begriff „Zuwendungen" zusammengefasst. Solche Zuwendungen sind in der Regel ein wesentlicher Baustein für die Finanzierung der Tätigkeiten dieser Organisationen. Der Gegenstand der Zuwendung kann vielfältig sei. So kann z.B. in dem Eingehen einer Verbindlichkeit gegenüber einem Verein, in der Übertragung einer Forderung an einen Verein, in dem Verzicht auf eine Forderung gegenüber einem Verein oder in der Schenkung von Sachen oder anderen Vermögensgegenständen eine Zuwendung liegen. Nicht abzugsfähig ist aber die Zuwendung von Nutzungen und Leistungen wie z. B. die Leistung unentgeltlicher Dienste, die Hingabe eines zinslosen Darlehens oder die unentgeltliche Verwendung eines privaten KfZ für Zwecke des Vereins. Ist zunächst ein Entgelt vereinbart, so kann allerdings in dem späteren Verzicht auf dieses Entgelt eine abzugsfähig Zuwendung liegen (sog. Aufwandsspende, dazu unten S. 234 f.).

Mit Wirkung vom 1. 1. 2000 wurde das steuerrechtliche Spendenrecht teilweise – insoweit aber durchgreifend – neu geregelt. U. A. wurde das mit Recht in die Kritik des BFH geratene **Durchlaufspendenverfahren weitgehend** abgeschafft. Mit Wirkung ab dem 1. 1. 2007 wurde das Spendenrecht durch das „Gesetz zur weiteren Stärkung des bürgerschaftlichen Engangements" erneut in vielen Teilen neu geregelt und vereinfacht.

1. Voraussetzung für den Spendenabzug

Für den Spendenabzug müssen bestimmte Voraussetzungen erfüllt sein, die die Verantwortlichen des Vereins bei dem Ausstellen von Zuwendungsbestätigungen kennen sollten.

Abzugsfähige Spenden und Mitgliedsbeiträge können nur **an bestimmte Organisationen** geleistet werden. Es muss sich um eine inländische juristische Person des öffentlichen Rechts, inländische öffentliche Dienststellen oder einen in § 5 Abs. 1 Nr. 9 KStG bezeichneten gemeinnützigen Verein, eine andere Körperschaften, Personenvereinigungen oder Vermögensmasse handeln. Ein Berufsverband darf daher keine Spendenbescheinigung ausstellen.

Die Zuwendungen müssen **für bestimmte Zwecke** geleistet werden. Dies sind die gemeinnützigen Zwecke, wie sie in den §§ 52 bis 54 AO bezeichnet sind und der Verein auch nach seiner Satzung verfolgen muss, will er als steuerbgünstigt i. S. d. § 51 ff. AO anerkannt werden. Die Zwecke sind oben auf S. 127 ff. beschrieben, mit folgender Einschränkung: Nicht abziehbar sind Mitgliedsbeiträge an Vereine, die:

- den Sport,
- kulturelle Betätigungen, die in erster Linie der Freizeitgestaltung dienen,

- die Heimatpflege und Heimatkunde,
- die Förderung der Tierzucht, der Pflanzenzucht, der Kleingärtnerei, des traditionellen Brauchtums einschließlich des Karnevals, der Fastnacht und des Faschings, der Soldaten- und Reservistenbetreuung, des Amateurfunkens, des Modellflugs und des Hundesports fördern.

Die Unterscheidung zwischen allgemein förderungswürdigen und besonders förderungswürdigen Zwecken ist seit 2007 entfallen. Mit dieser Unterscheidung wurde auch die Anlage 1 zu § 48 Abs. 2 EStDV gestrichen. Ausdrücklich klar gestellt ist zwischenzeitlich auch, dass Mitgliedsbeiträge an Vereine, die Kunst und Kultur fördern, abziehbar sind, auch wenn den Mitgliedern Vergünstigungen gewährt werden (§ 10b Abs. 1 S. 2 EStG).

Die Möglichkeit der Inanspruchnahme von geldwerten Vorteilen durch Mitglieder oder das Angebot solcher Vorteile (z.B. verbilligte Konzert- oder Theaterkarten) auch nur an einzelne Mitglieder gefährdet damit nicht mehr den Steuerabzug für alle Mitglieder.

Die Zuwendungen müssen unentgeltlich und freiwillig gegeben werden. Die Zuwendung wird nur dann **unentgeltlich** geleistet, wenn sie um der Sache willen ohne die Erwartung eines besonderen Vorteils gegeben wird. Schädlich ist bereits, wenn ein nicht unmittelbarer wirtschaftlicher Vorteil von einem Dritten, nicht aber vom Verein gewährt wird. Deshalb handelt es sich z.B. bei den Zuwendungen von Eltern an einen Förderverein einer Schule nicht um Spenden, wenn der Schulträger das Schulgeld so niedrig ansetzt, dass der normale Betrieb der Schule nur durch die Zuwendungen der Eltern aufrechterhalten werden kann. Im Zusammenhang mit Sponsoring wird ebenfalls in der Regel keine Spende vorliegen. Auch Eintrittsgelder und Kaufpreiszahlungen sind selbst dann keine Spenden, wenn sie höher als gewöhnlich angesetzt werden. In solchen Fällen müssen Entgelt und Spende klar voneinander getrennt werden. Eine Aufteilung eines einheitlichen Betrages z.B. beim Verkauf von Eintrittskarten für ein Benefiz-Konzert oder von Losen für eine Wohlfahrts-Tombola durch eine gemeinnützige Körperschaft, lässt die Finanzverwaltung nicht zu.

Freiwillig wird eine Zuwendung dann geleistet, wenn keine rechtliche Verpflichtung hierzu besteht. Das Finanzamt verneint die Freiwilligkeit auch dann, wenn eine faktische Verpflichtung besteht. Eine solche soll vorliegen, wenn mehr als 75% der Mitglieder eine gleich oder ähnlich hohe Zahlung leisten. Geprüft wird dies z. B. bei Sonderzahlungen im Zusammenhang mit Aufnahmegebühren (sog. Beitrittsspende). Geht allerdings der Spender eine Verpflichtung freiwillig aus moralischen oder sittlichen Gründen ein, so berechtigt die anschließende Zahlung der Zuwendung zum Steuerabzug.

Schließlich muss die Zuwendung **für die begünstigten Zwecke verwendet** werden. Diese Zwecke müssen mit den satzungsgemäßen Zwecken des Vereins übereinstimmen. Die Finanzämter weisen in der vorläufigen Bescheinigung der Gemeinnützigkeit bzw. im Freistellungsbescheid ausdrücklich auf die Zwecke hin, für die Spendenbescheinigungen ausgestellt werden dürfen. Eine Verwendung für einen steuerpflichtigen wirtschaftlichen Geschäftsbetrieb (z. B. Fest- oder Verkaufsveranstaltungen) ist deshalb nicht zulässig.

2. Zuwendungsbestätigungen

Mitglieder und Spender benötigen eine Zuwendungsbestätigung, um die erhofften steuerlichen Vorteile verwirklichen zu können. Die Verantwortlichen des Vereins müssen diese Zuwendungsbestätigung mit besonderer Sorgfalt erstellen, weil der Verein und ggf. auch sie selbst andernfalls in die Gefahr geraten, gegenüber den Finanzbehörden in Höhe von insgesamt 45% des genannten Zuwendungsbetrages zu haften (hierzu unten S. 236 f.).

Die Zuwendungsbestätigungen müssen zwingend auf der Grundlage der Muster der Finanzverwaltung erstellt werden. Die Muster sind dem Schreiben des Bundesministeriums der Finanzen vom 13. 12. 2007 beigefügt und im Bundessteuerblatt 2008 Teil 1 S. 4 sowie auf der Homepage des Ministeriums unter BMF-Schreiben veröffentlicht. Die älteren auf der Grundlage des BMF-Schreibens vom 18. 11. 1999 erstellten Muster durften noch bis zum 31. 12. 2008 verwendet werden. Die aktuellen Muster sind im Anhang abgedruckt, soweit sie Vereine betreffen (Anhang Ziff. 8 ff.). Für die Verwendung der bis 2007 zu verwendenden Muster hatte das Bundesfinanzministerium mit Schreiben vom 2. 6. 2000 umfangreich Stellung genommen. Dieses Schreiben ist – soweit ersichtlich – nicht aufgehoben worden, auch wenn es durch die Änderungen in 2007 teilweise überholt sein dürfte. Es daher ebenfalls im Anhang im Wortlaut abgedruckt (Anhang Ziff. 7). Insoweit an dieser Stelle nur einige Hinweise:

• In die Zuwendungsbestätigungen müssen nur die Angaben aus den veröffentlichten Mustern übernommen werden, die im Einzelfall einschlägig sind.

• Nur auf der Rückseite der Zuwendungsbestätigungen, nicht aber auf der Vorderseite, dürfen Danksagungen an den Zuwendenden oder Werbung für die Ziele der begünstigten Einrichtung angebracht werden.

• Es muss genau vermerkt werden, ob es sich um Mitgliedsbeiträge, Geldspenden, Sachspenden oder Aufwandsspenden handelt.

• Bei Sachspenden müssen genaue Angaben über den zugewendeten Gegenstand und dazu, wie der Wert ermittelt wurde, gemacht werden (hierzu noch unten S. 232 f.).

• Es muss angegeben werden, ob der begünstigte Zweck im Ausland verwirklicht wird.

• Es muss mit einem bestimmten Wortlaut auf die Spendenhaftung und auf die Geltungsdauer des Freistellungsbescheides des Vereins bzw. auf die vorläufige Bescheinigung der Gemeinnützigkeit hingewiesen werden.

• Das in der Bestätigung angegebene Datum des Freistellungsbescheids oder Steuerbescheids darf nicht länger als fünf Jahre oder das Datum der vorläufigen Bescheinigung nicht länger als drei Jahre seit dem Tag der Ausstellung der Zuwendungsbestätigung zurückliegen.

• Die Zuwendungsbestätigung muss von vertretungsberechtigten Organmitgliedern oder von Personen, die hierzu bevollmächtigt wurden, eigenhändig unterzeichnet sein, wenn nicht mit der Finanzverwaltung ein maschinelles Verfahren abgestimmt wurde. Der Verein kann aber auch andere Personen oder einen Dachverband damit beauftragen, die Zuwendungsbestätigungen für ihn auszustellen.

• Der Verein muss ein Doppel der Zuwendungsbestätigung aufbewahren. Unter bestimmten Voraussetzungen kann er dies in elektronischer Form tun.

Es gibt einige **Erleichterungen.** Der Zuwendende kann ab 2009 den Zuwendungsempfänger auch bevollmächtigen, die Zuwendungsbestätigung der Finanzbehörde nach amtlich vorgeschriebenem Datensatz durch Datenfernübertragung nach Maßgabe der Steuerdaten-Übermittlungsverordnung zu übermitteln (§ 50 Abs. 1 a EStDV). Ferner ist keine Zuwendungsbestätigung erforderlich, wenn die Zuwendung zur Linderung der Not in Katastrophenfällen innerhalb eines von den Finanzbehörden festgesetzten Zeitraums auf Sonderkonten eingezahlt worden ist oder wenn eine Zuwendung in Höhe von höchstens 200,– Euro an eine Partei oder einen gemeinnützigen Verein gezahlt wird. Bei gemeinnützigen Vereinen müssen sich dann aber aus einem besonderen Beleg die Angaben über die Freistellung des Vereins von der Körperschaftsteuer und die Angabe, ob es sich bei der Zuwendung um eine Spende oder einen Mitgliedsbeitrag handelt, ergeben (§ 50 Abs. 2 Nr. 2 EStDV).

3. Besondere Spendenarten

Während der Umgang mit einer Geldspende weitgehend unproblematisch ist, treten bei Sachspenden und Aufwandsspenden einige Besonderheiten auf. Gleiches gilt für Zuwendungen an Parteien und unabhängige Wählervereinigungen.

a) Sachspende

Im Grundsatz können alle Wertgegenstände – Sachen ebenso wie Rechte (z. B. GmbH-Anteile, Urheberrechte) – gespendet werden, wenn diese Spende für den steuerbefreiten Bereich des Vereins erfolgt. In der Zuwendungsbestätigung müssen dann aber genaue Angaben über den zugewendeten Gegenstand gemacht werden (z. B. Alter, Zustand, historischer Kaufpreis usw.). Dabei hat der Verein anzugeben, welche Unterlagen er zur Ermittlung des angesetzten Wertes herangezogen hat. In Betracht kommt in diesem Zusammenhang z. B. ein Gutachten über den aktuellen Wert der zugewendeten Sache oder der sich aus der ursprünglichen Rechnung ergebende historische Kaufpreis unter Berücksichtigung der Absetzungen für die Abnutzung. Maßgebend für den Wert ist der Preis, der im gewöhnlichen Geschäftsverkehr nach der Beschaffenheit des Wirtschaftsgutes bei einer Veräußerung zu erzielen wäre – dies ist der sog. „gemeine Wert"; dabei sind alle Umstände, die den Preis beeinflussen, zu berücksichtigen, ausgenommen außergewöhnliche oder persönliche Verhältnisse. Ist es nicht möglich, den gemeinen Wert aus Verkäufen abzuleiten, so muss er geschätzt werden.

Seit dem 1. 1. 2009 gilt zudem, dass grundsätzlich bei der Ermittlung der Zuwendungshöhe die fortgeführten Anschaffungs- oder Herstellungskosten nur überschritten werden, soweit eine Gewinnrealisierung stattgefunden hat. Dadurch soll unterbunden werden, dass z. B. eine Privatperson Aktien dem Verein zuwendet, dafür eine die Steuerlast mindernde Zuwendungsbestätigung in Höhe des tatsächlichen Börsenkurses erhält und zugleich die Besteuerung des Gewinns aus einem Verkauf der Aktien vermeidet. In solchen Fällen darf die Zuwendungshöhe nur dann mit dem Börsenkurs angegeben werden, wenn eine (steuerwirksame) Gewinnrealisierung auf Seiten des Zuwendenden erfolgt ist. Der Verein wird hier auf die Angaben des Zuwendenden vertrauen müssen.

Die Finanzverwaltung legt bei der Bestimmung des Wertes hohe Maßstäbe an. Mehrere Gegenstände müssen einzeln auf ihren Wert hin untersucht werden. Eine unabhängig von Alter und Neuwert durchgeführte Gruppenbewertung der gespendeten Gegenstände, beispielsweise anhand von Preisgruppen, reicht hierfür nicht aus. Der Umstand, dass eine Sachspendenbescheinigung über einen runden Betrag ausgestellt wurde, soll bereits auf eine pauschale Bewertung der Spende schließen lassen.

Alle erforderlichen Unterlagen hat der Verein zusammen mit der Zuwendungsbestätigung in seine Buchführung aufzunehmen. Stammt die Sachspende nach den Angaben des Zuwendenden aus dessen Betriebsvermögen, dann braucht der Verein keine zusätzlichen Unterlagen in seine Buchführung aufzunehmen, ebenso sind

Angaben über die Unterlagen, die zur Wertermittlung gedient haben, nicht erforderlich. Auch ist eine aufwendige Wertermittlung nicht erforderlich. Voraussetzung ist aber, dass der Zuwendende dem Verein den sog. Entnahmewert mitteilt, der nicht unbedingt dem Verkehrswert entsprechen muss. Dieser Entnahmewert darf nicht überschritten werden.

b) Aufwandsspende

Nicht abzugsfähig ist aber die Zuwendung von Nutzungen und Leistungen wie z. B. die (von vornherein so vereinbarte) unentgeltliche Bereitstellung der Arbeitskraft, die Hingabe eines zinslosen Darlehens oder die unentgeltliche Verwendung eines privaten KfZ für Vereinszwecke. In solchen Fällen darf deshalb auch keine Zuwendungsbestätigung ausgestellt werden.

Anders liegt es aber, wenn der Zuwendende gegen den Verein einen Anspruch auf die Erstattung seiner Aufwendungen hat und auf diesen Anspruch zugunsten des Vereins verzichtet. Diese Fälle werden als Aufwandsspende bezeichnet. § 10b Abs. 3 EStG verlangt in diesem Zusammenhang, dass der Anspruch auf die Erstattung der Aufwendungen durch Vertrag oder Satzung eingeräumt und auf die Erstattung verzichtet worden ist. Zudem darf der Anspruch nicht unter der Bedingung des Verzichts eingeräumt worden sein. Zu bescheinigen ist in diesen Fällen eine Geldzuwendung, weil letztlich das vom Verein zu bezahlende Entgelt gespendet wird. Allerdings muss in der Zuwendungsbescheinigung darauf hingewiesen werden, dass es sich um einen Verzicht auf die Erstattung von Aufwendungen handelt.

Ein Beispiel für Aufwandsspenden ist der Verzicht auf Ansprüche gegen den Verein auf Reisekostenerstattung. Der Verzicht auf die Miete für Räume oder für ein KfZ gehört nicht zu den Aufwandspenden. Diese Fälle werden aber in der gleichen Weise behandelt. Der Anspruch muss jeweils ernsthaft bestehen; dies setzt u. a. voraus, dass der Verein über genügend Mittel zur Erfüllung der eingeräumten Ansprüche verfügt. Er muss deshalb über seine Einnahmen und Ausgaben ordnungsgemäße Aufzeichnungen führen, der Erstattungsanspruch muss der Höhe nach feststehen und verbucht sein, bevor er durch Annahme der Verzichtserklärung erlischt und ausgebucht werden kann. Um die Höhe des Erstattungsanspruchs feststellen zu können, muss in der Regel der Spender mit seiner (nachträglichen) Verzichtserklärung eine Aufstellung über seine Leistungen einreichen, die der Verein zu überprüfen hat. Beispielsweise darf der Verein nur Fahrtkosten erstatten, die zur Erfüllung seiner satzungsmäßigen Zwecke oder in einem wirtschaftlichen Geschäftsbetrieb erforderlich waren. Der Verein muss daher im Einzelnen durch Unterlagen die zutreffende Höhe des Erstattungsanspruchs, über den er eine Spendenbescheinigung erteilt, belegen können.

Von Vorstandsmitgliedern wird in der Regel erwartet, dass diese ehrenamtlich tätig werden. Aufwandsspenden sind daher hier nur möglich, wenn der Erstattungsanspruch der Organmitglieder sich unmittelbar oder mittelbar aus der Vereinssatzung ergibt. Ist dies nicht der Fall, so fehlt es an einem Anspruch, auf den die Vorstandsmitglieder zugunsten des Vereins verzichten können.

c) Zuwendungen an Parteien oder unabhängige Wählervereinigungen

Spenden und Mitgliedsbeiträge, die an politische Parteien und unabhängige Wählervereinigungen gezahlt werden, werden beim Geber in anderer Weise als Zuwendungen an gemeinnützige Vereine steuermindernd berücksichtigt. Auch für diese Zuwendungen ist aber die Vorlage einer Zuwendungsbestätigung grundsätzlich Voraussetzung für den Spendenabzug. Als Nachweis für die Zahlung von Mitgliedsbeiträgen genügt hier allerdings die Vorlage von Einzahlungsbelegen oder Beitragsquittungen. Alle über die Mitgliedsbeiträge hinausgehenden Zahlungen gelten bei Parteien als Spenden. Die Zuwendungsbestätigung darf daher bei politischen Parteien nur enthalten, dass es sich „nicht um Mitgliedsbeiträge" handelt. Im Übrigen gelten für Zuwendungsbescheinigungen über Sach- und Aufwandsspenden die vorgenannten Grundsätze (oben S. 232, 234).

Im Gegensatz zu gemeinnützigen Vereinen ist für Parteien wegen der Chancengleichheit die Annahme von Spenden reglementiert (§ 25 ParteienG). Großspenden und Mandatsträgerbeiträge über 10 000 Euro an eine Partei müssen zudem unter Angabe des

Namens und der Anschrift des Spenders sowie der Gesamthöhe der Spende verzeichnet werden. Übersteigen Spenden im Einzelfall die Höhe von 50 000,– Euro, so werden sie sogar unter Angabe des Zuwendenden als Bundestagsdrucksache veröffentlicht.

4. Vertrauensschutz und Spendenhaftung

Zwar sind die Verhältnisse des Vereins maßgebend für den Abzug der Zuwendungen auf Seiten des Gebers. Nur in seltenen Fällen wird der Geber aber beurteilen oder prüfen können, ob die Angaben des Vereins wirklich zutreffen. Hinzu kommt, dass die Gemeinnützigkeit immer erst rückblickend durch die Finanzverwaltung verbindlich festgestellt wird, zu einem Zeitpunkt also, zu dem die Spende in der Regel längst vereinnahmt und meist auch verwendet ist.

Aus diesem Grunde darf der Steuerpflichtige auf die Richtigkeit der Bestätigung über Spenden und Mitgliedsbeiträge vertrauen, es sei denn, dass er die Bestätigung durch unlautere Mittel oder falsche Angaben erwirkt hat oder dass ihm die Unrichtigkeit der Bestätigung bekannt oder infolge grober Fahrlässigkeit nicht bekannt war (§ 10 b Abs. 4 S. 1 EStG). Das **geschützte Vertrauen** des gutgläubigen Spenders umfasst u. a. das Vertrauen in den Status des Vereins und in die Verwendung der Spende. Der Spendenabzug bleibt ihm also auch dann erhalten, wenn der Körperschaft rückwirkend für den Veranlagungszeitraum, in dem die Spende geleistet wurde, die Gemeinnützigkeit aberkannt wird. Die Bestätigung hat jedoch nur den Zweck einer Beweiserleichterung. Das Finanzamt kann daher auch bei Vorlage einer Zuwendungsbestätigung den Spendenabzug verweigern, wenn es die Absicht zu einer begünstigten Verwendung nicht für gegeben ansieht oder die tatsächliche Verwendung für einen nicht begünstigten Zweck feststellt. Auch ist das Finanzamt nicht an die weiteren Angaben, z. B. über den Wert von Sachspenden, gebunden.

Mit dem Vertrauensschutz korrespondieren **Haftungsregelungen** (§ 10 b Abs. 4 S. 2 und 3 EStG). Danach haftet für die entgangene Steuer, wer vorsätzlich oder grob fahrlässig eine unrichtige Spendenbestätigung ausstellt (1. Alternative – **„Ausstellerhaftung"**) oder wer veranlasst, dass Zuwendungen nicht zu den in der Bestätigung angegebenen steuerbegünstigten Zwecken verwendet werden (2. Alternative – **„Veranlasserhaftung"**). Die Inanspruchnahme zur Haftung setzt voraus, dass beim Spender Vertrauensschutz gemäß § 10b Abs. 4 S. 1 EStG besteht. Die Haftung soll dem Missbrauch mit Zuwendungsbestätigungen entgegenwirken. Ein Missbrauch liegt vor, wenn eine nicht gemeinnützige oder nicht spendenbegünstigte Körperschaft Zuwendungsbestätigungen ausstellt, wenn der Wert einer Spende in der Bestätigung zu hoch angegeben wird, Bestätigungen über nicht gezahlte Spenden erteilt werden, Bestätigungen über Spenden für einen wirtschaftlichen Geschäftsbetrieb ausgestellt werden und anderes mehr.

Erforderlich für die Ausstellerhaftung ist eine objektive Unrichtigkeit. Diese kann sich sowohl auf die Zahlung als solche (d.h. den ausgewiesenen Betrag) als auch auf die Bestätigung des Begünstigungstatbestandes durch den Empfänger beziehen. Die Veranlasserhaftung hingegen erfasst Fehlverhalten des Zuwendungsempfängers in Zusammenhang mit der Spendenverwendung. Eine Fehlverwendung und damit ein die Spendenhaftung auslösender Tatbestand ist jedoch nicht gegeben, wenn der Verein die Zuwendung zu dem in der Bestätigung angegebenen steuerbegünstigten Zweck verwendet hat, auch wenn er im Körperschaftsteuerveranlagungsverfahren nicht als gemeinnützig anerkannt wird. Umstritten ist noch, ob nur der Verein oder auch die für den Verein Handelnden haftbar gemacht werden können.

Die entgangene Steuer wird mit 30% des zugewendeten Betrags für die Einkommen- bzw. Körperschaftsteuer angesetzt. Für die entgangene Gewerbesteuer kommt ggf. 15% des zugewendeten Betrages hinzu. Bis 2006 betrugen die Sätze 40% bzw. 10%. Die Festlegung der Haftungshöhe als fester Prozentsatz der Zuwendung erfolgt unabhängig von den tatsächlichen Verhältnissen beim Spender (soweit dieser überhaupt Vertrauensschutz genießt). Die Frage, ob oder in welchem Umfang sich der Spendenabzug beim Spender steuerlich überhaupt ausgewirkt hat, ist für die Haftungsfrage deshalb ohne Bedeutung. Damit unterbleibt eine einzelfallbezogene Ermittlungen des Steuerausfalles, was für den haftenden Verein besonders misslich ist.

Seit 1. 1. 2009 ist nunmehr im Gesetz klargestellt, dass bei der Veranlasserhaftung vorrangig der Verein als Zuwendungsempfänger in Anspruch zu nehmen ist. Wer für den Verein handelt ist durch die Finanzverwaltung nur nachrangig in Anspruch zu nehmen. Zugleich wurde aber bestimmt, dass Haftungsansprüche noch festgesetzt werden können, solange die Steuer noch gegen den Verein festgesetzt werden könnte.

IV. Vereinsrecht in den neuen Bundesländern

A. Öffentliches Vereinsrecht

Die Volkskammer der DDR hat mit Beschluss vom 23. 8. 1990 den Beitritt der DDR zum Geltungsbereich des Grundgesetzes der Bundesrepublik Deutschland gem. Art. 23 GG mit Wirkung vom 3. 10. 1990 beschlossen (BGBl. I S. 2057 = GBl. DDR I S. 1324). Mit dem Wirksamwerden des Beitritts am 3. 10. 1990 trat das Grundgesetz für die Bundesrepublik Deutschland in den Ländern Brandenburg, Mecklenburg-Vorpommern, Sachsen, Sachsen-Anhalt und Thüringen sowie in dem Teil des Landes Berlin, in dem es bisher nicht galt, in Kraft (Art. 3 des Einigungsvertrags, BGBl. II S. 889, 976). Damit gelten seit 3. 10. 1990 in diesem Gebiet auch die verfassungsrechtlichen Grundlagen des Vereinrechts (oben S. 4 ff.).

Nach Art. 8 des Einigungsvertrags traten mit dem Wirksamwerden des Beitritts am 3. 10. 1990 im Gebiet der ehemaligen DDR ferner das Vereinsgesetz und das Versammlungsgesetz der Bundesrepublik Deutschland in der am 3. 10. 1990 geltenden Fassung in Kraft, da die Anlage I zum Einigungsvertrag insoweit keine Ausnahmen enthält; ferner das Parteiengesetz der Bundesrepublik Deutschland in der Fassung der Bekanntmachung vom 3. 3. 1989 (BGBl. I S. 7), jedoch mit den in Anlage I zum Einigungsvertrag Kapitel II Sachgebiet A Abschnitt III Nr. 1 genannten Maßgaben. Vereinsrechtlich ist lediglich die in Buchstabe c) aufgeführte Bestimmung von Bedeutung. Danach hatten die Parteien, die am 3. 10. 1990 auf dem Gebiet der früheren DDR bestanden, innerhalb eines Jahres, also bis 3. 10. 1991, ihre Satzungen an die Bestimmungen des Parteiengesetzes anzupassen.

B. Privates Vereinsrecht

Auch die §§ 21 bis 79 BGB, in denen das private Vereinsrecht gesetzlich geregelt ist, traten nach Art. 8 des Einigungsvertrags mit

Wirkung vom 3. 10. 1990 im Gebiet der ehemaligen DDR in Kraft, so dass die Darstellung des Vereinsrechts in diesem Band nunmehr auch geltendes Recht in den Ländern des Beitrittsgebiets erläutert.

In Anlage I zum Einigungsvertrag Kapitel III Sachgebiet B Abschnitt II Nr. 1 ist jedoch – und zwar durch Einfügung eines Art. 231 § 2 in das Einführungsgesetz zum BGB – ausdrücklich Folgendes bestimmt:

Rechtsfähige Vereinigungen, die nach dem DDR-Gesetz über Vereinigungen (Vereinigungsgesetz) vom 21. 2. 1990 (GBl. DDR I S. 75, geändert durch Gesetz vom 22. 6. 1990 GBl. DDR I S. 470, berichtigt S. 546) vor dem 3. 10. 1990 entstanden sind, bestehen fort. Sie werden jedoch in die Rechtsform der rechtsfähigen Vereine im Sinne des BGB überführt und führen ab dem 3. 10. 1990 die Bezeichnung „eingetragener Verein" (e. V.). Voraussetzung war allerdings, dass sie sich bis zum 21. 8. 1990 bei dem für den Sitz der Vereinigung zuständigen Kreisgericht registrieren ließen, andernfalls erlosch ihre Rechtsfähigkeit (§§ 22, 25 Abs. 1 Vereinigungsgesetz) und sie bestanden als nicht rechtsfähige Vereine fort. Für die Eintragungsfähigkeit ehemaliger ZGB-Gemeinschaften kommt es auf den jeweiligen Einzelfall an.[128]

Die Besonderheiten für die Führung des Vereinsregisters, die durch Art. 231 Abs. 2 S. 2 des Einführungsgesetzes zum BGB eingeführt worden waren (siehe 4. Auflage S. 184), wurden durch § 32 Nr. 2 des Rechtspflege-Anpassungsgesetzes vom 26. 6. 1992 (BGBl. I S. 1147) außer Kraft gesetzt.

Von der Darstellung des Vereinsrechts nach dem Vereinigungsgesetz der DDR wird abgesehen, weil sich neue Vereinigungen nach diesem Gesetz nicht bilden können, dieses Gesetz auch durch die §§ 21 bis 79 BGB verdrängt wurde. Für die Vereinigungen nach dem Vereinigungsgesetz der DDR gilt nun also das Recht des BGB. Auf nicht eingetragene Vereinigungen nach dem DDR-Vereinigungsgesetz finden seit 3. 10. 1990 die Vorschriften über nicht eingetragene BGB-Vereine Anwendung, wie sie durch Rechtsprechung und Rechtslehre weiterentwickelt und hier dargestellt wurden.

---

[128] Schubel, DtZ 1994, 132.

Allerdings ist eine Vielzahl registerrechtlicher Löschungen von ehemaligen eingetragenen Vereinen in den neuen Bundesländern in rechtlich nicht einwandfreier Weise erfolgt, weil sie nicht den Anforderungen des § 159 FGG i. V. m. § 142 FGG entsprechen.[129]

C. Steuerrecht

Das Recht der Bundesrepublik Deutschland auf dem Gebiet der Besitz- und Verkehrsteuern trat in den neuen Bundesländern am 1. 1. 1991 in Kraft (Anlage I zum Einigungsvertrag Kapitel IV Sachgebiet B Abschnitt II Nr. 14 Abs. 1 Nr. 1). Zu den Besitzsteuern gehören die Einkommen- und Körperschaftsteuer, die Erbschaft- und Schenkungsteuer, die Vermögen- und Grundsteuer. Die Umsatzsteuer ist eine Verkehrsteuer.

Die Vereine in den neuen Bundesländern müssen folglich seit 1. 1. 1991 die vorstehend auf den S. 125 ff., 219 ff. dargestellte Rechtslage beachten.

Wichtig sind die Überleitungsregelungen für die Anwendung der Abgabenordnung (AO) im Beitrittsgebiet. Ein neu geschaffener Art. 97 a im Einführungsgesetz zur Abgabenordnung bestimmt, dass für die Besitz- und Verkehrssteuern, auf die Abgabenrecht Anwendung findet (also insbesondere die Vorschriften über Steuerbegünstigungen), die bisher geltenden Vorschriften des DDR-Rechts maßgebend bleiben, soweit derartige Steuern vor dem 1. 1. 1994[130] entstanden sind (§ 1). Die weiteren Überleitungsvorschriften betreffen vor allem Haftungs-, Verfahrens- und Verzugsfolgenregelungen (§ 2). Sie bedürfen hier keiner besonderen Erläuterung.

---

[129] Tietje, DtZ 1994, 138.
[130] Änderung durch Gesetz vom 25. 2. 1992 (BGBl. I S. 297).

V. Reformen des Vereinsrechts

Ein Referentenentwurf zur **Änderung des Vereinsrechts** führte 2004 zu erheblicher Kritik, in den Vorauflagen wurde hierzu berichtet. Nach Auskunft des Bundesministeriums sollte deshalb ein Gesetzentwurf der Bundesregierung von diesem Entwurf abweichen. Um diesen Referentenentwurf ist es mittlerweile still geworden.

Statt dieser relativ umfassenden Reform hat es zwischenzeitlich mehrere weniger umfassende Änderungen gegeben: Mit dem „Gesetz zur weiteren Stärkung des bürgerschaftlichen Engagements" wurden 2007 die finanziellen Rahmenbedingungen für gemeinnützige Vereine verbessert. Seither gibt es z.B einen höheren Sonderausgabenabzug für Zuwendungen an gemeinnützige Vereine und höhere Freibeträge in der Einkommensteuer für die Arbeit für solche Vereine.

Jüngst wurden mit dem „Gesetz zur Begrenzung der Haftung von ehrenamtlich tätigen Vereinsvorständen", das vom Bundestag am 2. 7. 2009 beschlossen wurde, Haftungserleichterungen für Vereinsvorstände eingeführt (vgl. oben S. 117).

Zugleich wurde mit dem „Gesetz zur Erleichterung elektronischer Anmeldungen zum Vereinsregister und anderer vereinsrechtlicher Änderungen" die Möglichkeit geschaffen, Anmeldungen elektronisch vorzunehmen. Zudem wurden zahlreiche andere Vorschriften geändert, z.B. wurde § 23 BGB ersatzlos gestrichen, der erlaubte, ausländischen Vereinen durch staatliche Verleihung Rechtsfähigkeit zu gewähren.

Mit weiteren Änderungen ist aus Sicht des Autors im zivilrechtlichen Bereich jedenfalls kurzfristig nicht zu rechnen. Für den steuerlichen Bereich gilt dies naturgemäß leider nicht.

Anhang

Übersicht

1. Protokoll einer Vereinsgründung

Protokoll

über die Gründung des Kunstvereins Blauburg e. V.

Am 25. Oktober 20… fanden sich im Nebenzimmer der Gaststätte „Blauer Reiter" in Blauburg die in der Anwesenheitsliste aufgeführten 20 Personen ein, um über die Gründung eines Kunstvereins Blauburg zu beschließen. Die Anwesenheitsliste ist wesentlicher Bestandteil dieses Protokolls.

Herr Anton Asam eröffnete die Versammlung. Er begrüßte die Erschienenen und erläuterte den Zweck der Versammlung. Herr Asam erklärte sich bereit, die Versammlungsleitung zu übernehmen und bat Frau Bea Beckmann, sich als Schriftführerin zur Verfügung zu stellen. Beide wurden von der Versammlung einstimmig durch Zuruf gewählt. Der Versammlungsleiter schlug sodann folgende Tagesordnung vor:

1. Aussprache über die Vereinssatzung und deren Feststellung
2. Wahl der Vorstandsmitglieder
3. Wahl des Kunstbeirats
4. Festsetzung des Mitgliedsbeitrags
5. Beschlüsse über Organisationsfragen
6. Verschiedenes.

Diese Tagesordnung wurde stillschweigend gebilligt. Der Versammlungsleiter erläuterte daraufhin die Satzung, die allen Anwesenden bereits bekannt war, und eröffnete die Aussprache hierüber.

Die Anwesenden fassten sodann einstimmig durch Handzeichen folgenden

Beschluss:

den „Kunstverein Blauburg e. V." zu gründen und ihm die vorliegende Satzung, die wesentlicher Bestandteil dieses Protokolls ist, zu geben.

Sämtliche Anwesenden erklärten, dem Verein als Mitglieder beitreten zu wollen und unterzeichneten die Satzung.

Auf Vorschlag des Versammlungsleiters wurde sodann durch Zuruf RA Justus als Wahlleiter berufen, um die Wahl des ersten Vereinsvorstands durchzuführen. Er schlug vor, Herrn Anton Asam als Ersten Vorsitzenden, Frau Christa Corinth als Zweite Vorsitzende und Frau Dora Donner als Dritte Vorsitzende zu wählen, und zwar in offener Abstimmung. Gegen dieses Verfahren erhob sich kein Widerspruch. Es wurden einstimmig – jeweils bei Stimmenthaltung des Betroffenen – gewählt:

1. Herr Anton Asam als 1. Vorsitzender,
2. Frau Christa Corinth als 2. Vorsitzende,
3. Frau Dora Donner als 3. Vorsitzende.

Die Gewählten nahmen die Wahl an. RA Justus legte die Versammlungsleitung nieder, die nun wieder Herr Asam übernahm. Auf seinen Vorschlag wurden – jeweils einstimmig bei Stimmenthaltung des Betroffenen – in den Kunstbeirat gewählt:

Eberhard Ernst
Fritz Fuhr
Gerda Groß
Henny Hartfeld.

Die Gewählten nahmen die Wahl an. Sodann wurde über die Höhe des festzusetzenden Mitgliedsbeitrags diskutiert und auf Antrag von Henny Hartfeld folgender

Beschluss

gefasst:

Der Jahresmitgliedsbeitrag wird ab 1. Januar des folgenden Jahres auf Euro 120,– festgesetzt, für Schüler und Studenten auf Euro 60,–. Für den Rest des laufenden Jahres beträgt er Euro 24,–, für Schüler und Studenten Euro 12,–.

Dieser Beschluss wurde einstimmig gefasst. Auf Anregung von RA Justus fasste die Versammlung sodann ebenfalls einstimmig noch folgenden

Beschluss:

Der 1. Vorsitzende wird ermächtigt, Änderungen und Ergänzungen der Satzung vorzunehmen, von denen das Registergericht die Eintragung in das Vereinsregister oder das Finanzamt für Körperschaften die Anerkennung als gemeinnützig abhängig macht, soweit diese Abänderungen sich nicht auf die Bestimmungen über den Zweck des Vereins, über bei Wahlen und Beschlüssen notwendige Mehrheiten und über den Anfall des Vereinsvermögens bei der Auflösung beziehen.

Nach einer allgemeinen Aussprache über mögliche erste Aktivitäten des Vereins schloss der Leiter die Versammlung um 22 Uhr, nachdem weitere Wortmeldungen nicht vorlagen.

Blauburg, den 25. Oktober 20...

Anton Asam   Bea Beckmann

2. Einfache Vereinssatzung eines gemeinnützigen eingetragenen Vereins

§ 1 Name und Sitz

(1) Der Verein führt den Namen „Kunstverein Blauburg e. V.". Er soll in das Vereinsregister eingetragen werden.

(2) Sitz des Vereins ist Blauburg.

§ 2 Zweck

Zweck des Vereins ist die Förderung und Pflege der bildenden Kunst. Er veranstaltet hierzu Ausstellungen, Vorträge und Diskussionen und führt alle ihm zur Erreichung des Vereinszwecks geeignet erscheinenden Maßnahmen durch.

§ 3 Gemeinnützigkeit

Der Verein verfolgt ausschließlich und unmittelbar gemeinnützige Zwecke im Sinne des Abschnitts „Steuerbegünstigte Zwecke" der Abgabenordnung. Der Verein ist selbstlos tätig; er verfolgt nicht in erster Linie eigenwirtschaftliche Zwecke. Mittel des Vereins dürfen nur für die satzungsmäßigen Zwecke verwendet werden. Die Mitglieder erhalten keine Zuwendungen aus Mitteln des Vereins. Es darf keine Person durch Ausgaben, die dem Zweck des Vereins fremd sind, oder durch unverhältnismäßig hohe Vergütungen begünstigt werden.

§ 4 Geschäftsjahr

Geschäftsjahr des Vereins ist das Kalenderjahr. Das erste Rumpfgeschäftsjahr endet am 31. Dezember 20...

§ 5 Mitgliedschaft

(1) Mitglied des Vereins kann jede natürliche Person und jede juristische Person des privaten oder öffentlichen Rechts werden.

(2) Über den schriftlichen Antrag entscheidet der Vorstand. Die Mitgliedschaft wird erworben durch Aushändigung einer Mitgliedskarte.

(3) Die Mitgliedschaft endet

a) mit dem Tod des Mitglieds,

b) durch schriftliche Austrittserklärung, gerichtet an ein Vorstandsmitglied; sie ist nur zum Schluss eines Kalenderjahrs unter Einhaltung einer Kündigungsfrist von 3 Monaten zulässig,

c) durch Ausschluss aus dem Verein.

(4) Ein Mitglied, das in erheblichem Maß gegen die Vereinsinteressen verstoßen hat, kann durch Beschluss des Vorstands aus dem Verein ausgeschlossen werden. Vor dem Ausschluss ist das betroffene Mitglied persönlich oder schriftlich zu hören. Die Entscheidung über den Ausschluss ist schriftlich zu begründen und dem Mitglied mit Einschreiben gegen Rückschein zuzustellen. Es kann innerhalb einer Frist von einem Monat ab Zugang schriftlich Berufung beim Vorstand einlegen. Über die Berufung entscheidet die Mitgliederversammlung. Macht das Mitglied vom Recht der Berufung innerhalb der Frist keinen Gebrauch, unterwirft es sich dem Ausschließungsbeschluss.

§ 6 Organe

Die Organe des Vereins sind:
1. Der Vorstand
2. Der Kunstbeirat
3. Die Mitgliederversammlung.

§ 7 Der Vorstand

(1) Der Vorstand des Vereins besteht aus dem 1. Vorsitzenden, dem 2. Vorsitzenden und dem 3. Vorsitzenden. Der Verein wird gerichtlich und außergerichtlich durch zwei Vorstandsmitglieder vertreten.

(2) Der Vorstand wird von der Mitgliederversammlung auf die Dauer von 2 Jahren gewählt. Er bleibt solange im Amt, bis eine Neuwahl erfolgt. Scheidet ein Mitglied des Vorstands während der Amtsperiode aus, wählt der Vorstand ein Ersatzmitglied für den Rest der Amtsdauer des ausgeschiedenen Vorstandsmitglieds.

§ 8 Der Kunstbeirat

Die Mitgliederversammlung wählt auf die Dauer von 2 Jahren einen Kunstbeirat. Er hat die Aufgabe, die Arbeit des Vorstands zu unterstützen und insbesondere in künstlerischen und kunstpolitischen Fragen zu beraten. Er besteht aus mindestens vier und höchstens sechs Mitgliedern.

§ 9 Die Mitgliederversammlung

(1) Die Mitgliederversammlung ist jährlich vom 1. Vorsitzenden unter Einhaltung einer Einladungsfrist von 2 Wochen durch persönliche Einladung mittels Brief an die letztbekannte Anschrift der Vereinsmitglieder einzuberufen. Dabei ist die vom Vorstand festgesetzte Tagesordnung mitzuteilen.

(2) Die Mitgliederversammlung hat insbesondere folgende Aufgaben:

a) Genehmigung des Haushaltsplans für das kommende Geschäftsjahr,

b) Entgegennahme des Rechenschaftsberichts des Vorstands und dessen Entlastung,

c) Wahl des Vorstands und des Kunstbeirats,

d) Festsetzung der Höhe des Mitgliedsbeitrags.

e) Beschlüsse über Satzungsänderung und Vereinsauflösung.

f) Beschlüsse über die Berufung eines Mitglieds gegen seinen Ausschluss durch den Vorstand.

(3) Der Vorstand hat unverzüglich eine Mitgliederversammlung einzuberufen, wenn das Vereinsinteresse es erfordert oder wenn mindestens 5% der Mitglieder die Einberufung schriftlich und unter Angabe des Zwecks und der Gründe fordern.

(4) Über die Beschlüsse der Mitgliederversammlung ist ein Protokoll aufzunehmen, das vom Versammlungsleiter und dem Protokollführer zu unterzeichnen ist.

§ 10 Mitgliedsbeiträge

Die Mitgliedsbeiträge sind Jahresbeiträge und jeweils am 1. Januar eines Jahres im Voraus fällig. Über die Höhe des Jahresbeitrags entscheidet die Mitgliederversammlung. Sie kann den Beitrag für Schüler und Studenten bis zu 50% ermäßigen.

§ 11 Auflösung des Vereins und Anfall des Vereinsvermögens

Bei Auflösung oder Aufhebung des Vereins oder bei Wegfall seines bisherigen Zweckes fällt das Vermögen des Vereins an die Stadt Blauburg, die es unmittelbar und ausschließlich zur Förderung der bildenden Künste zu verwenden hat.

Festgestellt am 25. Oktober 20…   Unterschriften

3. Checkliste für notwendigen Satzungsinhalt und die Anmeldung eines eingetragenen Vereins

I. § 57 Abs. 1 BGB:

1. Vereinsname
   (Ist der Name frei?)
2. Sitz des Vereins
3. Bestimmung, dass der Verein eingetragen werden soll
4. Zweck des Vereins

II. § 58 Ziff. 1 bis 4 BGB:

1. Eintritt der Mitglieder (Form)
2. Austritt der Mitglieder (Form)
3. Beitragspflicht
4. Vorstand gem. § 26 BGB
5. Voraussetzungen der Berufung der Mitgliederversammlung
6. Form der Berufung der Mitgliederversammlung
7. Beurkundung der Beschlüsses

III. § 59 BGB:

1. Sieben Unterschriften
2. Tag der Errichtung der Satzung
3. Anmeldung:
    a) Vorstand in vertretungsberechtigter Zahl
    b) Satzungsurschrift
    c) Satzungsabschrift
    d) Abschrift der Urkunde über die Vorstandsbestellung (Wahl)

4. Mustersatzung eines gemeinnützigen Vereins (Anlage 1 zu § 60 AO)

Die Festlegungen der nachfolgenden Mustersatzung müssen seit 1. 1. 2009 aufgrund gesetzlicher Anordnung in § 60 Abs. 1 AO in der Vereinssatzung berücksichtigt werden. Diese Regelung ist nach § 1 f Abs. 2 EGAO auf Vereine, die nach dem 31. Dezember 2008 gegründet werden, sowie auf Satzungsänderungen bestehender Vereine, die nach dem 31. Dezember 2008 wirksam werden, anzuwenden. Auch vorher wurde die Mustersatzung aber von den Finanzbehörden bereits zugrunde gelegt. Anlage 1 zu § 60 AO lautet, soweit für Vereine von Belang:

§ 1

Der – Die – ... (Körperschaft) mit Sitz in ... verfolgt ausschließlich und unmittelbar – gemeinnützige – mildtätige – kirchliche – Zwecke (nicht verfolgte Zwecke streichen) im Sinne des Abschnitts „Steuerbegünstigte Zwecke" der Abgabenordnung.

Zweck der Körperschaft ist ... (z. B. die Förderung von Wissenschaft und Forschung, Jugend- und Altenhilfe, Erziehung, Volks- und Berufsbildung, Kunst und Kultur, Landschaftspflege, Umweltschutz, des öffentlichen Gesundheitswesens, des Sports, Unterstützung hilfsbedürftiger Personen).

Der Satzungszweck wird verwirklicht insbesondere durch ... (z.B. Durchführung wissenschaftlicher Veranstaltungen und Forschungsvorhaben, Vergabe von Forschungsaufträgen, Unterhaltung einer Schule, einer Erziehungsberatungsstelle, Pflege von Kunstsammlungen, Pflege des Liedgutes und des Chorgesanges, Errichtung von Naturschutzgebieten, Unterhaltung eines Kindergartens, Kinder-, Jugendheimes, Unterhaltung eines Altenheimes, eines Erholungsheimes, Bekämpfung des Drogenmissbrauchs, des Lärms, Förderung sportlicher Übungen und Leistungen).

§ 2

Die Körperschaft ist selbstlos tätig; sie verfolgt nicht in erster Linie eigenwirtschaftliche Zwecke.

§ 3

Mittel der Körperschaft dürfen nur für die satzungsmäßigen Zwecke verwendet werden. Die Mitglieder erhalten keine Zuwendungen aus Mitteln der Körperschaft.

§ 4

Es darf keine Person durch Ausgaben, die dem Zweck der Körperschaft fremd sind, oder durch unverhältnismäßig höhe Vergütungen begünstigt werden.

§ 5

Bei Auflösung oder Aufhebung der Körperschaft oder bei Wegfall steuerbegünstigter Zwecke fällt das Vermögen der Körperschaft
1. an – den – die – das – ... (Bezeichnung einer juristischen Person des öffentlichen Rechts oder einer anderen steuerbegünstigten Körperschaft), – der – die – das – es unmittelbar und ausschließlich für gemeinnützige, mildtätige oder kirchliche Zwecke zu verwenden hat.
oder
2. an eine juristische Person des öffentlichen Rechts oder eine andere steuerbegünstigte Körperschaft zwecks Verwendung für ... (Angabe eines bestimmten gemeinnützigen, mildtätigen oder kirchlichen Zwecks, z.B. Förderung von Wissenschaft und Forschung, Erziehung, Volks- und Berufsbildung, der Unterstützung von Personen, die im Sinne von § 53 der Abgabenordnung wegen ... bedürftig sind, Unterhaltung des Gotteshauses in ...)."

5. Anmeldung eines Vereins zur Eintragung in das Vereinsregister

An das
Amtsgericht Blauburg
– Registergericht –

Wir, die unterzeichnenden Vorstandsmitglieder des am 25. 10. 20 .. in Blauburg gegründeten Vereins „Kunstverein Blauburg" in vertretungsberechtigter Zahl melden hiermit zur Eintragung in das Vereinsregister des Amtsgerichts Blauburg an:

1. den Verein,
2. die Mitglieder des Vorstandes:

1. Vorsitzender Anton Asam, Bildhauer, Lehmbruckstraße 2, PLZ Blauburg, geb. am ...

2. Vorsitzende Christa Corinth, Galeristin, Korintenweg 5, PLZ Grünstadt, geb. am ...

3. Vorsitzende Dora Donner, Lehrerin, Bergwiese 2, PLZ Wolkenkuckuckscheim, geb. am ...

Nach § 7 Abs. 1 Satz 2 der Satzung wird der Verein gerichtlich und außergerichtlich durch 2 Vorstandsmitglieder vertreten.

Falls in der Satzung vorgesehen: Nach § ... Abs ... der Satzung wird die Vertretung des Vorstands mit Wirkung gegen Dritte in der Weise beschränkt, dass er über Grundstücke und grundstücksgleiche Rechte nur mit Zustimmung der Mitgliederversammlung verfügen darf/oder: dass er zu Rechtsgeschäften mit einem Wert von mehr als 5000 DM (fünftausend Deutsche Mark) der Zustimmung des Kunstbeirats bedarf.

Wir überreichen als Anlagen:

• Urschrift und 2 Abschriften der Satzung, eine davon für die Verwaltungsbehörde,

• eine Abschrift des Protokolls der Gründungsversammlung, aus der sich auch die Wahl der Vorstandsmitglieder ergibt.

Der Verein hat zurzeit 20 Mitglieder.

Die Geschäftstelle des Vereins befindet sich derzeit in der Lehmbruckstr. 2, PLZ Blauburg.

Christa Corinth   Dora Donner
Beglaubigungsvermerk eines Notars.

6. Anmeldung einer Änderung des Vorstands

Anmeldung einer Änderung des Vorstands und der Satzung zum Vereinsregister
An das
Amtsgericht Blauburg
– Registergericht –

Als alleinvertretungsberechtigtes Vorstandsmitglied des Kunstvereins Blauburg e. V. melde ich zur Eintragung in das Vereinsregister an, dass die Mitgliederversammlung vom … in Blauburg folgende Änderungen beschlossen:
1. Zum 1. Vorsitzenden wurde Karl de Kooning, Kunstmaler, geb. am …, PLZ Seetal, Katzenbuckel 1 gewählt.
2. Es wurde § 7 Abs. 1 Satz 2 der Satzung geändert: Der Verein wird künftig gerichtlich und außergerichtlich durch jedes Vorstandsmitglied allein vertreten.
Anliegend überreiche ich Urschrift und Abschrift eines Auszugs aus dem Versammlungsprotokoll vom …
Ich versichere, dass die Versammlung satzungsgemäß einberufen wurde und die gefassten Beschlüsse ordnungsgemäß zustandegekommen sind.

Karl de Kooning
Beglaubigungsvermerk eines Notars

7. Schreiben betr. die Verwendung der verbindlichen Muster für Zuwendungsbestätigungen (vom 2. 6. 2000, BStBl. I S. 592, geändert durch Schreiben vom 10. 4. 2003, BStBl. I S. 286)

Anmerkung: Das hier wiedergegebene Schreiben ist – soweit ersichtlich – nicht aufgehoben, sondern vielmehr durch das BMF-Schreiben vom 29. 3. 2007 ausdrücklich bestätigt worden. Durch das vom Bundestag am 6. 7. 2007 beschlossene Gesetz zur weiteren Stärkung des bürgerschaftlichen Engagements sind aber die nachfolgend unterstrichen wiedergegeben Teile nach meiner Auffassung nicht mehr anzuwenden:

Unter Bezugnahme auf das Ergebnis der Erörterungen mit den obersten Finanzbehörden der Länder gilt für die Verwendung der verbindlichen Muster für Zuwendungsbestätigungen im Sinne des § 50 Abs. 1 EStDV Folgen

1 Die im BStBl. 1999 I S. 979[131] veröffentlichten Vordrucke sind verbindliche Muster. Ihre Verwendung ist gem. § 50 Abs. 1 EStDV Voraussetzung für den Spendenabzug. Die Zuwendungsbestätigungen sind vom jeweiligen Zuwendungsempfänger anhand dieser Muster selbst herzustellen. In der auf einen bestimmten Zuwendungsempfänger zugeschnittenen Zuwendungsbestätigung müssen nur die Angaben aus den veröffentlichten Mustern übernommen werden, die im Einzelfall einschlägig sind. Auf die Beispiele auf den S. 988 und 989 des BStBl. 1999 I wird hingewiesen.

2 Eine optische Hervorhebung von Textpassagen durch Einrahmungen und vorangestellte Ankreuzkästchen ist zulässig. Es bestehen auch keine Bedenken, den Namen des Zuwendenden und dessen Adresse untereinander anzuordnen. Die Wortwahl und die Reihenfolge der in den amtlichen Vordrucken vorgeschriebenen Textpassagen sind aber – vorbehaltlich der folgenden Ausführungen – beizubehalten.

3 Auf den Zuwendungsbestätigungen dürfen weder Danksagungen an den Zuwendenden noch Werbung für die Ziele der begünstigten Einrichtung angebracht werden. Entsprechende Texte sind jedoch auf der Rückseite zulässig.

4 Um eine vordruckmäßige Verwendung der Muster zu ermöglichen, bestehen keine Bedenken, wenn auf einem Mustervordruck mehrere steuerbegünstigte Zwecke genannt werden. Der Zuwendungsempfänger hat dann den jeweils einschlägigen Zweck kenntlich zu machen.

5 Soweit in einem Mustervordruck mehrere steuerbegünstigte Zwecke genannt werden, die für den Spendenabzug unterschiedlich hoch begünstigt sind (Spendenabzugsrahmen 5 bzw. 10%), und die Zuwendung keinem konkreten Zweck zugeordnet werden kann, weil der Spender bei der Hingabe der Zuwendung keine Widmung für einen bestimmten Zweck vorgenommen oder der Zuwendungsempfänger die unterschiedlich hoch begünstigten Spendenzwecke organisatorisch und buchhalterisch nicht voneinander getrennt hat, ist davon auszugehen, dass die Zuwendung nicht berechtigt, den erhöhten Spendenabzug in Anspruch zu nehmen. In diesen Fällen ist der folgende Zusatz zwischen der Verwendungsbestätigung und der Unterschrift des Zuwendungsempfängers in die Zuwendungsbestätigung aufzunehmen:

---

[131] Die neuen Muster sind in BStBl. 2008 I S. 4 veröffentlicht.

„Diese Zuwendungsbestätigung berechtigt nicht zum Spendenabzug im Rahmen des erhöhten Prozentsatzes nach § 10b Abs. 1 S. 2 EStG/§ 9 Abs. 1 Nr. 2 S. 2 KStG oder zum Spendenrücktrag bzw. -vortrag nach § 10b Abs. 1 S. 3 EStG/§ 9 Abs. 1 Nr. 2 S. 3 KStG. Entsprechendes gilt auch für den Spendenabzug bei der Gewerbesteuer (§ 9 Nr. 5 GewStG)."

Bei mehreren steuerbegünstigten Zwecken, die unterschiedlich hoch begünstigt sind, kann eine Zuwendung – bei entsprechender Widmung durch den Spender und organisatorischer und buchhalterischer Trennung durch den Zuwendungsempfänger – in Teilbeträgen auch verschiedenen Förderzwecken zugeordnet werden (z. B. Geldzuwendung in Höhe von 500 Euro, davon 300 Euro für mildtätige Zwecke, 200 Euro für Entwicklungshilfe nach Abschnitt A Nr. 12 der Anlage 1 zu § 48 Abs. 2 EStDV). Es handelt sich in diesen Fällen steuerlich um zwei Zuwendungen, die entweder jeweils gesondert oder im Rahmen einer Sammelbestätigung (vgl. Rdnr. 6) zu bestätigen sind.[132]

6 Gegen die Erstellung von Sammelbestätigungen für Geldzuwendungen (Mitgliedsbeiträge, Geldspenden), d. h. die Bestätigung mehrerer Zuwendungen in einer förmlichen Zuwendungsbestätigung, bestehen unter folgenden Voraussetzungen keine Bedenken:

- Anstelle des Wortes „Bestätigung" ist das Wort „Sammelbestätigung" zu verwenden.
- Bei „Art der Zuwendung" und „Tag der Zuwendung" ist auf die Rückseite oder die beigefügte Anlage (s.u.) zu verweisen.
- In der Zuwendungsbestätigung ist die Gesamtsumme zu nennen.
- Nach der Bestätigung, dass die Zuwendungen zur Förderung steuerbegünstigter Zwecke verwendet werden, ist folgende Bestätigung zu ergänzen: „Es wird bestätigt, dass über die in der Gesamtsumme enthaltenen Zuwendungen keine weiteren Bestätigungen, weder formelle Zuwendungsbestätigungen noch Beitragsquittungen o. ä., ausgestellt wurden und werden."
- Auf der Rückseite der Zuwendungsbestätigung oder in der Anlage ist jede einzelne Zuwendung mit Datum, Betrag und Art (Mitgliedsbeitrag, Geldspende) und nur im Falle unterschiedlich hoch begünstigter Zwecke auch der begünstigte Zweck aufzulisten. Diese Auflistung muss ebenfalls eine Gesamtsumme enthalten und als „Anlage zur Zuwendungsbestätigung vom …" gekennzeichnet sein.

---

[132] Die Differenzierung zwischen verschieden hoch geförderten Zwendungen ist mit Wirkung ab dem 1. 1. 2007 entfallen.

- Zu den in der Sammelbestätigung enthaltenen Geldspenden ist anzugeben, ob es sich hierbei um den Verzicht auf Erstattung von Aufwendungen handelt oder nicht (vgl. auch Rdnr. 10). Handelt es sich sowohl um direkte Geldspenden als auch um Geldspenden im Wege des Verzichts auf Erstattung von Aufwendungen, sind die entsprechenden Angaben dazu entweder auf der Rückseite der Zuwendungsbestätigung oder in der Anlage zu machen.

- In der Sammelbestätigung ist anzugeben, auf welchen Zeitraum sich die Sammelbestätigung erstreckt. Die Sammelbestätigung kann auch für nur einen Teil des Kalenderjahrs ausgestellt werden.

- Werden im Rahmen einer Sammelbestätigung Zuwendungen für steuerlich unterschiedlich hoch begünstigte Zwecke bestätigt, dann ist unter der in der Zuwendungsbestätigung genannten Gesamtsumme ein Klammerzusatz aufzunehmen:
  „(von der Gesamtsumme entfallen ... DM auf die Förderung von ... [Bezeichnung der höher begünstigten Zwecke])".

7 Sind lediglich Mitgliedsbeiträge Gegenstand der Zuwendung an Körperschaften i.S. des § 5 Abs. 1 Nr. 9 KStG, Parteien oder unabhängige Wählervereinigungen, so ist auf der jeweiligen Zuwendungsbestätigung zu vermerken, dass es sich um einen Mitgliedsbeitrag handelt (Art der Zuwendung: Mitgliedsbeitrag – der weitere Begriff Geldzuwendung ist zu streichen). Handelt es sich hingegen um eine Spende, ist bei der Art der Zuwendung „Geldzuwendung" anzugeben. Bei Parteien ist im Rahmen der Bestätigung am Ende des Musters zu vermerken, dass es sich hierbei „nicht um Mitgliedsbeiträge" handelt. Bei Körperschaften i.S. des § 5 Abs. 1 Nr. 9 KStG und bei unabhängigen Wählervereinigungen ist im Rahmen der Bestätigung am Ende des Musters zu vermerken, dass es sich hierbei „nicht um Mitgliedsbeiträge, sonstige Mitgliedsumlagen oder Aufnahmegebühren" handelt. Dies ist auch in den Fällen erforderlich, in denen eine Körperschaft Zwecke verfolgt, für deren Förderung Mitgliedsbeiträge und Spenden begünstigt sind. Hat der Spender zusammen mit einem Mitgliedsbeitrag auch eine Geldspende geleistet (z.B. Überweisung von 200 Euro, davon 120 Euro Mitgliedsbeitrag und 80 Euro Spende), handelt es sich steuerrechtlich um zwei Zuwendungen, die entweder jeweils gesondert oder im Rahmen einer Sammelbestätigung (vgl. Rdnr. 6) zu bestätigen sind.

8 Der zugewendete Betrag ist sowohl in Ziffern als auch in Buchstaben zu benennen. Für die Benennung in Buchstaben ist es nicht zwingend erforderlich, dass der zugewendete Betrag in einem Wort genannt wird; ausreichend ist die Buchstabenbenennung der jeweiligen Ziffern. So kann z.B. ein Betrag in Höhe von 1.246 DM als „eintausendzweihundertsechsundvierzig" oder „eins-zwei-vier-sechs" bezeichnet werden. In diesen Fällen sind allerdings die Leerräume vor der Nennung der ersten Ziffer und hinter der letzten Ziffer in geeigneter Weise (z. B. durch „X") zu entwerten.

9 Handelt es sich um eine Sachspende, so sind in die Zuwendungsbestätigung genaue Angaben über den zugewendeten Gegenstand aufzunehmen (z. B. Alter, Zustand, historischer Kaufpreis usw.). Die im Folgenden für die Sachspende nicht zutreffenden Sätze in den entsprechenden Vordrucken sind zu streichen. Stammt die Sachzuwendung nach den Angaben des Zuwendenden aus dessen Betriebsvermögen, dann ist die Sachzuwendung mit dem Entnahmewert anzusetzen. In diesen Fällen braucht der Zuwendungsempfänger keine zusätzlichen Unterlagen in seine Buchführung aufzunehmen, ebenso sind Angaben über die Unterlagen, die zur Wertermittlung gedient haben, nicht erforderlich. Handelt es sich um eine Sachspende aus dem Privatvermögen des Zuwendenden, so hat der Zuwendungsempfänger anzugeben, welche Unterlagen er zur Ermittlung des angesetzten Wertes herangezogen hat. In Betracht kommt in diesem Zusammenhang z. B. ein Gutachten über den aktuellen Wert der zugewendeten Sache oder der sich aus der ursprünglichen Rechnung ergebende historische Kaufpreis unter Berücksichtigung einer Absetzung für Abnutzung. Diese Unterlagen hat der Zuwendungsempfänger zusammen mit der Zuwendungsbestätigung in seine Buchführung aufzunehmen. Der unvollständige Satz in den amtlichen Vordrucken für Sachbestätigungen (BStBl. 1999 I S. 981, 983, 985) „Geeignete Unterlagen, die zur Wertermittlung gedient haben, z. B. Rechnungen, Gutachten" ist um die Worte „liegen vor" zu ergänzen.

10 Nach dem Betrag der Zuwendung ist bei Zuwendungen an Körperschaften im Sinne des § 5 Abs. 1 Nr. 9 KStG, Parteien oder unabhängige Wählervereinigungen immer anzugeben, ob es sich hierbei um den Verzicht auf Erstattung von Aufwendungen handelt oder nicht. Dies gilt auch in den Fällen, in denen ein Zuwendungsempfänger grundsätzlich keine Zuwendungsbestätigungen für die Erstattung von Aufwendungen ausstellt.

11 In den Zuwendungsbestätigungen ist auch anzugeben, ob die begünstigten Zwecke im Ausland verwirklicht werden. Wird nur ein Teil der Zuwendung im Ausland verwendet, so ist anzugeben, dass die Zuwendung auch im Ausland verwendet wird. Steht im Zeitpunkt der Zuwendung noch nicht fest, ob der Verwendungszweck im Inland oder Ausland liegen wird, ist zu bestätigen, dass die Zuwendung ggf. (auch) im Ausland verwendet wird.

12 Werden Zuwendungen an juristische Personen des öffentlichen Rechts von diesen an andere juristische Personen des öffentlichen Rechts weitergeleitet und werden von diesen die steuerbegünstigten Zwecke verwirklicht, so hat der „Erstempfänger" die in den amtlichen Vordrucken enthaltene Bestätigung wie folgt zu fassen:

„Die Zuwendung wird entsprechend den Angaben des Zuwendenden an die ... (Name des Letztempfängers verbunden mit einem Hinweis auf deren öffentlich-rechtliche Organisationsform) weitergeleitet".

Die übrigen Angaben sind zu streichen.

13 R 111 Abs. 5 EStR 1999[133] gilt für maschinell erstellte Zuwendungsbestätigungen entsprechend.

14 Die auf den verbindlichen Mustern vorgesehenen Hinweise zu den haftungsrechtlichen Folgen der Ausstellung einer unrichtigen Zuwendungsbestätigung und zu der steuerlichen Anerkennung der Zuwendungsbestätigung (Datum des Freistellungsbescheids bzw. der vorläufigen Bescheinigung) sind auf die einzeln erstellten Zuwendungsbestätigungen zu übernehmen.

15 Nach § 50 Abs. 4 EStDV ist ein Doppel der Zuwendungsbestätigung von der steuerbegünstigten Körperschaft aufzubewahren. Es ist in diesem Zusammenhang zulässig, das Doppel in elektronischer Form zu speichern. Die Grundsätze ordnungsgemäßer DV-gestützter Buchführungssysteme (BMF-Schreiben vom 7. 11. 1995, BStBl 1995 I S. 738) gelten entsprechend.

16 Für Zuwendungen nach dem 31. 12. 1999 ist das Durchlaufspendenverfahren keine zwingende Voraussetzung mehr für die steuerliche Begünstigung von Spenden. Ab 1. 1. 2000 sind alle gemeinnützigen Körperschaften i. S. d. § 5 Abs. 1 Nr. 9 KStG, die spendenbegünstigte Zwecke verfolgen, zum unmittelbaren Empfang und zur Bestätigung von Spenden berechtigt. Dennoch dürfen öffentlich-rechtliche Körperschaften oder öffentliche Dienststellen auch weiterhin als Durchlaufstelle auftreten und Zuwendungsbestätigungen ausstellen. Sie unterliegen dann aber auch – wie bisher – der Haftung nach § 10b Abs. 4 EStG. Dach- und Spitzenorganisationen können für die ihnen angeschlossenen Vereine dagegen nicht mehr als Durchlaufstelle fungieren.

---

[133]   Jetzt R 10b.1 Abs. 4 EStR 2008.

8. Amtliches Muster einer Zuwendungsbestätigung: Mitgliedsbeitrag/Geldzuwendung (einschließlich Erstattung von Aufwendungen) an einen gemeinnützigen Verein

Aussteller (Bezeichnung und Anschrift der steuerbegünstigten Einrichtung)

Bestätigung über Geldzuwendungen/Mitgliedsbeitrag
im Sinne des § 10b des Einkommensteuergesetzes an eine der in § 5 Abs. 1 Nr. 9 des Körperschaftsteuergesetzes bezeichneten Körperschaften, Personenvereinigungen oder Vermögensmassen

Name und Anschrift des Zuwendenden:

Betrag der Zuwendung - in Ziffern -	- in Buchstaben -	Tag der Zuwendung:

Es handelt sich um den Verzicht auf Erstattung von Aufwendungen   Ja ☐   Nein ☐

☐ Wir sind wegen Förderung (Angabe des begünstigten Zwecks / der begünstigten Zwecke) ....
nach dem letzten uns zugegangenen Freistellungsbescheid bzw. nach der Anlage zum Körperschaftsteuerbescheid des
Finanzamtes ...., StNr. ...., vom ....nach
§ 5 Abs. 1 Nr. 9 des Körperschaftsteuergesetzes von der Körperschaftsteuer und nach § 3 Nr. 6 des
Gewerbesteuergesetzes von der Gewerbesteuer befreit.

☐ Wir sind wegen Förderung (Angabe des begünstigten Zwecks / der begünstigten Zwecke) ....
durch vorläufige Bescheinigung des Finanzamtes ...., StNr. ...., vom
.... ab .... als steuerbegünstigten Zwecken dienend anerkannt.

Es wird bestätigt, dass die Zuwendung nur zur Förderung (Angabe des begünstigten Zwecks / der begünstigten Zwecke)

verwendet wird.

Nur für steuerbegünstigte Einrichtungen, bei denen die Mitgliedsbeiträge steuerlich nicht abziehbar sind:
☐ Es wird bestätigt, dass es sich nicht um einen Mitgliedsbeitrag i.S.v § 10b Abs. 1 Satz 2 Einkommensteuergesetzes
handelt).

(Ort, Datum und Unterschrift des Zuwendungsempfängers)

Hinweis:
Wer vorsätzlich oder grob fahrlässig eine unrichtige Zuwendungsbestätigung erstellt oder wer veranlasst, dass
Zuwendungen nicht zu den in der Zuwendungsbestätigung angegebenen steuerbegünstigten Zwecken verwendet
werden, haftet für die Steuer, die dem Fiskus durch einen etwaigen Abzug der Zuwendungen beim Zuwendenden
entgeht (§ 10b Abs. 4 EStG, § 9 Abs. 3 KStG, § 9 Nr. 5 GewStG).

Diese Bestätigung wird nicht als Nachweis für die steuerliche Berücksichtigung der Zuwendung anerkannt, wenn das Datum
des Freistellungsbescheides länger als 5 Jahre bzw. das Datum der vorläufigen Bescheinigung länger als 3 Jahre seit
Ausstellung der Bestätigung zurückliegt (BMF vom 15.12.1994 – BStBl I S. 884).

9. Amtliches Muster einer Zuwendungsbestätigung: Sachzuwendungen an einen gemeinnützigen Verein

---

Aussteller (Bezeichnung und Anschrift der steuerbegünstigten Einrichtung)

Bestätigung über Sachzuwendungen

im Sinne des § 10b des Einkommensteuergesetzes an eine der in § 5 Abs. 1 Nr. 9 des Körperschaftsteuergesetzes bezeichneten Körperschaften, Personenvereinigungen oder Vermögensmassen

---

Name und Anschrift des Zuwendenden:

Wert der Zuwendung - in Ziffern -	- in Buchstaben -	Tag der Zuwendung:

Genaue Bezeichnung der Sachzuwendung mit Alter, Zustand, Kaufpreis usw.

☐ Die Sachzuwendung stammt nach den Angaben des Zuwendenden aus dem Betriebsvermögen und ist mit dem Entnahmewert (ggf. mit dem niedrigeren gemeinen Wert) bewertet.

☐ Die Sachzuwendung stammt nach den Angaben des Zuwendenden aus dem Privatvermögen.

☐ Der Zuwendende hat trotz Aufforderung keine Angaben zur Herkunft der Sachzuwendung gemacht.

☐ Geeignete Unterlagen, die zur Wertermittlung gedient haben, z. B. Rechnung, Gutachten, liegen vor.

☐ Wir sind wegen Förderung (Angabe des begünstigten Zwecks / der begünstigten Zwecke) ....
nach dem letzten uns zugegangenen Freistellungsbescheid bzw. nach der Anlage zum Körperschaftsteuerbescheid des Finanzamtes .... StNr. .... vom .... nach § 5 Abs. 1 Nr. 9 des Körperschaftsteuergesetzes von der Körperschaftsteuer und nach § 3 Nr. 6 des Gewerbesteuergesetzes von der Gewerbesteuer befreit.

☐ Wir sind wegen Förderung (Angabe des begünstigten Zwecks / der begünstigten Zwecke) ....
durch vorläufige Bescheinigung des Finanzamtes .... Steuernummer ....
vom .... ab .... als steuerbegünstigten Zwecken dienend anerkannt.

Es wird bestätigt, dass die Zuwendung nur zur Förderung (Angabe des begünstigten Zwecks / der begünstigten Zwecke)

verwendet wird.

(Ort, Datum und Unterschrift des Zuwendungsempfängers)

Hinweis:
Wer vorsätzlich oder grob fahrlässig eine unrichtige Zuwendungsbestätigung erstellt oder wer veranlasst, dass Zuwendungen nicht zu den in der Zuwendungsbestätigung angegebenen steuerbegünstigten Zwecken verwendet werden, haftet für die Steuer, die dem Fiskus durch einen etwaigen Abzug der Zuwendungen beim Zuwendenden entgeht (§ 10b Abs. 4 EStG, § 9 Abs. 3 KStG, § 9 Nr. 5 GewStG).

Diese Bestätigung wird nicht als Nachweis für die steuerliche Berücksichtigung der Zuwendung anerkannt, wenn das Datum des Freistellungsbescheides länger als 5 Jahre bzw. das Datum der vorläufigen Bescheinigung länger als 3 Jahre seit Ausstellung der Bestätigung zurückliegt (BMF vom 15.12.1994 - BStBl. I S. 884).

259

10. Amtliches Muster einer Zuwendungsbestätigung an eine politische Partei/Geldzuwendung

Bezeichnung und Anschrift der Partei

Bestätigung über Geldzuwendungen/Mitgliedsbeitrag
im Sinne des § 34g, § 10b des Einkommensteuergesetzes an politische Parteien im Sinne des Parteiengesetzes

Name und Anschrift des Zuwendenden:

Betrag der Zuwendung - in Ziffern -	- in Buchstaben -	Tag der Zuwendung:

Es handelt sich um den Verzicht auf die Erstattung von Aufwendungen   Ja ☐   Nein ☐

Es wird bestätigt, dass diese Zuwendung ausschließlich für die satzungsgemäßen Zwecke verwendet wird.

_____
(Ort, Datum Unterschrift(en) und Funktion(en))

Hinweis:
Wer vorsätzlich oder grob fahrlässig eine unrichtige Zuwendungsbestätigung erstellt oder wer veranlasst, dass
Zuwendungen nicht zu den in der Zuwendungsbestätigung angegebenen steuerbegünstigten Zwecken verwendet
werden, haftet für die Steuer, die dem Fiskus durch einen etwaigen Abzug der Zuwendungen beim Zuwendenden
entgeht (§ 34g Satz 3, § 10b Abs. 4 EStG, § 9 Abs. 3 KStG, § 9 Nr. 5 GewStG).

11. Amtliches Muster einer Zuwendungsbestätigung an eine politische Partei/Sachzuwendung

Bezeichnung und Anschrift der Partei

Bestätigung über Sachzuwendungen
im Sinne des § 34g, § 10b des Einkommensteuergesetzes an politische Parteien im Sinne des Parteigesetzes

Name und Anschrift des Zuwendenden:

Wert der Zuwendung - in Ziffern -	- in Buchstaben -	Tag der Zuwendung:

Genaue Bezeichnung der Sachzuwendung mit Alter, Zustand, Kaufpreis usw.

☐ Die Sachzuwendung stammt nach den Angaben des Zuwendenden aus dem Betriebsvermögen und ist mit dem Entnahmewert (ggf. mit dem niedrigeren gemeinen Wert) bewertet.

☐ Die Sachzuwendung stammt nach den Angaben des Zuwendenden aus dem Privatvermögen.

☐ Der Zuwendende hat trotz Aufforderung keine Angaben zur Herkunft der Sachzuwendung gemacht.

☐ Geeignete Unterlagen, die zur Wertermittlung gedient haben, z. B. Rechnung, Gutachten, liegen vor.

Es wird bestätigt, dass diese Zuwendung ausschließlich für die satzungsgemäßen Zwecke verwendet wird.

_____

(Ort, Datum Unterschrift(en) und Funktion(en))

Hinweis:
Wer vorsätzlich oder grob fahrlässig eine unrichtige Zuwendungsbestätigung erstellt oder wer veranlasst, dass Zuwendungen nicht zu den in der Zuwendungsbestätigung angegebenen steuerbegünstigten Zwecken verwendet werden, haftet für die Steuer, die dem Fiskus durch einen etwaigen Abzug der Zuwendungen beim Zuwendenden entgeht (§ 34g Satz 3, § 10b Abs. 4 EStG, § 9 Abs. 3 KStG, § 9 Nr. 5 GewStG).

12. Amtliches Muster einer Zuwendungsbestätigung an eine unabhängige Wählervereinigung: Mitgliedsbeitrag/Geldzuwendung

Bezeichnung und Anschrift der unabhängigen Wählervereinigung

Bestätigung über Geldzuwendungen/Mitgliedsbeitrag
im Sinne des § 34g des Einkommensteuergesetzes an unabhängige Wählervereinigungen

Name und Anschrift des Zuwendenden:

Betrag der Zuwendung - in Ziffern -	- in Buchstaben -	Tag der Zuwendung:

Es handelt sich um den Verzicht auf die Erstattung von Aufwendungen   Ja ☐   Nein ☐

Wir sind ein ☐ rechtsfähiger ☐ nichtrechtsfähiger Verein ohne Parteicharakter.

Der Zweck unseres Vereins ist ausschließlich darauf gerichtet, durch Teilnahme mit eigenen Wahlvorschlägen bei der politischen Willensbildung mitzuwirken, und zwar an Wahlen auf

☐ Bundesebene   ☐ Landesebene   ☐ Kommunalebene.

Wir bestätigen, dass wir die Zuwendung nur für diesen Zweck verwenden werden.

☐ Wir sind mit mindestens einem Mandat vertreten im   (Parlament/Rat)

☐ Wir haben der Wahlbehörde / dem Wahlorgan der .... am .... angezeigt, dass wir uns an der .... (folgenden Wahl) .... am .... mit eigenen Wahlvorschlägen beteiligen werden.

☐ An der letzten .... (Wahl)...... .... am .... haben wir uns mit eigenen Wahlvorschlägen beteiligt.

☐ An der letzten oder einer früheren Wahl haben wir uns nicht mit eigenen Wahlvorschlägen beteiligt und eine Beteiligung der zuständigen Wahlbehörde / dem zuständigen Wahlorgan auch nicht angezeigt.

☐ Wir sind beim Finanzamt ...., StNr .... erfasst.

☐ Wir sind steuerlich nicht erfasst.

(Ort, Datum und Unterschrift(en) und Funktion(en))

Hinweis:
Wer vorsätzlich oder grob fahrlässig eine unrichtige Zuwendungsbestätigung erstellt oder wer veranlasst, dass Zuwendungen nicht zu den in der Zuwendungsbestätigung angegebenen steuerbegünstigten Zwecken verwendet werden, haftet für die Steuer, die dem Fiskus durch einen etwaigen Abzug der Zuwendungen beim Zuwendenden entgeht (§ 34g Satz 3, § 10b Abs. 4 EStG, § 9 Abs. 3 KStG, § 9 Nr. 5 GewStG).

13. Amtliches Muster einer Zuwendungsbestätigung an eine unabhängige Wählervereinigung: Sachzuwendung

Bezeichnung und Anschrift der unabhängigen Wählervereinigung

Bestätigung über Sachzuwendungen
im Sinne des § 34g des Einkommensteuergesetzes an unabhängige Wählervereinigungen

Name und Anschrift des Zuwendenden:

Wert der Zuwendung in Ziffern	in Buchstaben	Tag der Zuwendung:

Genaue Bezeichnung der Sachzuwendung mit Alter, Zustand, Kaufpreis usw.

☐ Die Sachzuwendung stammt nach den Angaben des Zuwendenden aus dem Betriebsvermögen und ist mit dem Entnahmewert (ggf. mit dem niedrigeren gemeinen Wert) bewertet.

☐ Die Sachzuwendung stammt nach den Angaben des Zuwendenden aus dem Privatvermögen.

☐ Der Zuwendende hat trotz Aufforderung keine Angaben zur Herkunft der Sachzuwendung gemacht.

☐ Geeignete Unterlagen, die zur Wertermittlung gedient haben, z.B. Rechnung, Gutachten liegen vor.

Wird sind ein ☐ rechtsfähiger ☐ nichtrechtsfähiger
Verein ohne Parteicharakter.

Der Zweck unseres Vereins ist ausschließlich darauf gerichtet, durch Teilnahme mit eigenen Wahlvorschlägen bei der politischen Willensbildung mitzuwirken, und zwar an Wahlen auf

☐ Bundesebene. ☐ Landesebene. ☐ Kommunalebene.

Wir bestätigen, dass wir die Zuwendung nur für diesen Zweck verwenden werden.

☐ Wir sind mit mindestens einem Mandat vertreten im (Parlament/Rat).

☐ Wir haben der Wahlbehörde / dem Wahlorgan der .... am .... angezeigt, dass wir uns an der .... (folgenden Wahl) .... am .... mit eigenen Wahlvorschlägen beteiligen werden.

☐ An der letzten .... (Wahl) .... am .... haben wird uns mit eigenen Wahlvorschlägen beteiligt.

☐ An der letzten oder einer früheren Wahl haben wir uns nicht mit eigenen Wahlvorschlägen beteiligt und eine Beteiligung der zuständigen Wahlbehörde / dem zuständigen Wahlorgan auch nicht angezeigt.

☐ Wir sind beim Finanzamt .... StNr. .... erfasst.

☐ Wir sind steuerlich nicht erfasst.

(Ort, Datum und Unterschrift(en) und Funktionen (en))

Hinweis:
Wer vorsätzlich oder grob fahrlässig eine unrichtige Zuwendungsbestätigung erstellt oder wer veranlasst, dass Zuwendungen nicht zu den in der Zuwendungsbestätigung angegebenen steuerbegünstigten Zwecken verwendet werden, haftet für die Steuer, die dem Fiskus durch einen etwaigen Abzug der Zuwendungen beim Zuwendenden entgeht (§ 34g Satz 3, § 10b Abs. 4 EStG, § 9 Abs. 3 KStG, § 9 Nr. 5 GewStG).

Sachverzeichnis

Zahlen = Seiten

Buchanzeigen

Vereine und Stiftungen

Wörle-Himmel

Vereine gründen und erfolgreich führen

Satzung · Versammlungen · Haftung · Gemeinnützigkeit. Alles, was Sie wissen müssen, wenn Sie einen Verein gründen oder leiten, wenn Sie einem Verein beitreten oder sich darin betätigen wollen. Mit zahlreichen Mustern für die Vereinsarbeit.

12. Aufl. 2010. 292 S. §
€11,90. dtv 5231
Neu im Februar 2010

Menges

Gemeinnützige Einrichtungen

Nonprofit-Organisationen gründen, führen und optimieren: Vereine, Stiftungen, gemeinnützige GmbH & Co.

2. Aufl. Rd. 295 S. §
Ca. € 12,90. dtv 5296
In Vorbereitung

Sauer/Luger

Vereine und Steuern

Umfang der Steuerpflicht · Steuerabzugspflichten · Rechnungslegung · ABC der Satzungszwecke und ihre steuerliche Behandlung · Besteuerungsverfahren · Spendenabzug · Mitglieder · Ehrenamtliche Tätigkeit · Gemeinnützigkeit · Wirtschaftliche Geschäftsbetriebe · Praxis-ABC · Gesetzesanhang.

6. Aufl. 2010. 347 S. §
€ 12,90. dtv 5264
Neu im Februar 2010

Hof/Bianchini-Hartmann/ Richter

Stiftungen

Errichtung · Gestaltung · Geschäftstätigkeit · Steuern. Das Buch erschließt jedem Interessierten die Möglichkeiten und Vorteile einer attraktiven Rechtsform.

2. Aufl. 2010. Rd. 530 S. §
Ca. € 16,90. dtv 5621
In Vorbereitung für
März 2010

Fabisch

Fundraising

Spenden, Sponsoring und mehr ...
Vom Spendenbrief bis zum Sponsoringkonzept, von Stiftungsgeldern bis zur Bindung von Spendern, Mitgliedern und Ehrenamtlichen. Mit vielen Fallbeispielen, Checklisten und Arbeitsbögen.

2. Aufl. 2006. 410 S. €
€ 14,50. dtv 50859

Sauter

Ratgeber zum Spendensammeln!

Ein Leitfaden zum Sammeln von Spenden für engagierte Bürger.

1. Aufl. 2010. Rd. 200 S. §
Ca. € 10,90. dtv 50693
In Vorbereitung für
März 2010

→

BGB · Bürgerliches Gesetzbuch

mit EinführungsG, BeurkundungsG, ProdukthaftungsG, UnterlassungsklagenG, WohnungseigentumsG, BGB-Informationspflichten-VO, ErbbauRG sowie dem Allgemeinen GleichbehandlungsG.
Mit einem ausführlichen Sachverzeichnis und einer Einführung von Universitätsprofessor Dr. Helmut Köhler.
Stand: August 2009.

Textausgabe.
64. Aufl. 2009. 798 S.
€ 5,–. dtv 5001

Däubler
BGB kompakt

Allgemeiner Teil · Schuldrecht · Sachenrecht.

3. Aufl. 2008. 1304 S.   §
€ 28,90. dtv 5693

Loos
Recht: verstanden!

So funktioniert unser Rechtssystem. Juristische Grundlagen einfach erklärt.

1. Aufl. 2009. 170 S.
€ 9,90. dtv 50676

Geiger/Mürbe/Linderer/ Obenaus
Beck'sches Rechtslexikon

Rund 1800 Rechtsbegriffe für Beruf und Alltag.

3. Aufl. 2003. 822 S.   §
€ 15,50. dtv 5601

Rittershofer
Lexikon Politik, Staat, Gesellschaft

3600 aktuelle Begriffe von Abberufung bis Zwölfmeilenzone.
Was sind die Aufgaben von Bundestag und Bundesrat, EU, UNO und NATO, welches die Unterschiede zwischen Gewaltenteilung und Föderalismus?
Auf diese und viele weitere Fragen zu den Begriffen der nationalen und internationalen Politik gibt dieses Lexikon aktuell, klar und verlässlich Auskunft.

1. Aufl. 2007. 869 S.
€ 19,50. dtv 50894

Mieten

Spreng
Das neue Mietrecht

Bub/von der Osten
Mietrecht & WEG aktuell

MietR · Mietrecht

BGB-Mietrecht mit wichtigen
Nebengesetzen.
Mit Wohnflächenverordnung
(WoFlV) und Betriebskos-
tenverordnung (BetrKV)
sowie „neuem" WEG.

Textausgabe.
44. Aufl. 2008. 532 S.
€ 7,–. dtv 5013

Problemlösungen für Mieter,
Vermieter und Verwalter.
Mit dem allgemeinen
Gleichbehandlungsgesetz.
Ein umfangreicher Anhang
mit Gesetzestexten und
Musterschreiben bietet Mie-
tern und Vermietern viel
Service.

4. Aufl. 2006. 823 S.   §
€ 16,50. dtv 5687

Alle wichtigen Urteile der
letzten Jahre nach Schlag-
worten.
Gerichtsentscheidungen zu
Miete und Wohnungseigen-
tum zusammengefasst und
praxisnah erläutert.

1. Aufl. 2008. 527 S.   §
€ 16,90. dtv 50653

Nasemann
Wohnungsmiete

Die Problemfälle des laufenden Mietverhältnisses sind
ebenso verständlich erläutert wie Wohnungssuche,
Vertragsabschluss sowie die
rechtlichen Aspekte der
Kündigung.

2. Aufl. 2005. 255 S.   §
€ 9,50. dtv 50623

Nasemann
Mietkündigung

Der neue Ratgeber für Vermieter und Mieter erläutert
die rechtlichen Grundlagen
der Mietkündigung und gibt
praktische Tipps zur Umset-
zung und zum strategischen
Vorgehen.

1. Aufl. 2006. 198 S.   §
€ 9,50. dtv 50642   →

Zeichenerklärung: § Rechtsberater   € Wirtschaftsberater

Mieten

Blank
Mietrecht von A–Z

Für Mieter, Vermieter, Verwalter, Makler und Juristen.

17. Aufl. 2003. 1040 S.   §
€ 18,50. dtv 5044

Blank
Miete und Pacht

Mit Beispielen und Mustern für Mieter und Vermieter. Wie immer umfassend und praxisorientiert.

12. Aufl. 2005. 767 S.   §
€ 16,50. dtv 5099

Mersson
Vermieterleitfaden

Aktuelles Mietrecht · Mustertexte · Abrechnungsbeispiele · Checklisten.
Mit 130 Mustertexten (Briefe, Formulare, Verträge, Klagen), Checklisten sowie Beispielen für Nebenkostenabrechnungen.

4. Aufl. 2008. 640 S.   §
€ 16,50. dtv 5626

Fröba
Ratgeber Wohngeld

Was Mieter und Eigentümer wissen sollten.
Die Neuerungen im Wohngeldrecht sind verständlich erläutert.

1. Aufl. 2009. 254 S.   §
€ 12,90. dtv 50671

Lenßen
Ihr Recht: Miete und Nebenkosten

Mietrecht für Mieter – kompakt und verständlich. Lernen Sie Ihre Rechte kennen.

1. Aufl. 2009. 108 S.
€ 6,90. dtv 50455

Lützenkirchen
Mietnebenkosten von A–Z

Begriffe · Musterformulierungen · Berechnungsbeispiele · Checklisten.
Erläutert werden sämtliche Begriffe aus dem Betriebskostenwesen, die Vermieter, Mieter, aber auch Makler und Verwalter kennen sollten.

5. Aufl. 2009. 440 S.   §
€ 13,90. dtv 5289

Klemm
So prüfe ich meine Nebenkostenabrechnung

Schnellübersicht Recht.
1. Aufl. 2008. 31 S.
€ 4,95. dtv 50404

Neuhaus
Büro- und Geschäftsräume

Mieten und vermieten. Ein Mustervertrag, zahlreiche Musterschreiben und Checklisten erleichtern den Alltag als Mieter oder Vermieter.

1. Aufl. 2005. 197 S.   §
€ 12,50. dtv 50643

Kaufen

GrdstR · Grundstücksrecht

u.a. mit BGB (Auszug), BeurkundungsG, ErbbauVO, WohnungseigentumsG, Baugesetzbuch (Auszug), Grundbuchordnung, Zivilprozessordnung (Auszug), Gesetz über die Zwangsversteigerung und Zwangsverwaltung, GrunderwerbsteuerG, GrundsteuerG.

Textausgabe.
5. Aufl. 2006. 640 S.
€ 12,50. dtv 5586

Bub/Schmid
Grundstücke

Erwerb · Besitz · Belastung · Verkauf · Steuern.
Die Rechte an Immobilien und ihre Übertragung, Nutzung, Besteuerung, staatliche Förderung.

8. Aufl. 2007. 329 S.   §
€ 14,50. dtv 5082

Maletz
Grundstücks- und Wohnungskauf von A–Z

Für Käufer, Verkäufer und Vermittler.
Präzise und verständliche Antworten auf alle Fragen, die beim Kauf einer Eigentumswohnung oder eines Grundstücks auftreten.

2. Aufl. 2006. 300 S.   §
€ 13,50. dtv 5699

Grziwotz
Immobilienkauf vom Bauträger

Risiken erkennen und vermeiden.
Sicher zur eigenen Immobilie.

1. Aufl. 2007. 202 S.   §
€ 13,–. dtv 50645

Herrling/Detzel/Gaisbauer
Immobilien aus zweiter Hand

Ihr Ratgeber für Erwerb und Besitz.
Bautechnische und rechtliche Aspekte, Kosten, Steuern, staatliche Förderung u.v.m.

3. Aufl. 2007. 313 S.   €
€ 10,–. dtv 5887

Kirchhoff/Schneider
Steuern sparen für Immobilien-Eigentümer

So machen Sie alle Kosten und Aufwendungen richtig geltend.
Mit zahlreichen Beispielen und Musterrechnungen.

1. Aufl. 2009. 206 S.   §
€ 12,90. dtv 50689

Herrling/Federspiel

Wege zum Wohneigentum

Ihr Ratgeber für den Immobilienerwerb.
Von der Prüfung der Immobilie über die Finanzierungsplanung bis hin zur optimalen Vermietung.

8. Aufl. 2009. 387 S. €
€ 12,90. dtv 5834

Kirchhoff

Wohnungseigentum in Frage und Antwort

Erwerb · Finanzierung · Verwaltung · Verkauf.
Alle Fragen rund um die Eigentumswohnung kompetent beantwortet.
Die großen Änderungen des WEG sind berücksichtigt!

1. Aufl. 2007. 176 S. §
€ 9,–. dtv 50651

Scheiff/Hoffmann

Lexikon für Wohnungseigentümer

Rechte · Pflichten · Finanzen.
Die wichtige Information für Wohnungseigentümer und Verwalter nach der WEG-Reform.
Mit neuer Erbschaftsteuer.

2. Aufl. 2009. 273 S. §
€ 12,90. dtv 50662

Bub/von der Osten

Wohnungseigentum von A–Z

Antworten auf alle Fragen des Wohnungseigentums.
Für Käufer und Inhaber ebenso wie für Verwalter, Richter, Rechtsanwälte und Notare.

7. Aufl. 2004. Mit Nachtrag 2007. 1166 und 2 S. §
€ 16,50. dtv 5054

Seuß/Jennißen

Die Eigentumswohnung

Finanzierung · Erwerb · Nutzung · Verwaltung.
Der umfassende Ratgeber mit neuem WEG.

12. Aufl. 2008. 669 S. §
€ 17,90. dtv 5096

NachbR · Nachbarrecht

u.a. mit BGB (Auszug), ZPO (Auszug), Nachbarrechts- und SchlichtungsG der einzelnen Bundesländer.

Textausgabe.
1. Aufl. 2007. 279 S.
€ 9,50. dtv 5771

Griziwotz/Saller

Ratgeber Nachbarrecht

Rechte und Pflichten im Nachbarschaftsverhältnis verständlich erklärt.

1. Aufl. 2010. Rd. 190 S. §
Ca. € 9,90. dtv 50697
In Vorbereitung für Sommer 2010

BETRIEBS- UND VOLKSWIRTSCHAFT, WIRTSCHAFTSRECHT ·

Fragen und Antworten für das Management

HGB · Handelsgesetzbuch

ohne SeehandelsR, mit
EinführungsG, PublizitätsG,
Wechsel- und ScheckG,
WertpapierhandelsG.
Mit BilMoG.

Textausgabe.
49. Aufl. 2009. 382 S.
€ 4,90. dtv 5002

HandelsR · Handelsrecht

u.a. mit HGB (ohne See-
handelsR), BGB (Auszug),
UN-Kaufrecht, Publizitäts-
gesetz, Allg. Geschäfts-
bedingungen der Banken,
Allg. Deutsche Spediteur-
bedingungen sowie FamFG
(Auszug) und Handels-
registerVO.

Textausgabe.
5. Aufl. 2010. 590 S.
€ 15,90. dtv 5599

GesR · Gesellschaftsrecht

u.a. mit AktienG, GmbH-
Gesetz, GenossenschaftsG,
Handelsgesetzbuch (Aus-
zug), Partnerschaftsgesell-
schaftsG, EWIV-VO mit
EWIV-AusführungsG,
Wertpapiererwerbs- und
ÜbernahmeG, Deutschem
Corporate Governance
Kodex sowie den wichtig-
sten Vorschriften aus den
Bereichen Rechnungs-
legung, Umwandlungs-,
Mitbestimmungs- und
Verfahrensrecht.

Textausgabe.
11. Aufl. 2010. Rd. 800 S.
Ca. € 11,90. dtv 5585
In Vorbereitung für
März 2010

GenR · Genossenschaftsrecht

u.a. mit GenossenschaftsG,
GenossenschaftsregisterVO,
UmwandlungsG (Auszug),
LandwirtschaftsanpassungsG
und Wohnungsgenossen-
schafts-VermögensG.

Textausgabe.
4. Aufl. 2007. 218 S.
€ 11,50. dtv 5584

AktG, GmbHG · Aktiengesetz, GmbH-Gesetz

mit UmwandlungsG, Wert-
papiererwerbs- und Über-
nahmeG, Mitbestimmungs-
gesetzen, Deutschem
Corporate Governance
Kodex, HGB (Auszug: Han-
delsbücher) und Spruch-
verfahrensG.

Textausgabe.
42. Aufl. 2010. Rd. 500 S.
€ 5,90. dtv 5010
Neu im Januar 2010

Zeichenerklärung:
§ *Rechtsberater*
€ *Wirtschaftsberater*

P15595E-539.5

Grundlagen

SteuerG · Steuergesetze

Der Band vereinigt weitestgehend die bisherigen Bände 5549 SteuerG 1 und 5550 SteuerG 2 unter Einbeziehung von AO, EGAO und FGO sowie des Investmentsteuergesetzes.
Stand: 1.7.2009.

Textausgabe.
2. Aufl. 2009. 1395 S.
€ 9,90. dtv 5765

KSt · Körperschaftsteuerrecht

Körperschaftsteuergesetz mit Körperschaftsteuer-DurchführungsVO, Körperschaftsteuer-Richtlinien und -Hinweisen (KStR 2004 mit KStH 2008).
Stand: 1.1.2009.

Textausgabe.
20. Aufl. 2009. 202 S.
€ 7,90. dtv 5544

GewSt · Gewerbesteuerrecht

Gewerbesteuergesetz mit Gewerbesteuer-DurchführungsVO und Gewerbesteuer-Richtlinien.
Stand: 1.1.2009.

Textausgabe.
21. Aufl. 2009. 169 S.
€ 6,90. dtv 5545

AO/FGO · Steuerverfahrensrecht

Abgabenordnung mit Einführungsgesetz, Anwendungserlass und Finanzgerichtsordnung.
Stand: 1.1.2009.

Textausgabe.
33. Aufl. 2009. 650 S.
€ 9,90. dtv 5548

USt · Umsatzsteuerrecht

Umsatzsteuergesetz mit UStDV, MwStSystRL, 8. und 13. EG-Richtlinie, EG-RL 2008/9/EG.
Stand: 1.1.2009.

Textausgabe.
27. Aufl. 2009. 1017 S.
€ 10,90. dtv 5546

Mücke
Umsatzsteuer richtig gestalten

Ein Ratgeber und Nachschlagewerk, um Gefahren und Kostenrisiken zu vermeiden.
Mit praxisbezogenen Beispielen.

1. Aufl. 2009. 320 S.   §
€ 15,90. dtv 50679

ErbSt ·
Erbschaftsteuerrecht

BewertungsG, Erbschaft-
steuer- und Schenkung-
steuerG, Erbschaftsteuer-
DurchführungsVO, Grund-
steuerG, Erbschaftsteuer-
Richtlinien mit amtlichen
Hinweisen, Richtlinien für
die Bewertung des Grund-
vermögens, Grundsteuer-
Richtlinien.
Stand: 1.1.2009.

Textausgabe.
18. Aufl. 2009. 724 S.
€ 14,90. dtv 5547

Klinger/Fischl
Die neue Erbschaftsteuer

Strategien zur Vermeidung
für Erblasser und Erben.
Was die „neue" Erbschaft-

steuer für Privatleute und
Unternehmer bringt.

1. Aufl. 2009. 200 S.   §
€ 12,90. dtv 50683

Fromm/Vogt
Richtig schenken und
vererben

Steuertipps und Gestaltungs-
hinweise.
Schenkung und Erbfall im
Bürgerlichen Recht, Schenkungsteuer, Erbschaftsteuer
und ihre Auswirkungen bei
der Einkommensteuer.

6. Aufl. 2010. 331 S.   §
€ 9,90. dtv 5614

Wacker/Seibold/Oblau
Lexikon der Steuern

Über 1000 Stichwörter für
Praxis und Studium.
Mit alphabetischen und
systematischen Stichwort-
übersichten sowie Fach-
wortverzeichnissen in
Englisch und Französisch.

2. Aufl. 2005. 496 S.   €
€ 14,50. dtv 5882

Votsmeier
Geld- und Steuertipps
für meine Familie

Elterngeld · Kindergeld ·
Steuervorteile.
Umfassend werden die
staatlichen Förderungsmög-
lichkeiten erläutert und
konkrete Gestaltungshin-
weise und Berechnungs-
beispiele gegeben.

1. Aufl. 2007. 174 S.   §
€ 9,50. dtv 50666

Meyer
Steuern für Freiberufler
von A–Z

Von Architekt bis Zahnarzt.
Über 600 Stichwörter.

5. Aufl. 2008. 538 S.   §
€ 14,90. dtv 5065

Grasmück

Einnahmen-Überschuss-rechnung 2009/2010

Gewinnermittlung gem. § 4 Abs. 3 EStG nach amtlichem Vordruck.

4. Aufl. 2010. Rd. 240 S. §
Ca. € 17,90. dtv 50674
In Vorbereitung für
Frühjahr 2010

Grasmück

Einnahmen-Überschuss-rechnung 2008/2009

Gewinnermittlung gem. § 4 Abs. 3 EStG nach amtlichem Vordruck.

3. Aufl. 2009. 254 S. §
€ 17,90. dtv 50654

Girlich/Obermeier

Gewinnermittlung für Selbstständige

Steuerratgeber zur Einnahme-Überschuss-Rechnung. Mit einem ABC der Betriebsausgaben.

3. Aufl. 2009. 355 S. €
€ 16,90. dtv 50823

Bilsdorfer/Weyand

Keine Angst vor dem Finanzamt

Anträge, Steuererklärungen, Einspruch, Betriebsprüfung, Selbstanzeige.
Mit Beratungshinweisen, Formulierungshilfen und Tipps.

1. Aufl. 2000. 216 S. §
€ 8,44. dtv 5677

Lißewski/Suckow/Albers

Steuerhinterziehung – was nun?

Ermittlungsmethoden · Konsequenzen.
Alles über den Tatbestand der Steuerhinterziehung, die Ermittlungsmethoden des Finanzamtes und die Konsequenzen.

1. Aufl. 2010. 114 S. §
€ 16,90. dtv 50702

Stapelfeldt

Kommunalabgaben von A–Z

Gebühren · Beiträge · kommunale Steuern · Verfahren · Rechtsschutz.

1. Aufl. 2008. 335 S. §
€ 14,50. dtv 50663

Kirchhoff

Erschließungs- und Straßenbaubeiträge

Beitragsbescheide sicher prüfen und erfolgreich unberechtigte Forderungen abwehren: dabei hilft dieses Buch.

1. Aufl. 2008. 223 S. §
€ 12,90. dtv 50675

ESt ·
Einkommensteuerrecht

Einkommensteuergesetz mit Einkommensteuer-Grund- und Splittingtabelle, Einkommensteuer-DurchführungsVO, Einkommensteuer-Richtlinien und Hinweisen.
Stand: 1. März 2009.

Textausgabe.
23. Aufl. 2009. 1214 S.
€ 12,90. dtv 5542

LSt · Lohnsteuerrecht

Lohnsteuer-Durchführungs-VO, Lohnsteuer-Richtlinien und Lohnsteuer-Hinweise.
Stand: 1.1.2009.

Textausgabe.
15. Aufl. 2009. 271 S.
€ 8,90. dtv 5540

Lohnsteuer-Tabellen 2009

Allgemeine und Besondere Lohnsteuertabellen. Einkommensteuertabellen 2009. Mit Berechnungsprogramm auf CD-ROM.
Stand: 1.1.2009.
Bereits mit den neuen Tabellen nach dem Konjunkturpaket 2.

19. Aufl. 2009. 1182 S.
€ 24,90. dtv 5764

Lohnsteuer-Tabellen 2010

Allgemeine und Besondere Lohnsteuertabellen. Einkommensteuertabellen 2010. Mit Berechnungsprogramm auf CD-ROM.
Stand: 1.1.2010.

20. Aufl. 2010. Rd. 1180 S.
Ca. € 24,90. dtv 5774
In Vorbereitung für Frühjahr 2010

Zeichenerklärung: § Rechtsberater € Wirtschaftsberater